L'espagnol
en 40 leçons

Les langues pour tous

Collection dirigée par Jean-Pierre Berman,
Michel Marcheteau et Michel Savio

ESPAGNOL

Pour débuter (ou tout revoir) :
- **40 leçons**

Pour mieux s'exprimer et mieux comprendre :
- **Communiquer**

Pour se perfectionner et connaître l'environnement :
- **Pratiquer l'espagnol**

Pour évaluer et améliorer votre niveau :
- **Score** (200 tests d'espagnol)

Pour aborder la langue spécialisée :
- **L'espagnol économique & commercial** (20 dossiers)
- **La correspondance commerciale espagnole**
- **Dictionnaire économique, commercial et financier**

Pour s'aider d'ouvrages de référence :
- **Dictionnaire de l'espagnol d'aujourd'hui** (en prép.)
- **Grammaire espagnole pour tous**

Pour prendre contact avec des œuvres en version originale :
- **Série bilingue**

→ Niveaux : □ facile (1er cycle) □□ moyen (2e cycle) □□□ avancé	
Borges Jorge Luis : Histoire universelle de l'infamie .	□□□
Nouvelles espagnoles contemporaines	□□
Nouvelles hispano-américaines :	
• Vol. I Des Andes aux Caraïbes	□□
• Vol. II Rêves et Réalités	□□
L'Espagne à travers sa presse	□□
L'espagnol par les chansons	□
M.V. Montalban : Vu des toits	□□

Autres langues disponibles dans les séries
de la collection **Les langues pour tous**

anglais - américain - allemand - arabe - français - grec - hébreu -
italien - latin - néerlandais - portugais - russe

L'espagnol
en 40 leçons

par
Jean Chapron
et Pierre Gerboin

Nouvelle édition

●● ⊙ Nouvel enregistrement

PRESSES POCKET

Sommaire

Avant-propos

Les auteurs de cette méthode sont partis de constatations simples :

■ Certaines personnes ont étudié l'espagnol dans de bonnes conditions, avec d'excellents professeurs et les meilleures méthodes, mais **n'ont pu le pratiquer pendant plusieurs années**.

■ D'autres personnes n'ont pu accorder à l'étude de l'espagnol le temps nécessaire avec, pour conséquence, **un manque de structuration de leur apprentissage**.

Dans les deux cas :

■ leurs connaissances sont, aujourd'hui, vagues et diffuses. Mal maîtrisées, elles ne sont guère utilisables.

■ De plus, elles ne constituent pas la base solide qui, seule, peut permettre des progrès.

Pour réagir contre :

■ ce flou, ce manque de netteté des connaissances et, donc,

■ cette inutilité pratique,

les auteurs de la présente méthode ont élaboré une progression qui convient, de surcroît, à **tous ceux qui commencent à zéro l'étude de l'espagnol**. Chaque lecteur suivra son propre rythme, avec une totale autonomie.

Cette dernière caractéristique fait de la présente méthode **un ouvrage de complément**, tant pour les élèves et les étudiants des **différents cycles** du système éducatif que pour les participants aux sessions de **formation continue**.

Les auteurs ont donc choisi :

■ d'assurer la **connaissance claire et nette des bases principales de la langue** plutôt que de vouloir en décrire tous les mécanismes sans se soucier de leur véritable acquisition.

■ de veiller à ce que tous les éléments présentés (grammaire, prononciation, vocabulaire) soient **définitivement assimilés et donc utilisables pratiquement**.

Dans le domaine des langues, il ne sert à rien d'avoir des notions de tout si elles ne débouchent pas sur la capacité à s'exprimer.

■ d'illustrer les mécanismes décrits par des phrases et des tournures **constituant un moyen concret de communication.** Les exemples donnés sont toujours des formules de **grande fréquence** et d'une utilisation courante dans la vie de tous les jours.

Pour ce faire, l'ouvrage comporte :

■ des **unités simples** et **facilement assimilables**, ne cumulant pas plusieurs difficultés mais assurant la maîtrise de tel ou tel mécanisme pris isolément.

■ des **remarques** et **explications**, qui, ajoutées aux traductions en français, permettent à chacun de trouver réponse aux questions qu'il se pose.

■ des **exercices de contrôle** qui, joints à la répétition systématique des points étudiés, assurent une assimilation complète.

■ La simplicité des unités, la progressivité des difficultés, la répétition, le contrôle systématique de toutes les acquisitions, la valeur pratique des structures et des tournures enseignées permettent au lecteur d'acquérir un moyen de communication efficace.

■ En résumé, les auteurs ont voulu privilégier l'apprentissage de la langue plutôt qu'un enseignement trop académique.

© PRESSES POCKET - Les langues pour tous 1992
ISBN : 2-266-04218-1

La description et les conseils qui suivent vont vous permettre d'utiliser votre méthode et d'organiser votre travail de façon efficace.

L'ouvrage comprend :
— 40 leçons de 6 pages
— un précis grammatical
— un index général

Vous retrouverez dans toutes les leçons une **organisation identique** destinée à faciliter l'auto-apprentissage : elles comportent 3 parties, **A**, **B**, et **C**, de 2 pages chacune.

Ainsi vous pourrez travailler au rythme qui vous conviendra. Même si vous n'avez pas le temps d'apprendre l'ensemble d'une leçon, vous pourrez l'aborder et en étudier une partie seulement, sans perdre pied ni avoir le sentiment de vous disperser.

Plan des leçons

PARTIE A : elle se subdivise en 4 sections, A 1, A 2, A 3, A 4.

A 1 - PRÉSENTATION

Cette 1re section vous apporte les matériaux de base nouveaux (grammaire, vocabulaire, prononciation) qu'il vous faudra connaître et savoir utiliser pour construire des phrases.

A 2 - APPLICATION

À partir des éléments présentés en A, vous est proposée une série de phrases modèles (qu'il faudra par la suite vous entraîner à reconstruire par vous-même).

A 3 - REMARQUES

Diverses remarques portant sur les phrases de A 2 précisent tel ou tel point de grammaire, vocabulaire ou prononciation.

A 4 - TRADUCTION

Cette dernière section apporte la traduction intégrale de A 2.

PARTIE B : également subdivisée en 4 sections, B 1, B 2, B 3, B 4, elle suit un schéma identique à la partie A, en approfondissant et en complétant les mêmes notions grammaticales, avec un nouvel apport de vocabulaire.

PARTIE C : ses 4 sections, C 1, C 2, C 3, C 4, sont consacrées aux exercices et aux informations pratiques.

C 1 - EXERCICES

Ils servent à contrôler l'acquisition des mécanismes appris en A et B.

C 2 - CORRIGÉ

On y trouve la solution complète des exercices de C 1, ce qui permet une **auto-correction.**

C 3   C 4 - INFORMATIONS PRATIQUES

Phrases usuelles de la vie quotidienne et informations complémentaires accompagnées d'une traduction intégrale ou d'explications.

Précis grammatical

Le précis vous donnera un résumé d'ensemble des problèmes grammaticaux de base.

Conseils généraux

■ Travaillez régulièrement

Il est plus utile de travailler avec régularité, même pendant une durée limitée, que de vouloir absorber plusieurs leçons à la fois de façon discontinue.

Ainsi étudier une demi-heure tous les jours, même sur une seule des trois parties d'une leçon, est plus profitable que de survoler plusieurs leçons pendant trois heures tous les dix jours. Il serait opportun, au fur et à mesure de la progression, de constituer votre propre fichier de vocabulaire.

■ Programmez l'effort

Vous devez travailler chaque leçon selon ses subdivisions : ainsi il ne faut pas passer en B sans avoir bien compris, appris et retenu A.

Il en va naturellement de même pour les leçons : n'abordez pas une leçon nouvelle sans avoir maîtrisé celle qui la précède.

Présentation et conseils

■ Revenez en arrière

N'hésitez pas à reprendre les leçons déjà vues, à refaire plusieurs fois les exercices.

Encore une fois, assurez-vous bien que tout a été compris et retenu.

Méthode de travail

Pour les parties A et B

1. Après avoir pris connaissance de A 1 (ou B 1), lire plusieurs fois la série de phrases A 2 (ou B 2).

2. Reportez-vous aux remarques A 3 (ou B 3).

3. Revenez à A 2 (ou B 2) en essayant de traduire en français — sans regarder A 4 (ou B 4).

4. Vérifiez votre traduction en lisant A 4 (ou B 4).

5. Essayez de reconstituer les phrases de A 2 (ou B 2) en partant de A 4 (ou B 4) — sans regarder A 2 (ou B 2)... Vérifiez ensuite, etc.

Pour la partie C

1. Chaque fois que cela est possible, faites les exercices C 1 par écrit avant de les comparer au corrigé C 2.

2. Apprenez régulièrement par cœur le contenu de C 3 ou C 4.

3. Une leçon ne doit être considérée comme assimilée :
   — que si l'on peut traduire en espagnol A 4 et B 4 sans l'aide de A 2 et B 2 ;
   — que lorsque l'on peut faire, sans fautes, la totalité des exercices C 1 et traduire C 4 en espagnol.

Version sonore

⬛⬛ ⊙ L'enregistrement (3 K7 ou 2 CD) est le complément audio-oral naturel de votre méthode.

Réalisé en **son numérique**, avec des voix espagnoles authentiques, il comporte l'ensemble des parties A 2 et B 2 de chaque leçon et une sélection des parties C 2 signalées sur le livre par le symbole ⬛⬛ .

Il vous permettra de vous entraîner à parler et à entendre.

A 1 PRÉSENTATION

- Les mots **masculins** se terminent souvent par ~**o** et les mots **féminins** par ~**a**.
- **L'article défini** singulier est **el**, *le* au masculin et **la**, *la* au féminin.
- **L'adjectif** s'accorde en genre (masculin ou féminin) et en nombre (singulier ou pluriel) avec le nom auquel il se rapporte.

el plato	[pl**a**to]	*l'assiette*
la maleta	[mal**é**ta]	*la valise*
el papel	[pap**é**l]	*le papier*
Málaga	[m**á**laga]	*Malaga* (ville espagnole)
el año	[**a**nyo]	*l'année*
la llave	[ly**a**vé]	*la clef*
la calle	[k**a**yé]	*la rue*
el chico	[tch**i**co]	*le garçon*
la chica	[tch**i**ca]	*la fille*
el vino	[b**i**no]	*le vin*
Cuba	[k**ou**ba]	*Cuba*
de	[dé]	*de*
nuevo	[nou**é**vo]	*nouveau*
nueva	[nou**é**va]	*nouvelle*

A 2 APPLICATION

1. **El plato nuevo.**
2. **La maleta nueva.**
3. **El papel nuevo.**
4. **El año nuevo.**
5. **La calle nueva.**
6. **La llave nueva.**
7. **El vino de Málaga.**
8. **La chica de Cuba.**

A 3   REMARQUES

■ Prononciation

- Toutes les lettres d'un mot espagnol se prononcent (sauf **h**).

- Le mot espagnol comporte toujours une **syllabe accentuée** prononcée sur un ton plus élevé.

  — Les mots qui se terminent par une **consonne**, **sauf ~ n et ~ s**, sont accentués sur la **dernière syllabe** (sans porter l'accent écrit).   Ex. : papel [pap**é**l]

  — Les mots qui se terminent par une **voyelle**, **ou ~ n et ~ s**, sont accentués sur **l'avant-dernière syllabe** (sans porter l'accent écrit).   Ex. : plato [pl**a**to]

  — Les mots qui n'obéissent pas à ces deux règles portent **l'accent écrit**.   Ex. : música [m**ou**ssika]

- La voyelle accentuée apparaît en caractères gras dans la transcription phonétique utilisée ici : [m**a**laga].

- **Les voyelles** espagnoles se prononcent comme en français sauf **e** qui se prononce comme le **é** français du mot *café* et **u** qui se prononce comme le mot *ou*.

- **Les consonnes** espagnoles se prononcent comme en français sauf :

  — **ñ** (n tilde) qui se prononce [ny] comme *~ gne* dans *Espagne*.

  — **ll** (l mouillé) qui se prononce [ly] comme dans *lieu* au début d'un mot et [y] à l'intérieur d'un mot.

  — **ch** qui se prononce [tch] comme dans *Tchèque*.

  — **v** qui se prononce pratiquement comme la lettre **b** [b] surtout en début de mot.

(suite en B 3)

A 4   TRADUCTION

1. La nouvelle assiette.
2. La nouvelle valise.
3. Le nouveau papier.
4. La nouvelle année.
5. La nouvelle rue.
6. La nouvelle clef.
7. Le vin de Malaga.
8. La fille de Cuba.

B 1   PRÉSENTATION

- L'article indéfini masculin singulier est **un** [oun], *un*.
  L'article indéfini féminin singulier est **una** [**ou**na], *une*.

- **L'adjectif espagnol** est généralement placé après le nom auquel
  il se rapporte ; si cet adjectif est terminé par ~**o**, il forme son féminin en remplaçant le ~**o** par le ~**a**, s'il est terminé par ~**e**, il est
  invariable en genre (masculin, féminin).

el libro	[**li**bro]	*le livre*
un libro	[ou-n]	*un livre*
la hora	[**o**ra]	*l'heure*
una hora	[**ou**na]	*une heure*
el juego	[jou**é**go]	*le jeu*
un juego		*un jeu*
la caja	[**ka**ja]	*la caisse*
una caja		*une caisse*
un vaso	[**ba**sso]	*un verre*
una mesa	[**mé**ssa]	*une table*
un lápiz	[**lá**piz]	*un crayon*
una taza	[**ta**za]	*une tasse*
antiguo	[a-nt**i**gouo]	*ancien*
grande	[gra-ndé]	*grand*

B 2   APPLICATION

1. El libro nuevo.
2. La hora antigua.
3. Un juego antiguo.
4. Una caja antigua.
5. Un vaso grande.
6. Una mesa grande.
7. Un lápiz nuevo.
8. Una taza grande.

B 3 REMARQUES

■ Prononciation

- **s** se prononce toujours comme les deux s [ss] du mot français *cassé*.

- **r** est toujours **roulé**. Ce son est obtenu par le contact du bout de la langue contre le palais à un point proche de celui du **d** et en produisant l'effet d'une vibration.

- Le son du j français n'existe pas en espagnol. Le **j** espagnol et le **g** devant **e** et **i** se prononcent comme le **ch** allemand de *Bach*. Ce son peut être obtenu à partir du r du mot *Paris* prononcé à la parisienne et accompagné d'un léger grattement de la gorge.
  Dans la transcription phonétique utilisée, ce son est représenté par la lettre [j].

- Le son de **z** et celui de **c** devant **e** et **i** sont obtenus en plaçant l'extrémité de la langue, assez effilée, entre les dents légèrement écartées. Il est proche du son du **th** anglais. Ce son est représenté par la lettre [z].

- **an**, **on**, **en**, **in**, **un**. Le **n** s'entend toujours en espagnol, car il n'y a pas de son nasal. On prononcera donc [a-n, o-n, é-n, -i-n, ou-n]. Il en est de même avec **m** : **am** se prononce [a-m], etc.

- **gua**, **guo** se prononcent [goua], [gouo] mais **ga**, **go**, **gue** et **gui** se prononcent comme en français.

B 4 TRADUCTION

1. Le nouveau livre.
2. L'heure ancienne.
3. Un jeu ancien.
4. Une caisse ancienne.
5. Un grand verre.
6. Une grande table.
7. Un nouveau crayon.
8. Une grande tasse.

C 1 EXERCICES

A. Compléter avec l'article défini *el* ou *la*

1. ...... hora
2. ...... vaso
3. ...... calle
4. ..... chica
5. ..... papel
6. ..... año

B. Compléter avec l'article indéfini *un* ou *una*

1. .... maleta
2. .... lápiz
3. .... juego
4. ...... libro
5. ...... taza
6. ...... llave

C. Compléter avec l'adjectif *nuevo* ou *nueva*

1. el plato ...
2. la taza ....
3. el papel ...
4. la mesa ...
5. el vaso ....
6. el lápiz ....

D. Traduire en espagnol

1. l'année nouvelle
2. un nouveau jeu
3. une grande tasse
4. une table ancienne
5. le vin nouveau de Malaga
6. un livre ancien

C 2 INFORMATIONS PRATIQUES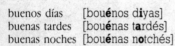

buenos días	[bou**é**nos d**i**yas]
buenas tardes	[bou**é**nas t**a**rdés]
buenas noches	[bou**é**nas n**o**tchés]

señor	[sény**o**r]
señora	[sény**o**ra]
señorita	[sényor**i**ta]
señores	[sény**o**rés]
señoras	[sény**o**ras]

sí	
no	
bueno	[bou**é**no]
muy bien	[m**o**ui bi**é**-n]
adiós	[adi**ó**s]

C 3   CORRIGÉ

A.

1. la hora
2. el vaso
3. la calle
4. la chica
5. el papel
6. el año

B.

1. una maleta
2. un lápiz
3. un juego
4. un libro
5. una taza
6. una llave

C.

1. el plato nuevo
2. la taza nueva
3. el papel nuevo
4. la mesa nueva
5. el vaso nuevo
6. el lápiz nuevo

D.

1. el año nuevo
2. un juego nuevo
3. una taza grande
4. una mesa antigua
5. el vino nuevo de Málaga
6. un libro antiguo

C 4   TRADUCTION

bonjour (jusqu'au déjeuner)
bonjour (après le déjeuner)
bonsoir, bonne nuit

monsieur
madame
mademoiselle
messieurs
mesdames

oui
non
bon
très bien
au revoir

A 1   PRÉSENTATION

- **Ser** [sér] *être*

Soy	[so**i**]	*Je suis*	**No soy**	*Je ne suis pas*
Eres	[**é**ré-s]	*Tu es*	**No eres**	*Tu n'es pas*
Es	[é-s]	*Il est*	**No es**	*Il n'est pas*

el muchacho	[moutch**a**tcho]	*le jeune homme*
la muchacha		*la jeune fille*
un niño	[n**i**nyo]	*un enfant*
una niña		*une enfant*
Pepito	[pép**i**to]	*diminutif de José (Joseph)*
Paquita	[pak**i**ta]	*diminutif de Francisca (Françoise)*
español	[éspany**o**l]	*espagnol*
española		*espagnole*
pequeño	[pék**é**nyo]	*petit (garçon)*

A 2   APPLICATION

1. Soy un muchacho.
2. Eres un niño.
3. Es español.
4. Soy una muchacha.
5. Eres una niña.
6. Es española.
7. Pepito es pequeño.
8. Paquita es pequeña.
9. El muchacho es español.
10. La muchacha es española.
11. No es un niño.
12. Es un muchacho.
13. No es una niña.
14. Es una muchacha.

A 3   REMARQUES

■ Prononciation

- **Soy**, *je suis* se prononce comme le français [oïl] dans langue d'oïl.
- **Eres**, *tu es* : n'oubliez pas le **r** roulé.
- **Es**, *il est* : n'oubliez pas que le **s** espagnol se prononce comme deux s [ss] en français.
- Le groupe de lettres ~**qui**~ de **Paquita** se prononce comme en français.

■ Grammaire

- **Les pronoms sujets espagnols**, qui seront présentés à la leçon 4, ne s'emploient généralement pas. Ils sont inutiles puisque le verbe a des terminaisons différentes pour chaque personne. **Soy** suffit pour traduire *je suis*.
- **La forme négative** s'obtient en plaçant la négation **no** immédiatement avant le verbe.
- *c'est* se traduit simplement par **es**.

A 4   TRADUCTION

1. Je suis un jeune homme.
2. Tu es un enfant.
3. Il est espagnol.
4. Je suis une jeune fille.
5. Tu es une enfant.
6. Elle est espagnole.
7. Joseph est petit.
8. Françoise est petite.
9. Le jeune homme est espagnol.
10. La jeune fille est espagnole.
11. Ce n'est pas un enfant.
12. C'est un jeune homme.
13. Ce n'est pas une enfant.
14. C'est une jeune fille.

B 1   PRÉSENTATION

- **Ser** [sér] *être*

Somos	[**so**mo-s]	*Nous sommes*	**No somos**	*Nous ne sommes pas*
Sois	[**so**is]	*Vous êtes*	**No sois**	*Vous n'êtes pas*
Son	[**so**-n]	*Ils sont*	**No son**	*Ils ne sont pas*

los chicos	[**tchi**cos]	*les garçons*
las chicas		*les filles*
las sillas	[**si**yas]	*les chaises*
los cuadros	[kou**a**dros]	*les tableaux*
guapo	[gou**a**po]	*beau*
guapa		*belle, jolie*
viejo	[b**ie**jo]	*vieux*
vieja		*vieille*
muy	[m**ou**i]	*très*

B 2   APPLICATION

1. Somos chicas.
2. Sois guapas.
3. Son muy guapas.
4. Somos chicos.
5. No sois niños.
6. No son muy viejos.
7. Es guapa.
8. Es una chica guapa.
9. Son guapas.
10. Son chicas muy guapas.
11. Es un cuadro antiguo.
12. Son cuadros antiguos.
13. Es una silla muy vieja.
14. Son sillas muy viejas.

B 3   REMARQUES

■ Prononciation

- Rappel : attention à la prononciation de la **jota** [j] dans le mot **viejo** (p. 15).
- **s** à la fin d'un mot se prononce toujours [somo-s].
- **on** ; le **n** s'entend toujours ; on doit prononcer [o-n].

■ Grammaire

- Rappel : **les pronoms sujets espagnols**, qui seront présentés à la leçon 4, ne s'emploient généralement pas.
- **Le pluriel** des noms terminés par une voyelle se forme en ajoutant un ~**s** et celui des mots terminés par une consonne en ajoutant ~**es**.
- Pluriel des articles définis : **el** devient **los** et **la** devient **las**.
- Les articles indéfinis **un** et **una** ne sont pas utilisés au pluriel.
- **L'adjectif** s'accorde avec le nom auquel il se rapporte.
- *c'est* se traduit par **es** et *ce sont* par **son**.

B 4   TRADUCTION

1. Nous sommes des filles.
2. Vous êtes jolies.
3. Elles sont très jolies.
4. Nous sommes des garçons.
5. Vous n'êtes pas des enfants.
6. Ils ne sont pas très vieux.
7. Elle est jolie.
8. C'est une jolie fille.
9. Elles sont jolies.
10. Ce sont des filles très jolies.
11. C'est un tableau ancien.
12. Ce sont des tableaux anciens.
13. C'est une chaise très vieille.
14. Ce sont des chaises très vieilles.

C 1   EXERCICES

A. Conjuger le verbe *ser*

. . . .

B. Mettre au pluriel

1. Soy un chico.
2. Eres guapa.
3. El cuadro es antiguo.

4. Soy española.
5. Eres una muchacha.
6. Es la silla.

C. Mettre au singulier

1. Somos pequeños.
2. No sois muchachos.
3. Las sillas son viejas.

4. Somos los chicos.
5. Sois guapas.
6. Son cuadros.

D. Traduire

1. Je suis une fille.
2. Tu es jolie.
3. Le tableau est ancien.

4. Nous sommes petits.
5. Vous n'êtes pas vieux.
6. Les chaises sont neuves.

C 2   INFORMATIONS PRATIQUES

1 uno (un, una)
  un plato
  una maleta

2 dos
  dos platos
  dos maletas

3 tres

4 cuatro

5 cinco

6 seis

7 siete

8 ocho

9 nueve

10 diez

11 once
  once platos

12 doce
  doce maletas

13 trece

14 catorce

15 quince

16 dieciséis

17 diecisiete

18 dieciocho

19 diecinueve

20 veinte

C 3 CORRIGÉ

A.

soy   eres   es   somos   sois   son

B.

1. Somos chicos.
2. Sois guapas.
3. Los cuadros son antiguos.
4. Somos españolas.
5. Sois muchachas.
6. Son las sillas.

C.

1. Soy pequeño.
2. No eres un muchacho.
3. La silla es vieja.
4. Soy el chico.
5. Eres guapa.
6. Es un cuadro.

D.

1. Soy una chica.
2. Eres guapa.
3. El cuadro es antiguo.
4. Somos pequeños.
5. No sois viejos.
6. Las sillas son nuevas.

C 4 REMARQUES

■ La forme **uno** ne se présente que lorsque ce chiffre n'est pas suivi d'un nom.

uno, dos, tres, ...   *un, deux, trois, ...*

■ Devant un nom **uno** devient **un** (masc.) ou **una** (fém.) et s'emploie comme article indéfini.

un plato   *une assiette*
una maleta   *une valise*

A 1   PRÉSENTATION

• **Estar** *être*

Estoy	[éstoï]	*Je suis*	¿ Estoy ?	*Suis-je ?*
Estás	[ésta-s]	*Tu es*	¿ Estás ?	*Es-tu ?*
Está	[ésta]	*Il est*	¿ Está ?	*Est-il ?*

el campo	[ka-mpo]	*la campagne*
en el campo	[é-n]	*à la campagne*
la casa	[kassa]	*la maison*
en casa		*à la maison*
el hombre	[o-mbré]	*l'homme*
en Lima		*à Lima*
Pedro	[pédro]	*Pierre*

contento	[ko-nté-nto]	*content*
enfermo	[é-nférmo]	*malade*
triste	[tristé]	*triste*

sí		*oui*
no		*non*

A 2   APPLICATION

1. Estoy contento.
2. ¿ Estoy contento ?
3. Estás triste.
4. ¿ No estás contenta ?
5. El hombre no está triste.
6. ¿ Está triste ?
7. ¿ Estás en Lima ?
8. — Sí, estoy en Lima.
9. ¿ Está Pedro en casa ?
10. — No, está en el campo.
11. ¿ Estás enfermo ?
12. — No, no estoy enfermo.

A 3   REMARQUES

■ Prononciation

- Rappel : le **s** espagnol se prononce comme les deux s contenus dans le mot français *cassé*.

- Rappel : il n'y a pas de son nasal en espagnol. Le **n** s'entend toujours : **on**, **en**, **in**, **an**, **un** se prononcent [o-n] [é-n] [i-n] [a-n] [ou-n].

- Le **h** ne se prononce jamais en espagnol : **hombre** [**o**-mbré].

■ Grammaire

- **L'interrogation** se forme en inversant le verbe et le sujet. Le pronom personnel sujet étant très souvent omis en espagnol, l'intonation seule permet de distinguer l'interrogation dans la langue parlée. Un point d'interrogation inversé est placé au début de la question écrite.

- Lorsqu'il n'y a pas mouvement, la préposition française *à* se traduit **en** en espagnol :

  Estoy en Lima.   *Je suis à Lima.*

- Rappel : l'adjectif espagnol terminé par ~**e** est invariable en genre (masculin, féminin).

A 4   TRADUCTION

1. Je suis content.
2. Suis-je content ?
3. Tu es triste.
4. N'es-tu pas contente ?
5. L'homme n'est pas triste.
6. Est-il triste ?
7. Es-tu à Lima ?
8. — Oui, je suis à Lima.
9. Pierre est-il à la maison ?
10. — Non, il est à la campagne.
11. Es-tu malade ?
12. — Non, je ne suis pas malade.

¿ Están cansados ?

B 1 PRÉSENTATION

● **Estar** *être*

Estamos	[éstamo-s]	*Nous sommes*	**¿ Estamos ?**	*Sommes-nous ?*
Estáis	[éstaïs]	*Vous êtes*	**¿ Estáis ?**	*Êtes-vous ?*
Están	[ésta-n]	*Ils sont*	**¿ Están ?**	*Sont-ils ?*

la playa	[playa]	*la plage*
la escuela	[éskouéla]	*l'école*
el paseo	[passéo]	*la promenade*
el señor	[sényor]	*le monsieur*
la señora	[sényora]	*la dame*
en Madrid	[madriz]	*à Madrid*
en París	[Parí-s]	*à Paris*
bueno	[bouéno]	*en bonne santé*
cansado	[ka-nsado]	*fatigué*
malo		*malade*
y	[i]	*et*

B 2 APPLICATION

1. Estamos buenos.
2. No estamos malos.
3. ¿ Estáis buenas ?
4. — No estamos malas.
5. El señor está cansado.
6. La señora está cansada.
7. Están cansados.
8. ¿ Estáis en Madrid ?
9. — No, no estamos en Madrid.
10. Estamos en París.
11. ¿ Están los niños en la escuela ?
12. — No, están en la playa.
13. ¿ Estáis cansadas ?
14. — Sí, estamos muy cansadas.

B 3   REMARQUES

■ Prononciation

- Rappel : le **r** espagnol est toujours **roulé**.
- Le **d** final espagnol peut être prononcé comme un **z** affaibli (prononciation madrilène) ou pas du tout : **Madrid** [madr**iz**] ou [madr**i**].

■ Grammaire

- Il y a **deux verbes** *être* en espagnol : **ser** et **estar**.
  Ser exprime l'existence de qualités essentielles à un être ou à une chose.
  Estar exprime une circonstance plus ou moins durable ou le lieu (p. 262).
- Certains adjectifs changent complètement de sens selon qu'ils sont employés avec **ser** ou avec **estar** :

ser bueno	*bon*	**estar bueno**	*en bonne santé*
ser malo	*méchant*	**estar malo**	*malade*
ser cansado	*fatigant*	**estar cansado**	*fatigué*

- **Les adjectifs** ou **participes passés** employés avec **ser** ou **estar** s'accordent en genre et en nombre avec le (ou les) sujet(s).

B 4   TRADUCTION

1. Nous sommes en bonne santé.
2. Nous ne sommes pas malades.
3. Êtes-vous en bonne santé ?
4. — Nous ne sommes pas malades.
5. Le monsieur est fatigué.
6. La dame est fatiguée.
7. Ils sont fatigués.
8. Êtes-vous à Madrid ?
9. — Non, nous ne sommes pas à Madrid.
10. Nous sommes à Paris.
11. Les enfants sont-ils à l'école ?
12. — Non, ils sont à la plage.
13. Êtes-vous fatiguées ?
14. — Oui, nous sommes très fatiguées.

C 1   EXERCICES

A. Conjuger le verbe *estar*

. . . .

B. Mettre au pluriel

1. Estoy bueno.
2. Estás mala.
3. Está contento.
4. La señora está cansada.
5. El chico está en casa.
6. La niña está triste.

C. Faire la question correspondante

1. La señora está en casa.
2. Está mala.
3. La casa está en Madrid.
4. Las señoras están en Lima.
5. Están contentas.
6. No están tristes.

D. Traduire

1. Êtes-vous à Madrid ?
2. Sont-ils contents ?
3. Sommes-nous en bonne santé ?
4. Nous ne sommes pas à Madrid.
5. Il ne sont pas tristes.
6. Vous n'êtes pas malades.

C 2   INFORMATIONS PRATIQUES

20	veinte	21	veintiuno
		29	veintinueve
30	treinta	33	treinta y tres
40	cuarenta	44	cuarenta y cuatro
50	cincuenta	55	cincuenta y cinco
60	sesenta	66	sesenta y seis
70	setenta	77	setenta y siete
80	ochenta	88	ochenta y ocho
90	noventa	99	noventa y nueve
100	ciento		cien maletas
			cien libros
105	ciento cinco		
167	ciento sesenta y siete		

C 3   CORRIGÉ

A.

estoy   estás   está   estamos   estáis   están

B.

1. Estamos buenos.
2. Estáis malas.
3. Están contentos.

4. Las señoras están cansadas.
5. Los chicos están en casa.
6. Las niñas están tristes.

C.

1. ¿ Está la señora en casa ?
2. ¿ Está mala ?
3. ¿ Está la casa en Madrid ?

4. ¿ Están las señoras en Lima ?
5. ¿ Están contentas ?
6. ¿ No están tristes ?

D.

1. ¿ Estáis en Madrid ?
2. ¿ Están contentos ?
3. ¿ Estamos buenos ?

4. No estamos en Madrid.
5. No están tristes.
6. No estáis malos.

C 4   REMARQUES

■ **y** ne s'emploie qu'entre les dizaines et les unités.

■ De 16 à 29 inclus, au lieu de **diez y seis**, ..., **veinte y nueve**, il est préférable d'écrire : **dieciséis**, ..., **veintinueve**.

■ La forme **ciento** ne se présente que devant un autre numéral de dizaines ou d'unités.
Ciento devient **cien** lorsqu'il est suivi d'un nom ou d'un numéral supérieur à la centaine (**mil**, **millón**).

A 1   PRÉSENTATION

yo		*je*	**mi(s)**		*mon, ma, (mes)*
tú	[tou]	*tu*	**tu(s)**	[tou]	*ton, ta, (tes)*
él, ella	[éya]	*il, elle*	**su(s)**	[sou]	*son, sa, (ses)*

- **Tener**   *avoir*

  (Yo) tengo [té-ngo] **mi libro.**   *J'ai mon livre.*
  (Tú) tienes [tiéné-s] **tu carta.**   *Tu as ta lettre.*
  (Él) tiene [tiéné] **su libro.**   *Il a son livre.*
  (Ella) tiene sus periódicos.   *Elle a ses journaux.*

el cuarto	[kouarto]	*la chambre, la pièce*
el hermano	[érmano]	*le frère*
la hermana		*la sœur*
el hijo	[ijo]	*le fils*
la hija		*la fille*
el periódico	[périodiko]	*le journal*
la ventana	[bé-ntana]	*la fenêtre*
varios/as	[bario-s]	*plusieurs*

A 2   APPLICATION

1. Yo tengo mi carta.
2. Tú tienes tus periódicos.
3. Él tiene sus cartas.
4. Ella tiene su periódico.
5. ¿ Tienes mi periódico ?
6. — Sí, tengo tu periódico.
7. ¿ Tiene tu hermana mi carta ?
8. — No, no tiene tu carta.
9. ¿ Tiene tu hermano hijos ?
10. — Sí, tiene un hijo y dos hijas.
11. ¿ Tiene su casa varios cuartos ?
12. — Sí, su casa tiene cinco cuartos.
13. ¿ Tiene su cuarto varias ventanas ?
14. — Sí, su cuarto tiene cuatro ventanas.

A 3 REMARQUES

■ Prononciation

- Rappel : attention à la prononciation de la **jota** [j], le **j** espagnol ou le **g** devant **e** et **i**, (p. 15).
- **h** espagnol est toujours **muet**.

■ Grammaire

- Le verbe **tener** *avoir* signifie *posséder*. Il n'est pas employé comme auxiliaire.
- Les pronoms personnels sujets **yo**, **tú**, **él**, **ella** sont généralement omis. On les emploie seulement pour la clarté, **él tiene** *il a*, **ella tiene** *elle a*, ou pour insister : **yo tengo** *moi, j'ai*.
- Les adjectifs possessifs **mi**, **tu**, **su**, s'accordent en nombre (singulier-pluriel) avec le nom qu'ils précèdent. À la troisième personne, s'il y a doute, on peut ajouter **de él** ou **de ella** : **su casa de él**, **su casa de ella**.
- Il n'y a **pas d'article partitif** en espagnol : **tiene pan**, *il a du pain* ; **no tiene libro**, *il n'a pas de livre*.

A 4 TRADUCTION

1. Moi, j'ai ma lettre.
2. Toi, tu as tes journaux.
3. (Lui) il a ses lettres.
4. (Elle) elle a son journal.
5. As-tu mon journal ?
6. '— Oui, j'ai ton journal.
7. Ta sœur a-t-elle ma lettre ?
8. — Non, elle n'a pas ta lettre.
9. Ton frère a-t-il des enfants ?
10. — Oui, il a un fils et deux filles.
11. Sa maison a-t-elle plusieurs pièces ?
12. — Oui, sa maison a cinq pièces.
13. Sa chambre a-t-elle plusieurs fenêtres ?
14. — Oui, sa chambre a quatre fenêtres.

B 1   PRÉSENTATION

nosotros/as	*nous*	**nuestro/a/os/as**	*notre, nos*
vosotros/as	*vous*	**vuestro/a/os/as**	*votre, vos*
ellos, ellas	*ils, elles*	**su(s)**	*leur, leurs*

Tener   *avoir*

(Nosotros) tenemos nuestro coche.	*Nous avons notre voiture.*
(Vosotras) tenéis vuestras ideas.	*Vous avez vos idées.*
(Ellos) tienen su coche.	*Ils ont leur voiture.*
(Ellas) tienen sus costumbres	*Elles ont leurs habitudes.*

el amigo		*l'ami*
el billete	[biy**é**té]	*le billet*
el bolígrafo		*le crayon à bille*
el coche	[k**o**tché]	*la voiture*
la costumbre	[kost**ou**mbré]	*l'habitude, la coutume*
el dinero	[din**é**ro]	*l'argent*
la idea	[id**é**a]	*l'idée*
también	[ta-mbi**é**n]	*aussi*

B 2   APPLICATION

1. Nosotras tenemos nuestro coche.
2. Vosotros tenéis vuestras costumbres.
3. Ellos tienen su coche.
4. Ellas tienen sus ideas.
5. ¿ Tienen ellos su coche ?
6. — Sí, tienen su coche.
7. ¿ Tenéis vuestros bolígrafos ?
8. — Sí, tenemos nuestros bolígrafos.
9. ¿ Tenemos nuestros billetes ?
10. — Si, tenéis vuestros billetes.
11. ¿ Tienen vuestros amigos dinero ?
12. — Sí, nuestros amigos tienen dinero.
13. ¿ Tenéis dinero también ?
14. — No, no tenemos dinero.
15. Nuestros amigos tienen sus ideas.
16. Tienen sus costumbres también.

Ils ont leur voiture

B 3   REMARQUES

■ Prononciation

- Rappel : **ch** espagnol se prononce [tch] : **coche** [c**o**tché] *voiture*.
- Attention à l'accentuation : **tenemos** [tén**é**mo-s], **tenéis** [tén**é**-is], **tienen** [ti**é**né-n]

■ Grammaire

- Les pronoms personnels sujets **nosotros**, **vosotros**, **ellos**, ont une forme féminine : **nosotras**, **vosotras**, **ellas**.
  Ils sont généralement inutiles puisque le verbe a une terminaison différente pour chaque personne.
  Si le pronom sujet représente un groupe mixte, le masculin l'emporte sur le féminin, comme en français.

- Les adjectifs possessifs **nuestro** et **vuestro** s'accordent en genre (masculin, féminin) et en nombre (singulier, pluriel) avec le nom qu'ils précèdent.
  L'adjectif possessif **su(s)** s'emploie aux troisièmes personnes du singulier et du pluriel. Il traduit donc *son, sa, leur*, devant un nom singulier et *ses, leurs*, devant un nom pluriel.

B 4   TRADUCTION

1. Nous, nous avons notre voiture.
2. Vous, vous avez vos habitudes.
3. (Eux) ils ont leur voiture.
4. (Elles) elles ont leurs idées.
5. Ont-ils leur voiture ?
6. Oui, ils ont leur voiture.
7. Avez-vous vos crayons à bille ?
8. — Oui, nous avons nos crayons à bille.
9. Avons-nous nos billets ?
10. — Oui, vous avez vos billets.
11. Vos amis ont-ils de l'argent ?
12. — Oui, nos amis ont de l'argent.
13. Avez-vous aussi de l'argent ?
14. — Non, nous n'avons pas d'argent.
15. Nos amis ont leurs idées.
16. Ils ont aussi leurs habitudes.

Exercices

C 1 EXERCICES

A. Conjuger le verbe *tener*

. . . .

B. Mettre au singulier

1. Tenemos nuestras llaves.
2. Tenéis vuestras tazas.
3. Tienen sus platos.
4. Tenemos vino.
5. Tenéis vuestros vasos.
6. Tienen sus sillas.

C. Mettre au pluriel

1. Tengo mi libro.
2. Tienes tu bolígrafo.
3. Tiene dinero.
4. Tengo mi billete.
5. Tienes tu llave.
6. Tiene su periódico.

D. Traduire

1. Moi, j'ai mes tableaux.
2. Toi, tu as tes journaux.
3. Il a ses habitudes.
4. Elle a ses idées.
5. Nous, nous avons notre clef.
6. Vous, vous avez vos tasses.
7. Ils ont leurs maisons.
8. Elles ont leurs voitures.

C 2 INFORMATIONS PRATIQUES

200 doscientos (as)	1 000 mil
doscientos chicos	1 001 mil uno
300 trescientos (as)	2 000 dos mil
trescientas chicas	100 000 cien mil
400 cuatrocientos (as)	500 000 quinientos mil
500 quinientos (as)	1 000 000 un millón
600 seiscientos (as)	2 000 000 dos millones
700 setecientos (as)	1 000 000 000 mil millones
800 ochocientos (as)	2,50 dos y medio
900 novecientos (as)	10,25 diez coma veinticinco

1 531 724 francos : un millón quinientos treinta y un mil setecientos veinticuatro francos.

3 741 963 pesetas : tres millones setecientas cuarenta y un mil novecientas sesenta y tres pesetas.

C 3   CORRIGÉ

A.

tengo   tienes   tiene   tenemos   tenéis   tienen

B.

1. Tengo mi llave.
2. Tienes tu taza.
3. Tiene su plato.

4. Tengo vino.
5. Tienes tu vaso.
6. Tiene su silla.

C.

1. Tenemos nuestros libros.
2. Tenéis vuestros bolígrafos
3. Tienen dinero.

4. Tenemos nuestros billetes.
5. Tenéis vuestras llaves.
6. Tienen sus periódicos.

D.

1. Yo, tengo mis cuadros.
2. Tú, tienes tus periódicos.
3. (Él) tiene sus costumbres.
4. (Ella) tiene sus ideas.

5. (Nosotros) tenemos nuestra llave.
6. (Vosotros) tenéis vuestras tazas.
7. (Ellos) tienen sus casas.
8. (Ellas) tienen sus coches.

C 4   REMARQUES

■ De 200 à 900, les centaines se terminent par ~ **as** devant les noms féminins : **doscientas pesetas**, **trescientas casas**, etc.

■ **Mil** est invariable en tant que numéral. Il peut être mis au pluriel dans le sens de *millier*.

■ Le mot espagnol **millón** se comporte comme un nom. Il prend la forme du pluriel : **dos millones** ; s'il n'est pas séparé du nom auquel il se rapporte par un autre numéral, on intercale, comme en français, la préposition **de** : **dos millones de pesetas**.

■ Le mot français *milliard* se traduit en espagnol **mil millones**.

■ **uno y medio**   *un et demi*
   dos y media   *deux et demie*
   coma   *virgule*

A 1   PRÉSENTATION

- **T.S.** tutoiement singulier   **V.S.** vouvoiement singulier

(Tú) tienes	*Tu as*	**Usted (Ud) tiene**	*Vous avez*

T.S.	**Tienes tu pasaporte.**	*Tu as ton passeport.*
V.S.	**Ud tiene su pasaporte**	*Vous avez votre passeport.*
V.S.	**¿ Qué tiene Ud ?**	*Qu'avez-vous?*
V.S.	**¿ Tiene Ud mi cartera ?**	*Avez-vous ma serviette ?*
	— Sí, tengo su cartera.	*— Oui, j'ai votre serviette.*

la cartera	[kart**é**ra]	*la serviette*
el guardia	[gou**a**rdia]	*l'agent (de police)*
el médico	[m**é**diko]	*le médecin*
el pasaporte	[passap**o**rté]	*le passeport*
el vecino	[bé**z**ino]	*le voisin*
por favor		*s'il vous plaît*
¿ qué ?	[**ké**]	*que ? quoi ?*
¿ quién ?	[ki**é**-n]	*qui ?*

A 2   APPLICATION

1. **¿ Qué tengo ?**
2. **— Tienes tu pasaporte.**
3. **— Ud tiene su pasaporte.**
4. **¿ Qué tienes ?**
5. **¿ Qué tiene Ud ?**
6. **— Tengo mi cartera.**
7. **¿ Quién soy ?**
8. **— Eres el médico.**
9. **— Ud es el médico.**
10. **¿ Quién eres ?**
11. **— Soy tu amigo.**
12. **¿ Quién es Ud ?**
13. **— Soy su vecino.**
14. **Soy un guardia.**
15. **¿ Tiene Ud su pasaporte, por favor ?**

A 3   REMARQUES

■ Prononciation

- Rappel : attention à la prononciation du mot **vecino**, *voisin*. Le
  c devant **e** et **i** se prononce comme le **z** [z] en plaçant l'extrémité
  de la langue entre les dents (p. 15).

■ Grammaire

- **T.S. (tutoiement singulier) :** en espagnol, si l'on s'adresse familièrement à quelqu'un, on emploie comme en français le pronom
  tú suivi de la 2e personne du singulier.

- **V.S. (vouvoiement singulier) :** si l'on s'adresse respectueusement
  à quelqu'un, on emploie le pronom **usted**, que l'on écrit en abrégé
  Ud, suivi de la 3e personne du singulier. **Usted** est la contraction
  d'une forme ancienne **Vuestra Merced**, *Votre Grâce*, qui était
  évidemment suivie de la 3e personne du singulier.

- **L'adjectif possessif** correspondant à **Ud (usted)** est, très logique-
  ment, celui de la 3e personne, c'est-à-dire **su(s)** : **Ud tiene su libro**,
  vous avez votre livre.

- Les mots interrogatifs portent toujours l'accent écrit : **¿ Qué ?**,
  ¿ Quién ?, **¿ Dónde ?**, **¿ Cómo ?**, etc.

A 4   TRADUCTION

1. Qu'ai-je ?
2. — Tu as ton passeport.
3. — Vous avez votre passeport. (V.S.)
4. Qu'as-tu ?
5. Qu'avez-vous ? (V.S.)
6. — J'ai ma serviette (mon porte-documents).
7. Qui suis-je ?
8. — Tu es le médecin.
9. — Vous êtes le médecin. (V.S.)
10. Qui es-tu ?
11. — Je suis ton ami.
12. Qui êtes-vous ? (V.S.)
13. — Je suis votre voisin. (V.S.)
14. Je suis un agent (de police).
15. Avez-vous votre passeport, s'il vous plaît ? (V.S.)

B 1   PRÉSENTATION

- **T.P.** tutoiement pluriel   **V.P.** vouvoiement pluriel

(Vosotros) tenéis *Vous avez* **Ustedes (Uds) tienen** *Vous avez*

T.P.	**Tenéis vuestras cartas.**	*Vous avez vos lettres.*
V.P.	**Uds tienen sus cartas.**	*Vous avez vos lettres.*
V.P.	**¿ Qué tienen Uds ?**	*Qu'avez-vous?*
V.P.	**¿ Tienen Uds mi libro ?**	*Avez-vous mon livre ?*
	— Sí, tenemos su libro.	*— Oui, nous avons votre livre.*

el estudiante	[éstoudi-**a**-nté]	*l'étudiant*
la oficina	[ofi**z**ina]	*le bureau*
la universidad	[ouni**v**érsid**a**z]	*l'université*
gracias	[gr**a**cia-s]	*merci*
también	[ta-mbi**é**-n]	*aussi*
¿ quiénes ?	[ki**é**nés]	*qui ?*
¿ dónde ?	[d**o**-ndé]	*où ?*
¿ cómo ?	[c**o**mo]	*comment ?*

B 2   APPLICATION

1. ¿ Qué tenemos ?
2. — Tenéis vuestros libros.
3. — Uds tienen sus libros.
4. ¿ Quiénes sois ?
5. — Somos vuestros vecinos.
6. ¿ Quiénes son Uds ?
7. — Somos sus estudiantes de español.
8. ¿ Cómo estáis ?
9. ¿ Cómo están Uds ?
10. — Estamos muy bien, gracias.
11. ¿ Dónde estáis ?
12. — Estamos en la oficina.
13. ¿ Dónde está vuestra oficina ?
14. ¿ Dónde están Uds ?
15. — Estamos en la universidad.
16. ¿ Dónde está su universidad ?

B 3   REMARQUES

■ **T.P. (tutoiement pluriel) : vosotros** est suivi de la 2ᵉ personne du pluriel.

■ **V.P. (vouvoiement pluriel) :** en espagnol, si l'on s'adresse respectueusement à plusieurs personnes, on emploie le pluriel de **usted**, c'est-à-dire **ustedes**, que l'on écrit **Uds** en abrégé, suivi de la 3ᵉ personne du pluriel.

■ Récapitulation : le *vous* français se traduit de trois manières différentes en espagnol :
     T.P. : vosotros + 2ᵉ personne du pluriel
     V.S. : Ud (usted) + 3ᵉ personne du singulier
     V.P. : Uds (ustedes) + 3ᵉ personne du pluriel

■ **L'adjectif possessif** correspondant à **Uds (ustedes)** est évidemment celui de la 3ᵉ personne, c'est-à-dire **su(s)** :
     Uds tienen su coche, *vous avez votre voiture*
     sus amigos son estudiantes, *vos amis sont étudiants*

B 4   TRADUCTION

1. Qu'avons-nous ?
2. — Vous avez vos livres. (T.P.)
3. — Vous avez vos livres. (V.P.)
4. Qui êtes-vous ? (T.P.)
5. — Nous sommes vos voisins. (T.P.)
6. Qui êtes-vous ? (V.P.)
7. — Nous sommes vos étudiants d'espagnol. (V.P.)
8. Comment allez-vous ? (T.P.)
9. Comment allez-vous ? (V.P.)
10. — Nous allons très bien, merci.
11. Où êtes-vous ? (T.P.)
12. — Nous sommes au bureau.
13. Où est votre bureau ? (T.P.)
14. Où êtes-vous ? (V.P.)
15. — Nous sommes à l'université.
16. Où est votre université ? (V.P.)

C 1   EXERCICES

A. Mettre au vouvoiement singulier (avec *Ud*)

1. Tienes tu casa.
2. Estás en París.
3. Eres español.
4. Estás cansado.

B. Mettre au vouvoiement pluriel (avec *Uds*)

1. Tenéis vuestras llaves.
2. Sois estudiantes.
3. Estáis en Madrid.
4. Sois guapas.

C. Faire la question correspondante avec le mot interrogatif et *Ud* ou *Uds*

1. Estoy en casa.
2. Soy el médico.
3. Tengo mi pasaporte.
4. Estamos muy bien.
5. Somos franceses.
6. Tenemos nuestros vasos.

D. Traduire

1. Comment allez-vous ? (V.P.)
2. Avez-vous vos livres ? (V.P.)
3. Où est votre passeport ? (V.S.)
4. Êtes-vous fatigué ? (V.S.)
5. Qui êtes-vous ? (V.S.)
6. Qu'avez-vous ? (V.P.)
7. J'ai votre clef. (V.S.)
8. Je suis votre ami. (V.P.)

C 2   INFORMATIONS PRATIQUES 🔲🔲 ⊙

¿ Qué hora es ?	¿ A qué hora ?
es la una	a la una
son las dos	a las dos
...	...
son las doce	a las doce

son ⎡ las ... de la mañana / de la tarde / de la noche.
a   ⎣ las dos y diez / y cuarto / y media / menos cinco.

son las ocho en punto	
son las doce del día	al mediodía
son las doce de la noche	a la medianoche

C 3 CORRIGÉ

A.

1. Ud tiene su casa.
2. Ud está en Paris.
3. Ud es español.
4. Ud está cansado.

B.

1. Uds tienen sus llaves.
2. Uds son estudiantes.
3. Uds están en Madrid.
4. Uds son guapas.

C.

1. ¿ Dónde está Ud ?
2. ¿ Quién es Ud ?
3. ¿ Qué tiene Ud ?
4. ¿ Cómo están Uds ?
5. ¿ Qué son Uds ?
6. ¿ Qué tienen Uds ?

D.

1. ¿ Cómo están Uds ?
2. ¿ Tienen Uds sus libros ?
3. ¿ Dónde está su pasaporte ?
4. ¿ Está Ud cansado ?
5. ¿ Quién es Ud ?
6. ¿ Qué tienen Uds ?
7. Tengo su llave (de Ud).
8. Soy su amigo (de Uds).

C 4 TRADUCTION

Quelle heure est-il ?	À quelle heure ?
Il est une heure	à une heure
Il est deux heures	à deux heures
...	...
Il est midi (ou minuit)	à midi (ou minuit)

il est ⌈ ... heures du matin / de l'après-midi / du soir.
à   ⌊ deux heures dix / et quart / et demie / moins cinq.

Il est huit heures précises	
Il est midi	à midi
Il est minuit	à minuit

6 ¿ No tomáis pan ?

A 1 PRÉSENTATION

- Infinitif en ~ar : présent de l'indicatif

tom	~ar	tomar	prendre
tom	~o	tomo	je prends
tom	~as	tomas	tu prends
tom	~a	toma	il, elle prend
tom	~amos	tomamos	nous prenons
tom	~áis	tomáis	vous prenez
tom	~an	toman	ils, elles prennent

el autobús	l'autobus	mucho	beaucoup de
el español	l'espagnol	esperar	attendre
el metro	le métro	hablar	parler
el pan	le pain	nada	rien
el tren	le train	¿ por qué ?	pourquoi ?

A 2 APPLICATION

1. ¿ Tomas pan ? — Sí, tomo pan. Mucho pan.
2. ¿ No tomáis pan ? — No, no tomamos pan.
3. ¿ Qué habla Ud ? — Yo hablo español.
4. ¿ Hablan Uds español ? — Sí, hablamos español.
5. ¿ Por qué toma ella el autobús ?
6. ¿ Tomamos el metro ? — No, no tomamos el metro.
7. ¿ Qué esperas ? ¿ el metro ? — Sí, espero el metro.
8. Y él, ¿ qué espera ? — Él no espera nada.
9. ¿ Qué esperan Uds ? — Nada, no esperamos nada.
10. Y vosotros, ¿ qué esperáis ? — Nosotros esperamos el tren.
11. Tomo el autobús. Tomas el metro. Ella toma el tren.

Vous ne prenez pas de pain ?

A 3   REMARQUES

■ Prononciation

- Rappel : le **s** espagnol se prononce comme les deux s français de *cassé*.
- Le **ch** de **mucho** se prononce [tch] comme dans *tchèque*.
- Il n'y a pas de son nasal en espagnol, le **n** s'entend toujours : **pan** se prononce comme le mot français *panne*.

■ Grammaire

- **tomar** est composé d'un radical : **tom ~** qui ne change jamais et qu'on trouve à toutes les personnes du verbe, et d'une terminaison : **~ ar** qui, elle, change à toutes les personnes, (p. 266). Au présent de l'indicatif des verbes réguliers, la première personne du singulier se termine toujours en **~ o** :

  tomar : **tom ~ o** ; **esperar** : **esper ~ o**

  Pour les autres personnes, c'est la voyelle de la terminaison de l'infinitif qui est utilisée :

  tomar : **~ o**, **~ as**, **~ a**, **~ amos**, **~ áis**, **~ an**

- *vous*, sans autre précision, correspond ici au **V.S.** (vouvoiement singulier).

A 4   TRADUCTION

1. Prends-tu du pain ? — Oui, je prends du pain. Beaucoup de pain.
2. Vous ne prenez pas de pain (T.P.) ? — Non, nous ne prenons pas de pain.
3. Que parlez-vous ? — Moi, je parle espagnol.
4. Parlez-vous (V.P.) espagnol ? — Oui, nous parlons espagnol.
5. Pourquoi prend-elle l'autobus ?
6. Prenons-nous le métro ? — Non, nous ne prenons pas le métro.
7. Qu'attends-tu ? le métro ? — Oui, j'attends le métro.
8. Et lui, qu'attend-il ? — Lui, il n'attend rien.
9. Qu'attendez-vous (V.P.) ? — Rien, nous n'attendons rien.
10. Et vous (T.P.), qu'attendez-vous ? — Nous attendons le train.
11. Je prends l'autobus. Tu prends le métro. Elle prend le train.

6   Que él tome la palabra

B 1   PRÉSENTATION

- Infinitif en **~ar** : présent du subjonctif

tom	~ar	tomar	prendre
tom	~e	tome	que je prenne
tom	~es	tomes	que tu prennes
tom	~e	tome	qu'il, elle prenne
tom	~emos	tomemos	que nous prenions
tom	~éis	toméis	que vous preniez
tom	~en	tomen	qu'ils, elles prennent

el agua	l'eau
la palabra	le mot, la parole
es útil que	il est utile que
¿ es útil ?	est-ce utile ?
hace falta que	il faut que
hace falta que no no hace falta que	il ne faut pas que
¿ hace falta ?	le faut-il ?

B 2   APPLICATION

1. Él toma agua. — ¿ Es útil ? — Sí, es útil que él tome agua.
2. Nosotros también tomamos agua. — ¿ Hace falta ? — Sí, hace falta que toméis también agua.
3. Ellos toman la palabra. — ¿ Es útil ? — No, no es útil que ellos tomen la palabra.
4. Hace falta que Ud tome la palabra.
5. ¿ Hace falta que Uds tomen agua ?
6. No, no hace falta que tomemos agua.
7. Uds esperan el metro. — ¿ Es útil ? — Sí, es útil que esperemos el metro.
8. Hace falta que tú tomes agua y él también.
9. Habláis : hace falta que no habléis.
10. Tomáis vino : no hace falta que toméis vino.
11. Esperáis : no es útil que esperéis.

44

B 3 REMARQUES

■ Prononciation

- Rappel : le **u** de **útil** se prononce [ou].
  Le **e** se prononce [é].

■ Grammaire

- Quand l'infinitif d'un verbe est en **~ar**, la voyelle de la terminaison du subjonctif présent est toujours **~e** (p. 266).

- **es útil que**, **hace falta que** sont suivis du subjonctif présent (p. 111).

- Les **première** et **troisième personnes** du singulier du subjonctif présent sont **semblables** : **tome**. S'il y a risque de confusion entre *je*, *il*, *elle* ou le *vous* de vouvoiement singulier (**Ud** + la 3ᵉ personne du singulier), il convient de mettre le pronom personnel sujet : **yo**, **él**, **ella** ou **Ud** : **hace falta que yo / ella tome...**
  il faut que je / qu'elle prenne...

- *vous*, sans autre précision, correspond au **V.S.** (vouvoiement singulier).

B 4 TRADUCTION

1. Lui, il prend de l'eau. — Est-ce utile ? — Oui, il est utile qu'il prenne de l'eau.

2. Nous aussi nous prenons de l'eau. — Le faut-il ? — Oui, il faut que vous preniez (T.P.) aussi de l'eau.

3. Ils prennent la parole. — Est-ce utile ? — Non, ce n'est pas utile qu'ils prennent la parole.

4. Il faut que vous preniez la parole.

5. Faut-il que vous preniez (V.P.) de l'eau ?

6. Non, il ne faut pas que nous prenions de l'eau.

7. Vous attendez (V.P.) le métro. — Est-ce utile ? — Oui, il est utile que nous attendions le métro.

8. Il faut que toi, tu prennes de l'eau et lui aussi.

9. Vous parlez (T.P.) : il ne faut pas que vous parliez.

10. Vous prenez (T.P.) du vin : il ne faut pas que vous preniez de vin.

11. Vous attendez (T.P.) : il n'est pas utile que vous attendiez.

C 1 EXERCICES

A. Traduire (*gagner* = **ganar**)

1. Je prends de l'eau.
2. Il prend la parole.
3. Vous attendez le métro.
4. Il ne parle pas espagnol.
5. Nous gagnons.
6. Vous gagnez (V.P.).
7. Eux, ils gagnent.
8. Nous ne gagnons rien.

B. Traduire (*oublier* = **olvidar**)

Il faut ...
1. que je gagne.
2. que tu oublies.
3. que vous parliez.
4. que tu prennes le train.
5. qu'il prenne de l'eau.
6. que vous gagniez (T.P.).
7. qu'elle n'oublie rien.
8. qu'elle attende.

C. Traduire avec *Uds* (V.P.) (*trop de* = **demasiado**)

1. Il est utile que, vous aussi, vous attendiez.
2. Il n'est pas utile que vous preniez l'autobus.
3. Il ne faut pas que vous preniez trop de vin.
4. Il faut que vous parliez espagnol.

C 2 INFORMATIONS PRATIQUES

1. Soy el primero.
2. Tú eres el segundo.
3. Él es el tercero.
4. Ella es la cuarta.
5. Somos los quintos.
6. Sois los sextos.
7. Ud es el séptimo.
8. La octava maravilla del mundo.
9. La novena sinfonía.
10. La décima vez.
11. El rey Felipe Segundo.
12. Luis trece.
13. El capítulo quince.
14. El siglo veinte.

46

C 3 CORRIGÉ

A.

1. Tomo agua.
2. Él toma la palabra.
3. Ud espera el metro.
4. Él no habla español.

5. Ganamos.
6. Uds ganan.
7. Ellos ganan.
8. No ganamos nada.

B.

Hace falta ...
1. que yo gane.
2. que olvides.
3. que Ud hable.
4. que tomes el tren.

5. que él tome agua.
6. que ganéis.
7. que ella no olvide nada.
8. que ella espere.

C.

1. Es útil que Uds también esperen.
2. No es útil que Uds tomen el autobús.
3. No hace falta que Uds tomen demasiado vino.
4. Hace falta que Uds hablen español.

C 4 TRADUCTION

Tous les ordinaux existent en espagnol, mais ils ne sont employés que jusqu'à « *dixième* » ; au-delà, on utilise le cardinal.

1. *Je suis le premier.*
2. *Toi, tu es le second.*
3. *Lui est le troisième.*
4. *Elle est la quatrième.*
5. *Nous sommes les cinquièmes.*
6. *Vous êtes les sixièmes (T.P.).*
7. *Vous êtes le septième.*

8. *La huitième merveille du monde.*
9. *La neuvième symphonie.*
10. *La dixième fois.*
11. *Le roi Philippe II.*
12. *Louis XIII.*
13. *Le chapitre quinze.*
14. *Le vingtième siècle.*

7   Él come chocolate

A 1   PRÉSENTATION

- Infinitif en ~**er** : présent de l'indicatif

com	~er	comer	*manger*
com	~o	como	*je mange*
com	~es	comes	*tu manges*
com	~e	come	*il, elle mange*
com	~emos	comemos	*nous mangeons*
com	~éis	coméis	*vous mangez*
com	~en	comen	*ils, elles mangent*

la cerveza	*la bière*	**todo/a**	*tout(e)*
el chocolate	*le chocolat*	**beber**	*boire*
la leche	*le lait*	**ahora**	*maintenant*
la sopa	*la soupe*	**nunca**	*jamais*

A 2   APPLICATION

1. ¿ Comes chocolate ? — Sí, como mucho chocolate.
2. ¿ Bebe Ud vino ? — No, no bebo nunca vino.
3. ¿ Coméis chocolate ? — No, no comemos chocolate.
4. ¿ Beben Uds vino ? — No, nunca bebemos vino.
5. No como nunca sopa. Nunca como sopa.
6. ¿ Qué bebes ahora ? — Ahora, bebo cerveza.
7. ¿ Bebe Ud toda la leche ? — Sí, bebo toda la leche.
8. ¿ Bebéis cerveza ? — No, no bebemos cerveza.
9. ¿ Beben Uds leche ? — No, nunca bebemos leche.
10. No bebo nunca cerveza. Nunca bebo cerveza.
11. No comes nada. Yo como mucho chocolate.
12. No bebes nada. Yo bebo mucha cerveza.
13. No coméis nada. Nosotros comemos mucho.

A 3   REMARQUES

■ Prononciation

● Le **z** de **cerveza** se prononce [z], voir p. 15.

■ Grammaire

● **mucho**, *beaucoup*, placé devant un nom est adjectif et s'accorde : **mucha cerveza**, *beaucoup de bière*.

● **comer**, verbe régulier, a donc un **o** à la terminaison de la première personne du singulier de l'indicatif présent. Pour les autres personnes de l'indicatif présent, la voyelle de terminaison est celle de l'infinitif :

comer : ~**o**, ~**es**, ~**e**, ~**emos**, ~**éis**, ~**en**

● **nunca** = *jamais* : s'il est placé avant le verbe, on supprime la négation : **no comemos nunca** ou bien **nunca comemos**.

● Rappel : l'article partitif n'existe pas en espagnol :
¿ Bebes vino ?   *Tu bois du vin ?*

● *vous*, sans autre précision, correspond au **V.S.**

A 4   TRADUCTION

1. Manges-tu du chocolat ? — Oui, je mange beaucoup de chocolat.
2. Buvez-vous du vin ? — Non, je ne bois jamais de vin.
3. Mangez-vous (T.P.) du chocolat ? — Non, nous ne mangeons pas de chocolat.
4. Buvez-vous (V.P.) du vin ? — Non, nous ne buvons jamais de vin.
5. Je ne mange jamais de soupe. Jamais je ne mange de soupe.
6. Que bois-tu maintenant ? — Maintenant, je bois de la bière.
7. Buvez-vous tout le lait ? — Oui, je bois tout le lait.
8. Buvez-vous (T.P.) de la bière ? — Non, nous ne buvons pas de bière.
9. Buvez-vous (V.P.) du lait ? — Non, nous ne buvons jamais de lait.
10. Je ne bois jamais de bière. Jamais je ne bois de bière.
11. Tu ne manges rien. Moi je mange beaucoup de chocolat.
12. Tu ne bois rien. Moi je bois beaucoup de bière.
13. Vous ne mangez rien (T.P.). Nous, nous mangeons beaucoup.

Que él coma chocolate

B 1 PRÉSENTATION

- Infinitif en ~**er** : présent du subjonctif

vend	~er	vender	*vendre*
vend	~a	**venda**	*que je vende*
vend	~as	**vendas**	*que tu vendes*
vend	~a	**venda**	*qu'il, elle vende*
vend	~amos	**vendamos**	*que nous vendions*
vend	~áis	**vendáis**	*que vous vendiez*
vend	~an	**vendan**	*qu'ils, elles vendent*

el cambio	*le changement*	**temer**	*craindre*
el coche	*la voiture*	**demasiado**	*trop*
creer	*croire*	**más**	*plus*
leer	*lire*	**pero**	*mais*

B 2 APPLICATION

1. ¿ Vendes tu coche ? ¿ Hace falta ?

2. — Sí, hace falta que yo venda mi coche.

3. ¿ Vende Ud su casa ? ¿ Hace falta ?

4. — No, no hace falta que yo venda mi casa.

5. Vendo el coche pero no es útil que venda la casa.

6. Tememos el cambio.

7. No hace falta que Uds teman el cambio.

8. ¿ Cree Ud que leo demasiado ?

9. — No, no creo que Ud lea demasiado.

10. — Creo que Ud no lee mucho.

11. Hace falta que Ud lea más.

12. Pero, ¡ no coméis nada ! Hace falta que comáis más.

13. Pero, ¡ no bebéis nada ! Hace falta que bebáis más.

B 3   REMARQUES

■ Prononciation

- Rappel : le **v** de **vender** se prononce comme un [b].
  coche, **noche** : le ~**ch**~ se prononce [tch].

■ Grammaire

- Quand l'infinitif d'un verbe est en ~**er**, la voyelle de la terminaison du subjonctif présent est toujours ~**a** (p. 266).
- Attention aux première et troisième personnes du singulier du subjonctif présent qui sont semblables : **venda**.
  Il convient de les différencier par le pronom personnel sujet s'il y a risque de confusion :
        que yo venda, **que él o ella venda**, **que Ud venda**
- À la forme négative, les verbes d'opinion comme **creer** sont suivis du subjonctif, comme en français.
- Un point d'exclamation inversé est placé au début de l'exclamation.
- *vous*, sans autre précision, correspond au **V.S.**

B 4   TRADUCTION

1. Tu vends ta voiture. Le faut-il ?
2. — Oui, il faut que je vende ma voiture.
3. Vous vendez votre maison. Le faut-il ?
4. — Non, il ne faut pas que je vende ma maison.
5. Je vends la voiture mais il n'est pas utile que je vende la maison.
6. Nous craignons le changement.
7. Il ne faut pas que vous craigniez (V.P.) le changement.
8. Croyez-vous que je lis trop ?
9. — Non, je ne crois pas que vous lisiez trop.
10. — Je crois que vous ne lisez pas beaucoup.
11. Il faut que vous lisiez plus (davantage).
12. Mais, vous ne mangez rien (T.P.) ! Il faut que vous mangiez davantage (plus).
13. Mais, vous ne buvez rien (T.P.) ! Il faut que vous buviez davantage (plus.)

C 1 EXERCICES

A. Mettre *nunca*

avant le verbe	après le verbe
1. No bebemos nunca leche.	3. Nunca leemos.
2. No coméis nunca sopa.	4. Nunca bebes.

B. Traduire

1. Je crains le changement.
2. Il ne boit jamais de bière.
3. Jamais ils ne boivent de lait.
4. Vous mangez (T.P.) du pain.
5. Vous craignez le changement.
6. Vous mangez (V.P.) tout le pain.

C. Traduire

1. Je crains que vous mangiez (V.P.) tout le chocolat.
2. Il ne faut pas qu'ils boivent trop.
3. Ils craignent que nous buvions de la bière.
4. Tu crois que je vends ma maison ?
5. Non, je ne crois pas que tu vendes ta maison.

C 2 INFORMATIONS PRATIQUES

- la semana

  una semana tiene siete días :

lunes	el lunes próximo
martes	el martes pasado
miércoles	los miércoles
jueves	el jueves por la mañana
viernes	el viernes por la tarde
sábado	el sábado por la noche
domingo	la semana próxima

- hoy

  esta mañana
  esta tarde
  esta noche

C 3   CORRIGÉ

A.

avant le verbe	après le verbe
1. Nunca bebemos leche.	3. No leemos nunca.
2. Nunca coméis sopa.	4. No bebes nunca.

B.

1. Temo el cambio.
2. Él no bebe nunca cerveza.
3. Nunca ellos beben leche.
4. Coméis pan.
5. Ud teme el cambio.
6. Uds comen todo el pan.

C.

1. Temo que Uds coman todo el chocolate.
2. No hace falta que ellos beban demasiado.
3. Ellos temen que bebamos cerveza.
4. ¿ Crees que vendo mi casa ?
5. No, no creo que vendas tu casa.

C 4   TRADUCTION ET REMARQUES

- *la semaine*

  une semaine a sept jours :

lundi	*lundi prochain*
mardi	*mardi dernier*
mercredi	*le mercredi*
jeudi	*jeudi matin*
vendredi	*vendredi après-midi*
samedi	*samedi soir*
dimanche	*la semaine prochaine*

- Attention : l'article singulier désigne un jour particulier ; l'article pluriel, tous les jours dont il est question.

- *aujourd'hui*

  ce matin
  cet après-midi
  ce soir, cette nuit

(Voir *Se situer dans le temps*, p. 166 et 172.)

A 1   PRÉSENTATION

- Infinitif en ~ir : présent de l'indicatif

viv	~ir	vivir	*vivre, habiter*
viv	~o	**vivo**	*j'habite*
viv	~es	**vives**	*tu habites*
viv	~e	**vive**	*il, elle habite*
viv	~imos	**vivimos**	*nous habitons*
viv	~ís	**vivís**	*vous habitez*
viv	~en	**viven**	*ils, elles habitent*

el campo	*la campagne*	**el piso**	*l'appartement*
la carta	*la lettre*	**el pueblo**	*le village*
la ciudad	*la ville*	**escribir**	*écrire*
el libro	*le livre*	**en**	*dans, à*
			(sans mouvement)
el nombre	*le nom*	**o**	*ou*

A 2   APPLICATION

1. ¿ Vives en una ciudad ? — No, vivo en un pueblo.
2. Y él, ¿ dónde vive ? — Él vive en el campo.
3. ¿ Viven Uds en un piso ? — Sí, vivimos en un piso.
4. Y ellos, ¿ dónde viven ? — También viven en un piso.
5. ¿ Vivís en un pueblo ? — No, vivimos en una ciudad.
6. ¿ Escribes una carta ? — No, escribo un libro.
7. Y ellos, ¿ qué escriben ? — Ellos escriben una carta.
8. ¿ Escribís un libro ? — Sí, escribimos un libro.
9. ¿ Escriben Uds su nombre ? — Sí, lo escribimos.
10. ¿ Viven Uds en un pueblo o en una ciudad ?
11. ¿ Viven Uds en una casa o en un piso ?
12. ¿ Escriben Uds una carta o un libro ?
13. ¿ Vosotros escribís ? — Nosotros también escribimos.

Si

A 3   REMARQUES

■ Prononciation

- Rappel : **ciudad** [zioud**az**], le **d** final espagnol est prononcé comme un **z** affaibli ou pas du tout.
- **piso** [p**i**sso] : le **s** espagnol est toujours prononcé comme les deux *ss* français du mot *cassé*.
- **vivir** : **v** se prononce **b**.

■ Grammaire

- **vivir**, verbe régulier, a donc ~**o** à la terminaison de la 1re personne du singulier du présent de l'indicatif.
  Pour les autres personnes, la voyelle de terminaison est ~**e** comme dans **comer**, sauf pour les 1re et 2e personnes du pluriel où l'on a le ~**i** de l'infinitif.
- Attention aux terminaisons :
  Infinitif en : ~**ar** :   ~**o**,   ~**a(s)**,   ~**a**,   ~**a(mos)**,   ~**á(is)**,   ~**a(n)**
  ~**er** :   ~**o**,   ~**e(s)**,   ~**e**,   ~**e(mos)**,   ~**é(is)**,   ~**e(n)**
  ~**ir** :   ~**o**,   ~**e(s)**,   ~**e**,   ~**i(mos)**,   ~**í(s)**,   ~**e(n)**
- **lo escribimos**, *nous l'écrivons* : **lo** est un pronom personnel complément d'objet direct qui représente un nom masculin singulier. Les pronoms personnels compléments seront étudiés aux leçons 19 et 20.

A 4   TRADUCTION

1. Habites-tu dans une ville ? — Non, j'habite dans un village.
2. Et lui, où habite-t-il ? — Lui, il habite à la campagne.
3. Habitez-vous (V.P.) dans un appartement ? — Oui, nous habitons dans un appartement.
4. Et eux, où habitent-ils ? — Ils habitent aussi dans un appartement.
5. Habitez-vous (T.P.) dans un village ? — Non, nous habitons dans une ville.
6. Écris-tu une lettre ? — Non, j'écris un livre.
7. Et eux, qu'écrivent-ils ? — Eux, ils écrivent une lettre.
8. Écrivez-vous (T.P.) un livre ? — Oui, nous écrivons un livre.
9. Écrivez-vous (V.P.) votre nom ? — Oui, nous l'écrivons.
10. Habitez-vous (V.P.) dans un village ou dans une ville ?
11. Habitez-vous (V.P.) dans une maison ou dans un appartement ?
12. Écrivez-vous (V.P.) une lettre ou un livre ?
13. Vous (T.P.) écrivez ? — Nous aussi, nous écrivons.

Que él viva en el campo

B 1 PRÉSENTATION

- Infinitif en ~ir : présent du subjonctif

abr	~ir	abrir	ouvrir
abr	~a	abra	que j'ouvre
abr	~as	abras	que tu ouvres
abr	~a	abra	qu'il, elle ouvre
abr	~amos	abramos	que nous ouvrions
abr	~áis	abráis	que vous ouvriez
abr	~an	abran	qu'ils, elles ouvrent

la botella	la bouteille	la ventana	la fenêtre
los ojos	les yeux	permitir	permettre
la puerta	la porte	ser de	être à
el sobre	l'enveloppe	¡ claro !	bien sûr !

B 2 APPLICATION

1. ¿ Permite Ud que yo abra la puerta ?
2. No, señor, no permito que Ud abra la puerta.
3. Ahora, niños, permito que abráis los ojos.
4. ¿ Permiten Uds que yo abra la ventana ?
5. Sí, claro, permitimos que abras la ventana.
6. ¡ Abrir la botella ! Sí, permito que Ud abra la botella.
7. ¿ De quién es el sobre ? ¿ Permite Ud que yo abra el sobre ?
8. ¿ Abrimos la puerta o la ventana ?
9. Hace falta que abráis la ventana.
10. Ella no permite que abramos las dos.
11. Hace falta que vivamos en la ciudad y no en el campo.
12. Hace falta que escribamos una carta y no un libro.
13. Hace falta que abramos la ventana y no la puerta.
14. No hace falta que abramos el sobre.

B 3   REMARQUES

■ Prononciation

- Rappel : **ojos** : le **j** (jota) se prononce comme le [ch] allemand de *Bach* (p. 15)

  abrir : attention aux **r** qui sont toujours roulés.

■ Grammaire

- Quand l'infinitif d'un verbe est en **~ir**, la voyelle de la terminaison du subjonctif présent est toujours **~a** (p. 266).
- Les verbes terminés à l'infinitif par **~er** et **~ir** ont des terminaisons identiques au présent du subjonctif.
- Attention aux 1re et 3e personnes du singulier du subjonctif présent qui sont semblables (p. 51).
- La préposition *à* qui marque l'appartenance en français est traduite par la préposition **de** en espagnol :

  ¿ De quién es... ? *À qui est... ?*
  Es de Felipe. *C'est à Philippe.*

- *vous*, sans autre précision, correspond au **V.S.** (vouvoiement singulier).

B 4   TRADUCTION

1. Permettez-vous que j'ouvre la porte ?
2. Non, monsieur, je ne permets pas que vous ouvriez la porte.
3. Maintenant, mes enfants, je permets que vous ouvriez les yeux.
4. Permettez-vous (V.P.) que j'ouvre la fenêtre ?
5. Oui, bien sûr, nous permettons que tu ouvres la fenêtre.
6. Ouvrir la bouteille ! Oui, je permets que vous ouvriez la bouteille.
7. À qui est l'enveloppe ? Permettez-vous que j'ouvre l'enveloppe ?
8. Ouvrons-nous la porte ou la fenêtre ?
9. Il faut que vous ouvriez (T.P.) la fenêtre.
10. Elle ne permet pas que nous ouvrions les deux.
11. Il faut que nous habitions à la ville et non à la campagne.
12. Il faut que nous écrivions une lettre et non un livre.
13. Il faut que nous ouvrions la fenêtre et non la porte.
14. Il ne faut pas que nous ouvrions l'enveloppe.

C 1 EXERCICES

A. Traduire

1. J'habite à la campagne.
2. Il habite dans un village.
3. Je n'écris pas un livre.
4. Nous n'ouvrons pas la porte.
5. Tu habites dans un appartement.
6. Vous écrivez (T.P.) une lettre.

B. Traduire

tout de suite = **en seguida**
il est indispensable = **es indispensable que**

1. Est-il utile que j'ouvre maintenant la fenêtre?
2. Faut-il que vous écriviez tout de suite ?
3. Est-il indispensable qu'ils habitent dans une ville ?
4. Est-il indispensable que tu écrives ton nom ?
5. Faut-il que vous habitiez (V.P.) dans un appartement ?
6. Est-il indispensable que j'ouvre tout de suite la porte ?
7. Est-il utile que tu ouvres cette enveloppe ?
8. Il ne faut pas que tu ouvres tout de suite la bouteille.

C 2 INFORMATIONS PRATIQUES

- El año

  El año tiene doce meses.
  Cada mes tiene más o menos treinta días.
  Estos doce meses son :

enero	julio
febrero	agosto
marzo	septiembre
abril	octubre
mayo	noviembre
junio	diciembre

- El año se divide también en cuatro estaciones : el invierno, la primavera, el verano, el otoño.

  ¿ Quién no conoce las « Cuatro Estaciones » de Vivaldi ?

C 3   CORRIGÉ

A.

1. Vivo en el campo.
2. Vive en un pueblo.
3. No escribo un libro.
4. No abrimos la puerta.
5. Vives en un piso.
6. Escribís una carta.

B.

1. ¿ Es útil que yo abra ahora la ventana ?
2. ¿ Hace falta que Ud escriba en seguida ?
3. ¿ Es indispensable que ellos vivan en una ciudad ?
4. ¿ Es indispensable que escribas tu nombre ?
5. ¿ Hace falta que Uds vivan en un piso ?
6. ¿ Es indispensable que yo abra en seguida la puerta ?
7. ¿ Es útil que abras este sobre ?
8. Hace falta que no abras en seguida la botella.

C 4   TRADUCTION

- *L'année*

  L'année a douze mois.
  Chaque mois a environ trente jours.
  Ces douze mois sont :

janvier	juillet
février	août
mars	septembre
avril	octobre
mai	novembre
juin	décembre

- *L'année se divise également en quatre saisons : l'hiver, le printemps, l'été, l'automne.*

  Qui ne connaît pas les « Quatre Saisons » de Vivaldi ?

A 1 PRÉSENTATION

● **quedarse** (**quedar** + **se**) *rester*

indicatif présent		subjonctif présent	
me quedo	*je reste*	me quede	*que je reste*
te quedas	*tu restes*	te quedes	*que tu restes*
se queda	*il reste*	se quede	*qu'il reste*
nos quedamos	*nous restons*	nos quedemos	*que nous restions*
os quedáis	*vous restez*	os quedéis	*que vous restiez*
se quedan	*ils restent*	se queden	*qu'ils restent*

las cosas ajenas	*les affaires des autres*		
conviene que	*il convient que*	allí	*là*
enfadarse	*se fâcher*	aquí	*ici*
meterse en	*se mêler de*	de pie	*debout*

A 2 APPLICATION

Conviene que :

1. Me quedo en casa. yo me quede en casa.

2. Él se queda aquí. él se quede aquí.

3. Tú te quedas allí. tú te quedes allí.

4. Ud se queda de pie. Ud se quede de pie.

5. Os quedáis allí. os quedéis allí.

6. No me meto en nada. yo no me meta en nada.

7. Te metes en cosas ajenas. no te metas en cosas ajenas.

8. Ellos se meten en todo. ellos no se metan en todo.

9. No nos metemos en nada. no nos metamos en nada.

10. Os metéis en cosas ajenas. no os metáis en cosas ajenas.

11. Te enfadas. no te enfades.

12. No os enfadáis. no os enfadéis.

13. Ellos se enfadan. no se enfaden.

A 3 REMARQUES

■ **quedarse** : *rester*. Le verbe est pronominal en espagnol, mais pas en français. Notez que le pronom personnel **se** est placé après l'infinitif et y est attaché. Cela s'appelle *l'enclise*. Cette particularité se retrouvera au gérondif et à l'impératif, comme en français (*dis-moi*, *fais-le*).

Les pronoms des verbes pronominaux sont :

me	**te**	**se**	**nos**	**os**	**se**

■ Les verbes **quedar** et **enfadar** sont réguliers et se conjuguent comme **tomar** (voir leçon 6).

■ Le verbe **meter** est régulier et se conjugue comme **comer** (voir leçon 7).

■ **conviene que** : *il convient que*, est suivi du subjonctif présent.

■ *vous*, sans autre précision, correspond au **V.S.**

A 4 TRADUCTION

	Il convient que :
1. Je reste à la maison.	je reste à la maison.
2. Il reste ici.	il reste ici.
3. Toi, tu restes là.	toi, tu restes là.
4. Vous restez debout.	vous restiez debout.
5. Vous restez là (T.P.).	vous restiez là (T.P.).
6. Je ne me mêle de rien.	je ne me mêle de rien.
7. Tu te mêles des affaires des autres.	tu ne te mêles pas des affaires des autres.
8. Ils se mêlent de tout.	ils ne se mêlent pas de tout.
9. Nous ne nous mêlons de rien.	nous ne nous mêlions de rien.
10. Vous vous mêlez des affaires des autres (T.P.).	vous ne vous mêliez pas des affaires des autres.
11. Tu te fâches.	tu ne te fâches pas.
12. Vous ne vous fâchez pas (T.P.).	vous ne vous fâchiez pas.
13. Eux, ils se fâchent.	eux, ils ne se fâchent pas.

B 1   PRÉSENTATION

- **gustar** — *plaire, aimer*
  a mí, me gusta la vida — *moi, j'aime la vie*
  a ti, te gustan los recuerdos — *toi, tu aimes les souvenirs*
  a él, le gusta el vino — *lui, il aime le vin*
  a Ud también, le gusta — *vous aussi, vous aimez*
  a nosotros, no nos gusta — *nous, nous n'aimons pas*
  a vosotros, os gusta la leche — *vous, vous aimez le lait*
  a ellas, también les gusta — *elles, elles aiment aussi*
  a Uds, les gusta el sol — *vous, vous aimez le soleil*

las ideas	*les idées*	**inquietarse**	*s'inquiéter*
el mar	*la mer*	**levantarse**	*se lever*
los recuerdos	*les souvenirs*	**los demás**	*les autres*
la verdad	*la vérité*	**tarde**	*tard*
cansarse	*se fatiguer*	**temprano**	*tôt*
cantar	*chanter*		

B 2   APPLICATION

1. A mí, me gusta la verdad.
2. A ti, te gusta el mar.
3. Nos gustan los recuerdos.
4. A Uds, les gusta cantar.
5. No te gustan mis ideas.
6. A mí, no me gusta el mar.
7. Os gusta la verdad.
8. Me gustan los recuerdos.
9. A él, no le gusta que Uds se levanten temprano.
10. A ellos, no les gusta que os levantéis tarde.
11. A ti, no te gusta cansarte y no te gusta que los demás se cansen.
12. A nosotros, no nos gusta que vosotros os inquietéis.
13. A Juan, no le gusta meterse en cosas ajenas y no le gusta que los demás se metan en sus cosas.

B 3   REMARQUES

■ Le **d** final se prononce comme le [th] anglais : **verdad** [verdaz]. On peut aussi ne pas le prononcer du tout : [verda].

■ **gustar** n'existe qu'aux 3ᵉ personnes du singulier et du pluriel, car il se construit à la manière de *plaire* : *j'aime la vie = la vie me plaît*.
Aussi, le verbe **gustar** s'accorde-t-il toujours avec le mot qui suit :
a mí, me gusta *la vida* : **vida** est singulier, donc le verbe est au singulier.
a mí, me gustan *los recuerdos* : **recuerdos** est pluriel, donc le verbe est au pluriel.
Les groupes **a mí**, **a él**, etc. ne sont pas obligatoires. Utilisés, ils marquent l'insistance ou évitent la confusion.

■ **gustar** peut être suivi de l'infinitif : **me gusta cantar**, *j'aime chanter* ou du subjonctif : **me gusta que Ud cante**, *j'aime que vous chantiez*.

■ *vous*, sans autre précision, correspond au **V.S.**

B 4   TRADUCTION

1. Moi, j'aime la vérité.
2. Toi, tu aimes la mer.
3. Nous aimons les souvenirs.
4. Vous aimez (V.P.) chanter.
5. Tu n'aimes pas mes idées.
6. Moi, je n'aime pas la mer.
7. Vous aimez (T.P.) la vérité.
8. J'aime les souvenirs.
9. Lui, il n'aime pas que vous vous leviez (V.P.) tôt.
10. Eux, ils n'aiment pas que vous vous leviez (T.P.) tard.
11. Toi, tu n'aimes pas te fatiguer et tu n'aimes pas que les autres se fatiguent.
12. Nous, nous n'aimons pas que vous vous inquiétiez (T.P.).
13. Jean n'aime pas se mêler des affaires des autres et il n'aime pas que les autres se mêlent de ses affaires.

C 1 EXERCICES

A. Traduire *(ce que = **lo que**)*

1. Moi, j'aime rester à la maison.
2. Toi, tu aimes prendre le métro.
3. Elle, elle aime prendre l'autobus.
4. Nous, nous aimons boire beaucoup de bière.
5. Vous, vous aimez (T.P.) vivre à la campagne.
6. Eux, ils aiment ce que les autres n'aiment pas.
7. À vous, cela vous plaît d'attendre ?
8. Vous, vous aimez (V.P.) rester debout ?

B. Traduire *(n'est-ce pas ? = **¿ verdad ?**)*

1. J'aime que vous restiez ici.
2. Tu aimes te mêler des affaires des autres, n'est-ce pas ?
3. Il n'aime pas que tu te mêles de tout, n'est-ce pas ?
4. Jean n'aime pas que nous restions debout.
5. Lui et moi, nous aimons que les autres ne se mêlent pas de nos affaires.

C 2 INFORMATIONS PRATIQUES

- Encuentro con un amigo en la calle
  — Buenos días, Felipe.
  — ¡ Hola ! buenos días. ¿ Cómo estás ?
  — Bien, ¿ y tú ?
  — Muy bien, gracias. ¿ Qué haces ?
  — Bueno, nada. Doy una vuelta.
  — ¿ Cómo están tus padres ?
  — Regular ¿ sabes ? ¡ Con la edad que tienen !
  — ¡ Qué lástima ! Les saludarás.
  — De tu parte.
  — Bueno, hasta luego.
  — Adiós.

C 3   CORRIGÉ

A.

1. A mí, me gusta quedarme en casa.
2. A ti, te gusta tomar el metro.
3. A ella, le gusta tomar el autobús.
4. A nosotros, nos gusta beber mucha cerveza.
5. A vosotros, os gusta vivir en el campo.
6. A ellos, les gusta lo que a los demás no les gusta.
7. ¿ A Ud, le gusta esperar ?
8. ¿ A Uds, les gusta quedarse de pie ?

B.

1. Me gusta que Ud se quede aquí.
2. Te gusta meterte en cosas ajenas, ¿ verdad ?
3. No le gusta que te metas en todo, ¿ verdad ?
4. A Juan, no le gusta que nos quedemos de pie.
5. A él y a mí, nos gusta que los demás no se metan en nuestras cosas.

C 4   TRADUCTION

● *Rencontre d'un ami dans la rue*

— *Bonjour, Philippe.*

— *Oh ! Bonjour. Comment vas-tu ?*

— *Bien, et toi ?*

— *Très bien, merci. Qu'est-ce que tu fais ?*

— *Bah ! Rien. Je fais un tour.*
  (**doy** = indicatif irrégulier de **dar** = *donner*.)

— *Comment vont tes parents ?*

— *Comme ci, comme ça, tu sais ? Avec l'âge qu'ils ont !*

— *Quel dommage ! Tu leur diras bien des choses.*
  (m. à m. : *tu les salueras*.)

— *Je n'y manquerai pas.* (m. à m. : *de ta part*.)

— *Bon. À plus tard.*

— *Salut.*

10 Llame Ud un taxi

A 1 PRÉSENTATION

● Impératif affirmatif et négatif (I)

	llamar	*appeler*		
V.S.	**llame Ud**	*appelez*	**no llame Ud**	*n'appelez pas*
V.P.	**llamen Uds**	*appelez*	**no llamen Uds**	*n'appelez pas*
1 p.	**llamemos**	*appelons*	**no llamemos**	*n'appelons pas*

el dinero	*l'argent*	**llenar**	*remplir*
la maleta	*la valise*	**mirar**	*regarder*
la realidad	*la réalité*	**ocurrir**	*arriver, se passer*
un taxi	*un taxi*	**tratar de**	*essayer de*
un vaso	*un verre*	**lo que**	*ce qui*
aceptar	*accepter*	**luego**	*ensuite*
cambiar	*changer*	**por favor**	*s'il vous plaît*
comprar	*acheter*	**primero**	*premièrement*
comprender	*comprendre*	**sin**	*sans*

A 2 APPLICATION

1. Primero, llame Ud un taxi, luego tome su maleta.
2. Cambie Ud dinero, pero no cambie aquí.
3. Llene Ud su vaso, pero no llene el mío.
4. Miremos lo que ha ocurrido.
5. Miren Uds la casa, no miren los coches.
6. Traten Uds de comprender, por favor.
7. No aceptemos lo que ocurre sin comprender.
8. Trate Ud de comprender y acepte la realidad.
9. Mire Ud, y acepte lo que ocurre.
10. No compre Ud todo lo que mira.
11. ¿ Llenamos los vasos ? ¡ Llenemos los vasos !
12. No compren Uds lo que ellos compran.

A 3   REMARQUES

■ **taxi** : le **x** entre deux voyelles se prononce [k-ss] : [tak-ssi].
llamar : le **ll** (l mouillé) se prononce [ly] comme dans *lieu*.

■ L'impératif espagnol a cinq personnes différentes. Nous voyons
ici les deux personnes correspondant au vouvoiement et à la
1re personne du pluriel :

V.S. = vouvoiement singulier
V.P. = vouvoiement pluriel
1 p. = 1re personne du pluriel.

Ces trois formes sont empruntées au subjonctif présent, aussi bien
pour l'impératif affirmatif que pour le négatif.
Ce n'est donc que la présence ou l'absence de la négation **no** qui
différencie l'impératif affirmatif de l'impératif négatif, comme en
français :

| **llame Ud** | **no llame Ud** |
| *appelez* | *n'appelez pas* |

■ **el mío**, *le mien*, **la mía**, **los míos**, **las mías**, etc. voir possessifs,
p. 257.

■ **ha ocurrido**, *il s'est passé*, *il est arrivé* : passé composé formé du
présent de l'indicatif de l'auxiliaire **haber** et du participe passé de
ocurrir, voir passé composé p. 91.

A 4   TRADUCTION

1. Premièrement, appelez un taxi, puis prenez votre valise.
2. Changez de l'argent, mais ne changez pas ici.
3. Remplissez votre verre, mais ne remplissez pas le mien.
4. Voyons (regardons) ce qui s'est passé.
5. Regardez (V.P.) la maison, ne regardez pas les voitures.
6. Essayez (V.P.) de comprendre, s'il vous plaît.
7. N'acceptons pas ce qui se passe sans comprendre.
8. Essayez de comprendre et acceptez la réalité.
9. Regardez, et acceptez ce qui arrive.
10. N'achetez pas tout ce que vous regardez.
11. Nous remplissons les verres ? Remplissons les verres !
12. N'achetez pas (V.P.) ce qu'ils achètent.

B 1 PRÉSENTATION

• Impératif affirmatif et négatif (I)

leer   *lire*

V.S.	**lea Ud**	*lisez*	**no lea Ud**	*ne lisez pas*
V.P.	**lean Uds**	*lisez*	**no lean Uds**	*ne lisez pas*
1 p.	**leamos**	*lisons*	**no leamos**	*ne lisons pas*

abrir   *ouvrir*

V.S.	**abra Ud**	*ouvrez*	**no abra Ud**	*n'ouvrez pas*
V.P.	**abran Uds**	*ouvrez*	**no abran Uds**	*n'ouvrez pas*
1 p.	**abramos**	*ouvrons*	**no abramos**	*n'ouvrons pas*

el anuncio	*l'annonce*	**afirmar**	*affirmer*
la novela	*le roman*	**añadir**	*ajouter*
el paquete	*le paquet*	**conceder**	*accorder*
el permiso	*la permission*	**responder**	*répondre*
la revista	*la revue*	**esto**	*ceci, cela*

B 2 APPLICATION

A

1. Lea Ud la novela.
2. No leamos esta revista.
3. Lean Uds esta novela.
4. No lea Ud esta revista.
5. Responda Ud a esta carta.
6. Respondamos a este anuncio.
7. No respondan Uds a la carta.
8. No conceda Ud esto.
9. Concedan Uds el permiso.
10. No añada Ud nada a lo que respondemos.
11. No lea Ud lo que escribimos.
12. No concedamos el permiso de abrir estos paquetes.

B

1. Abra Ud el paquete.
2. No abra Ud el sobre.
3. Abramos la ventana.
4. No abran Uds la puerta.
5. No abramos el sobre
6. Añada Ud un vaso.
7. No añadan Uds nada.
8. No crea Ud esto.
9. Creamos lo que afirma.

B 3   REMARQUES

■ Rappel : **añadir** : **ñ** (n tilde) se prononce [gne] comme dans *Espagne*.

■ Les impératifs des verbes terminés en **~er** et en **~ir** sont semblables. Les formes des vouvoiements singulier et pluriel et de la 1re personne du pluriel sont empruntées au subjonctif présent, aussi bien pour l'impératif affirmatif que pour le négatif.
Là encore, seule la présence ou l'absence de la négation **no** différencie la forme affirmative de la forme négative :

lea Ud	**no lea Ud**
lisez	*ne lisez pas*
abran Uds	**no abran Uds**
ouvrez	*n'ouvrez pas*

■ *vous*, sans autre précision, correspond au **V.S.**

■ **este anuncio**, *cette annonce* ; **esta revista**, *cette revue* ; **estos paquetes**, *ces paquets* ; **estas cartas**, *ces lettres* ; **esto**, *ceci, cela* : voir adjectifs et pronoms démonstratifs, p. 257.

B 4   TRADUCTION

A

1. Lisez le roman.
2. Ne lisons pas cette revue.
3. Lisez (V.P.) ce roman.
4. Ne lisez pas cette revue.
5. Répondez à cette lettre.
6. Répondons à cette anonce.
7. Ne répondez pas (V.P.) à la lettre.
8. N'accordez pas cela.
9. Accordez (V.P.) la permission.
10. N'ajoutez rien à ce que nous répondons.
11. Ne lisez pas ce que nous écrivons.
12. N'accordons pas la permission d'ouvrir ces paquets.

B

1. Ouvrez le paquet.
2. N'ouvrez pas l'enveloppe.
3. Ouvrons la fenêtre.
4. N'ouvrez pas (V.P.) la porte.
5. N'ouvrons pas l'enveloppe.
6. Ajoutez un verre.
7. N'ajoutez (V.P.) rien.
8. Ne croyez pas cela.
9. Croyons ce qu'il affirme.

C 1 EXERCICES

A. Traduire avec *Ud* puis avec *Uds*

1. Essayez de comprendre. ....
2. N'ajoutez rien. ....
3. Appelez un taxi. ....
4. Lisez ce roman. ....

B. Traduire (*ou* = **o**) (*cela lui est égal* = **le da igual**)

1. Ouvrons ou n'ouvrons pas la lettre, cela lui est égal.
2. Regardez ou ne regardez pas (V.P.), cela lui est égal.
3. Lisons ou ne lisons pas cette revue, cela lui est égal.
4. Acceptons ou n'acceptons pas ce qui arrive, cela lui est égal.

C. Traduire (*quelque chose* = **algo**)

1. Vous lisez ce roman ? Lisez ce roman.
2. Nous appelons un taxi ? Appelons un taxi.
3. Vous remplissez (V.P.) ce verre ? Remplissez ce verre.
4. Vous ajoutez quelque chose ? Ajoutez quelque chose.
5. Vous essayez (V.P.) de comprendre ? Essayez de comprendre.
6. Nous répondons à cette lettre ? Répondons à cette lettre.
7. Nous accordons la permission ? Accordons la permission.

C 2 INFORMATIONS PRATIQUES

- Para ir de un lugar a otro

  De aquí, para ir a Galerías Preciados :

  — Camine Ud hasta la calle de Alcalá.

  — Utilice Ud el paso de peatones para cruzar.

  — Tome Ud después a mano izquierda.

  — Ande Ud hasta la Puerta del Sol.

  — Luego, tome Ud a mano derecha por una calle peatonal.

  — Es la calle de los grandes almacenes de Madrid.

  — Unos metros más, ya está, es aquí.

  — No espere más.

  — Entre Ud en Galerías Preciados.

C 3 CORRIGÉ

A.

1. Trate Ud de comprender   Traten Uds de comprender.
2. No añada Ud nada.   No añadan Uds nada.
3. Llame Ud un taxi.   Llamen Uds un taxi.
4. Lea Ud esta novela.   Lean Uds esta novela.

B.

1. Abramos o no abramos la carta, le da igual.
2. Miren Uds o no miren, le da igual.
3. Leamos o no leamos esta revista, le da igual.
4. Aceptemos o no aceptemos lo que ocurre, le da igual.

C.

1. ¿ Lee Ud esta novela ? Lea Ud esta novela.
2. ¿ Llamamos un taxi ? Llamemos un taxi.
3. ¿ Llenan Uds este vaso ? Llenen Uds este vaso.
4. ¿ Añade Ud algo ? Añada Ud algo.
5. ¿ Tratan Uds de comprender ? Traten Uds de comprender.
6. ¿ Respondemos a esta carta ? Respondamos a esta carta.
7. ¿ Concedemos el permiso ? Concedamos el permiso.

C 4 TRADUCTION

- *Pour aller d'un endroit à un autre*

  D'ici pour aller aux Galeries « Preciados » :
  - *Marchez jusqu'à la rue d'Alcala.*
  - *Utilisez le passage clouté pour traverser.*
  - *Prenez ensuite à gauche.*
  - *Marchez jusqu'à la Porte du Soleil.*
  - *Ensuite, prenez à droite dans une rue piétonne.*
  - *C'est la rue des grands magasins de Madrid.*
  - *Quelques mètres encore, ça y est, c'est ici.*
  - *N'attendez pas davantage.*
  - *Entrez aux Galeries « Preciados ».*

71

A 1 PRÉSENTATION

- Impératif affirmatif et négatif (II)

cambiar *changer*

T.S.	**cambia**	*change*	**no cambies**	*ne change pas*
T.P.	**cambiad**	*changez*	**no cambiéis**	*ne changez pas*

las costumbres	*les habitudes*	**el peso**	*le peso*
el dinero	*l'argent*	(unité monétaire du Mexique)	
el dólar	*le dollar*	**el traje**	*le costume*
el franco	*le franc*	**gastar**	*dépenser*
el modo de vivir	*le mode de vie*	**algo**	*quelque chose*

A 2 APPLICATION

1. Cambia tu dinero y luego, compra algo.
2. No cambies tu dinero y no compres nada.
3. Cambiad francos por dólares y esperad.
4. No cambiéis francos por dólares y no esperéis.
5. Compra este traje, no compres ése.
6. No compres este traje, compra ése.
7. Ahora comprad pesos y gastad los dólares que quedan.
8. No compréis pesos y no gastéis los dólares que quedan.
9. Si cambiáis vuestro modo de vivir, cambiad también vuestras costumbres.
10. Si no cambiáis vuestro modo de vivir, no cambiéis nada.
11. Cambia dinero, pero no cambies todos tus francos.
12. Gasta pesos, pero no gastes tus dólares.

A 3 REMARQUES

■ T.S. : Tutoiement Singulier : on s'adresse à une seule personne que l'on tutoie.
T.P. : Tutoiement Pluriel : on s'adresse à plusieurs personnes qui, prises séparément, sont tutoyées.

■ À la forme affirmative, l'impératif T.S. est la deuxième personne du singulier de l'indicatif présent moins le ~s :

cambiar : cambias → cambia

■ L'impératif T.P. correspond à l'infinitif moins ~r plus ~d :

cambiar : cambia + ~d = cambiad

■ Les impératifs T.S. et T.P. négatifs sont les **deuxièmes personnes du singulier et du pluriel du subjonctif présent** précédées de **no** :

cambiar ⎡ **cambies → no cambies**

⎣ **cambiéis → no cambiéis**

■ **Este traje**, *ce costume(-ci)* ; **éste**, *celui-ci* ; **ese traje**, *ce costume (-là)* ; **ése**, *celui-là* ; voir adjectifs et pronoms démonstratifs, p. 257.

A 4 TRADUCTION

(Les *vous* sont des tutoiements pluriels.)

1. Change ton argent et ensuite, achète quelque chose.
2. Ne change pas ton argent et n'achète rien.
3. Changez des francs contre des dollars et attendez.
4. Ne changez pas des francs contre des dollars et n'attendez pas.
5. Achète ce costume-ci, n'achète pas celui-là.
6. N'achète pas ce costume, achète celui-là.
7. Maintenant achetez des pesos et dépensez les dollars qui restent.
8. N'achetez pas de pesos et ne dépensez pas les dollars qui restent.
9. Si vous changez votre mode de vie, changez aussi vos habitudes.
10. Si vous ne changez pas votre mode de vie, ne changez rien.
11. Change de l'argent, mais ne change pas tous tes francs.
12. Dépense des pesos, mais ne dépense pas tes dollars.

B 1 PRÉSENTATION

• Impératif affirmatif et négatif (II)

aprender *apprendre*

T.S.	**aprende**	*apprends*	**no aprendas**	*n'apprends pas*
T.P.	**aprended**	*apprenez*	**no aprendáis**	*n'apprenez pas*

asistir *assister*

T.S.	**asiste**	*assiste*	**no asistas**	*n'assiste pas*
T.P.	**asistid**	*assistez*	**no asistáis**	*n'assistez pas*

el calor	*la chaleur*	**el sol**	*le soleil*
el Código de la circulación		*le Code de la route*	
es igual	*c'est pareil*	**de memoria**	*par cœur*
me da igual	*ça m'est égal*	**con**	*avec*
el espectáculo	*le spectacle*	**sin**	*sans*
el hermano	*le frère*	**todo esto**	*tout cela*

B 2 APPLICATION

1. Aprende el Código de la Circulación, por favor.
2. No aprendas todo esto de memoria.
3. Asiste a este espectáculo con tu hermano.
4. No asistas a este espectáculo sin tu hermano.
5. Aprended o no aprendáis, me da igual.
6. Asistid o no asistáis, me da igual.
7. No temáis nada de mí : soy vuestro amigo.
8. Cambiad vuestro modo de vivir.
9. Temed el sol pero no temáis el calor.
10. Escribe tu nombre, pero no escribas el mío.
11. Aprende o no aprendas, es igual.
12. Asiste o no asistas, es igual.
13. Teme o no temas, es igual.
14. Escribid o no escribáis, es igual.

B 3 REMARQUES

■ Rappel T.S. = Tutoiement Singulier
    T.P. = Tutoiement Pluriel

■ Les impératifs T.S. et T.P. affirmatifs des verbes en ~**er** et en ~**ir** se construisent d'une façon identique :

● L'impératif T.S. est la deuxième personne du singulier de l'indicatif présent moins le ~**s** :

    aprender : aprendes → aprende
    asistir : asistes → asiste

● L'impératif T.P. correspond à l'infinitif moins ~**r** plus ~**d** :

    aprender : aprende + ~**d** = aprended
    asistir : asisti + ~**d** = asistid

■ Les impératifs **T.S.** et **T.P.** négatifs sont les **deuxièmes personnes du singulier et du pluriel du subjonctif présent** précédées de **no** :

    aprender ⎡ aprendas → no aprendas
              ⎣ aprendáis → no aprendáis

    asistir ⎡ asistas → no asistas
              ⎣ asistáis → no asistáis

B 4 TRADUCTION

(Les *vous* sont des tutoiements pluriels.)

1. Apprends le Code de la route, s'il te plaît.
2. N'apprends pas tout cela par cœur.
3. Assiste à ce spectacle avec ton frère.
4. N'assiste pas à ce spectacle sans ton frère.
5. Apprenez ou n'apprenez pas, ça m'est égal.
6. Assistez ou n'assistez pas, ça m'est égal.
7. Ne craignez rien de moi : je suis votre ami.
8. Changez votre façon de vivre.
9. Craignez le soleil, mais ne craignez pas la chaleur.
10. Écris ton nom, mais n'écris pas le mien.
11. Apprends ou n'apprends pas, c'est pareil.
12. Assiste ou n'assiste pas, c'est pareil.
13. Crains ou ne crains pas, c'est pareil.
14. Écrivez ou n'écrivez pas, c'est pareil.

C 1 EXERCICES

A. Traduire (Les *vous* sont des tutoiements pluriels)

1. S'il te plaît, change.
2. S'il vous plaît, n'assistez pas à ce spectacle.
3. Changez votre argent.
4. Changez ou ne changez pas, cela m'est égal.
5. Change ou ne change pas, cela m'est égal.

B. Traduire (Les *vous* sont des tutoiements pluriels)

1. Tu n'assistes pas au spectacle ? N'assiste pas au spectacle.
2. Vous changez vos dollars ? Changez vos dollars.
3. Tu apprends l'anglais ? Apprends l'anglais.
4. Tu ne changes pas de mode de vie ? Ne change pas de mode de vie.
5. Vous apprenez le français ? Apprenez le français.
6. Vous assistez au spectacle ? Assistez au spectacle.
7. Tu ne crains pas le changement ? Ne crains pas le changement.
8. Vous n'écrivez pas votre nom ? N'écrivez pas votre nom.
9. Vous n'apprenez pas l'anglais ? N'apprenez pas l'anglais.
10. Tu n'écris pas ton nom ? N'écris pas ton nom.

C 2 INFORMATIONS PRATIQUES

- Cómo saludar

Buenos días
Buenas tardes   ¿ Qué tal ?
Buenas noches

Hola
Muy buenas

Adiós
Hasta mañana
Hasta luego
Hasta la próxima semana

Contento de verte de nuevo.
Le presento a mi marido (Éste es mi marido).
Le presento a mi mujer (Ésta es mi mujer).
Encantada. Mucho gusto.

C 3 CORRIGÉ

A.

1. Por favor, cambia.
2. Por favor, no asistáis a este espectáculo.
3. Cambiad vuestro dinero.
4. Cambiad o no cambiéis, me da igual.
5. Cambia o no cambies, me da igual.

B.

1. ¿ No asistes al espectáculo ? No asistas al espectáculo.
2. ¿ Cambiáis vuestros dólares ? Cambiad vuestros dólares.
3. ¿ Aprendes el inglés ? Aprende el inglés.
4. ¿ No cambias de modo de vivir ? No cambies de modo de vivir.
5. ¿ Aprendéis el francés ? Aprended el francés.
6. ¿ Asistís al espectáculo ? Asistid al espectáculo.
7. ¿ No temes el cambio ? No temas el cambio.
8. ¿ No escribís vuestro nombre ? No escribáis vuestro nombre.
9. ¿ No aprendéis el inglés ? No aprendáis el inglés.
10. ¿ No escribes tu nombre ? No escribas tu nombre.

C 4 TRADUCTION ET REMARQUES

• *Comment saluer*

Bonjour (jusqu'au moment du déjeuner)
Bonjour (jusqu'à la tombée du jour)   *Comment ça va ?*
Bonsoir

Salut ! (les deux formes espagnoles sont familières)

Au revoir
À demain
À tout à l'heure ou *À plus tard*
À la semaine prochaine
Content de te revoir.
Je vous présente mon mari.
Je vous présente ma femme.
Enchantée. Très heureuse.

A 1   PRÉSENTATION

- **contar** *compter, raconter*

indicatif présent		subjonctif présent	
cuento	*je comptes*	**cuente**	*que je compte*
cuentas	*tu comptes*	**cuentes**	*que tu comptes*
cuenta	*il compte*	**cuente**	*qu'il compte*
contamos	*nous comptons*	**contemos**	*que nous comptions*
contáis	*vous comptez*	**contéis**	*que vous comptiez*
cuentan	*ils comptent*	**cuenten**	*qu'ils comptent*

un chiste	*une histoire drôle*	**jugar**	*jouer*
el fútbol	*le foot-ball*	**recordar**	*se rappeler*
el viaje	*le voyage*	**soñar con** ·	*rêver de*
sensacional	*formidable*	**cuánto**	*combien*
acordarse de	*se souvenir de*	**fácilmente**	*facilement*
costar	*coûter*	**lejos**	*loin*
encontrar	*trouver*	**siempre**	*toujours*
es bueno que	*il est bon que*	**sólo**	*seulement*
~~es fácil que~~	*il est probable que*		

es probable

A 2   APPLICATION

1. ¡ Tú cuentas setenta ! — Yo cuento sólo sesenta.
2. ¡ Cómo cuenta Ud los chistes !
3. ¿ Recuerda Ud sus ojos ? — Sí, me acuerdo de sus ojos.
4. ¿ Cómo encuentras a esta chica ? — La encuentro sensacional.
5. ¿ Cuánto cuesta esto ? — Cuesta cien pesetas.
6. ¿ Juegas al fútbol ? — No, no juego al fútbol.
7. ¿ Con qué sueña Ud ? — Sueño con estar lejos.
8. Es fácil que Uds no se acuerden de mí.
9. No es bueno que siempre juegues al fútbol.
10. No creo que Uds lo encuentren fácilmente.
11. Es indispensable que Uds recuerden esta palabra.
12. Sólo hace falta que ella se encuentre lejos.

A 3 REMARQUES

■ Un verbe qui diphtongue est un verbe dont la dernière voyelle du radical se modifie à certaines personnes. Cette diphtongaison — ici, ~o qui devient ~ue — ne peut se produire que si le o est accentué ; ce o n'est accentué qu'aux **trois premières personnes du singulier et à la troisième personne du pluriel des présents de l'indicatif et du subjonctif.** (Pensez au verbe *venir* en français) (p. 268).

Aux autres personnes et aux autres temps, la diphtongaison ne se produit jamais (p. 267).

Pour les présents (ind. et subj.), on a donc ceci :

>   **contar** : ~ue, ~ue, ~ue, ~o, ~o, ~ue
> **jugar** se conjugue comme **contar** : ~u devient ~ue.

■ Attention à l'impératif des verbes à diphtongue (p. 285).

■ **¿ Cómo encuentras a esta chica ?** : le complément d'objet direct représentant une personne est précédé de la préposition **a**.

■ **La encuentro...,** *je la trouve...* : les pronoms personnels compléments seront étudiés aux leçons 19 et 20.

A 4 TRADUCTION

1. Tu comptes 70 ! — Moi, je compte seulement 60.
2. Comme vous racontez les histoires !
3. Vous rappelez-vous ses yeux ? — Oui, je me souviens de ses yeux.
4. Comment trouves-tu cette fille ? — Je la trouve formidable.
5. Combien coûte ceci ? — Cela coûte cent pesetas.
6. Joues-tu au foot-ball ? — Non, je ne joue pas au foot-ball.
7. De quoi rêvez-vous ? — Je rêve d'être loin.
8. Il est probable que vous ne vous souveniez pas (V.P.) de moi.
9. Il n'est pas bon que tu joues toujours au foot-ball.
10. Je ne crois pas que vous le trouviez (V.P.) facilement.
11. Il est indispensable que vous vous rappeliez (V.P.) ce mot.
12. Il faut seulement qu'elle soit (se trouve) loin.

B 1 PRÉSENTATION

• **poder** *pouvoir*

indicatif présent		subjonctif présent	
puedo	*je peux*	**pueda**	*que je puisse*
puedes	*tu peux*	**puedas**	*que tu puisses*
puede	*il peut*	**pueda**	*qu'il puisse*
podemos	*nous pouvons*	**podamos**	*que nous puissions*
podéis	*vous pouvez*	**podáis**	*que vous puissiez*
pueden	*ils peuvent*	**puedan**	*qu'ils puissent*

la naranja	*l'orange*	**volver a** (+ inf.)	*re~*(+ inf.)
devolver	*rendre, restituer*	**volver a jugar**	*rejouer*
moverse	*s'agiter, remuer*	**cuanto antes**	*au plus vite*
oler a	*sentir* (une odeur)	**a la derecha**	*à droite*
soler	*avoir l'habitude*	**a la izquierda**	*à gauche*
volver	*revenir, rentrer*	**torcer**	*tourner*

B 2 APPLICATION

1. ¿ Puedes volver ? — Sí, claro, puedo volver.
2. ¿ Vuelven ellos a jugar ? — Sí, vuelven a jugar.
3. ¿ Cuándo vuelve Ud ? — Vuelvo cuanto antes.
4. ¡ Tú sueles cenar mucho ! Yo suelo cenar poco.
5. Esta chica siempre se mueve, ¿ verdad ?
6. ¿ A qué huele aquí ? — Huele a naranja.
7. ¿ Tuerce Ud a la derecha ? — No, tuerzo a la izquierda.
8. ¿ Devuelve Ud este libro ? — No, no devuelvo este libro.
9. No es indispensable que ellas vuelvan ahora.
10. No creo que ellas lo devuelvan fácilmente.
11. No es posible que ellas se muevan siempre.
12. No hace falta que Ud devuelva ahora este dinero.
13. Me cansa mucho que siempre se muevan.

B 3 REMARQUES

■ Attention à la modification orthographique de **torcer** : le **c** devient **z** devant un **o** ou un **a** : **tuerzo, tuerza.**

■ **oler** : le **o~** devient **ue~**, mais en espagnol un mot ne peut pas commencer par une diphtongue, aussi met-on un **h** devant le **ue** : **oler = huelo.**

■ Le **~o** du radical de ces verbes se transforme donc en **~ue** dans les mêmes conditions que le verbe **contar**, c'est-à-dire aux **trois premières personnes du singulier et à la troisième personne du pluriel des présents de l'indicatif et du subjonctif** (p. 268). Aux autres personnes et autres temps, la diphtongaison ne se produit jamais. Pour les présents (ind. et subj.), on a donc ceci :
soler : **~ue, ~ue, ~ue, ~o, ~o, ~ue**

■ **soler** signifie *avoir l'habitude de*, il est souvent traduit par un adverbe qui marque l'habitude :
suelo : *d'habitude, je ...* **sueles** : *généralement, tu ...*

■ Rien n'indique qu'un verbe diphtongue : c'est l'usage ou le dictionnaire qui vous l'apprendra.

B 4 TRADUCTION

1. Peux-tu revenir ? — Oui, bien sûr, je peux revenir.
2. Rejouent-ils ? — Oui, ils rejouent.
3. Quand revenez-vous ? — Je reviens au plus vite.
4. D'habitude, tu dînes beaucoup ! Généralement, moi je dîne peu.
5. Cette fille s'agite toujours, n'est-ce pas ?
6. Qu'est-ce que ça sent ici ? — Ça sent l'orange.
7. Tournez-vous à droite ? — Non, je tourne à gauche.
8. Rendez-vous ce livre ? — Non, je ne rends pas ce livre.
9. Il n'est pas indispensable qu'elles reviennent maintenant.
10. Je ne crois pas qu'elles le rendent facilement.
11. Il n'est pas possible qu'elles s'agitent toujours.
12. Il ne faut pas que vous rendiez maintenant cet argent.
13. Cela me fatigue beaucoup qu'ils remuent toujours.

C 1 EXERCICES

A. Conjuguer

à l'indicatif présent   au subjonctif présent

encontrar   **soñar**

volver   **torcer**

B. Traduire (*presque* = **casi** ; *il se peut que* = **puede que**)

1. Racontez-vous toujours ce qui se passe ?
2. Oui, je raconte presque toujours ce qui se passe.
3. Il se souvient de tout, il ne raconte rien. C'est utile ?
4. Oui, c'est très utile qu'il se souvienne de tout et ne raconte rien.
5. Il se peut qu'elle revienne tout de suite.
6. Il se peut qu'elles rêvent toutes de vous (V.P.).
7. Lui, il a l'habitude de raconter des histoires drôles.
8. Il n'est pas possible qu'il se souvienne de tout.
9. Il n'est pas possible que tu ne puisses revenir.
10. Il se peut que nous revenions avec vous (T.P.).

C 2 INFORMATIONS PRATIQUES

• ¿ Qué tiempo hace ?

Hace calor — hace bueno — da el sol — el sol brilla — el sol pica
— tengo calor.

¡ Qué bochorno ! — vamos a tener una tormenta — retumba el
trueno — se oscurece el cielo — brillan los relámpagos — llueve
a cántaros.

Hace fresco — hace frío — hace mucho frío — corre mucho el
viento — hay que vestirse mucho — tengo frío — va a helar —
hiela — va a nevar — nieva.

C 3 CORRIGÉ

A.

<u>Ind. prés.</u> : encuentro, encuentras, encuentra
encontramos, encontráis, encuentran
vuelvo, vuelves, vuelve
volvemos, volvéis, vuelven

<u>Subj. prés.</u> : sueñe, sueñes, sueñe
soñemos, soñéis, sueñen
tuerza, tuerzas, tuerza
torzamos, torzáis, tuerzan

B.

1. ¿ Cuenta Ud siempre lo que ocurre ?
2. Sí, cuento casi siempre lo que ocurre.
3. Se acuerda de todo, no cuenta nada. ¿ Es útil ?
4. Sí, es muy útil que se acuerde de todo y no cuente nada.
5. Puede que ella vuelva en seguida.
6. Puede que ellas sueñen todas con Uds.
7. Él suele contar chistes.
8. No es posible que se acuerde de todo.
9. No es posible que no puedas volver.
10. Puede que volvamos con vosotros.

C 4 TRADUCTION

● *Quel temps fait-il ?*

Il fait chaud — il fait bon — le soleil tape — le soleil brille — le soleil brûle — j'ai chaud.

Quelle chaleur étouffante ! — nous allons avoir un orage — le tonnerre gronde — le ciel s'assombrit — les éclairs brillent — il pleut à verse.

Il fait frais — il fait froid — il fait très froid — le vent souffle fort — il faut s'habiller chaudement — j'ai froid — il va geler — il gèle — il va neiger — il neige.

A 1 PRÉSENTATION

- **pensar (en)** *penser (à)*

indicatif présent		subjonctif présent	
pienso	*je pense*	**piense**	*que je pense*
piensas	*tu penses*	**pienses**	*que tu penses*
piensa	*il pense*	**piense**	*qu'il pense*
pensamos	*nous pensons*	**pensemos**	*que nous pensions*
pensáis	*vous pensez*	**penséis**	*que vous pensiez*
piensan	*ils pensent*	**piensen**	*qu'ils pensent*

la sesión	*la séance*	**ahora mismo**	*tout de suite*
dudar	*douter*	**aquí, allí**	*ici, là*
empezar	*commencer*	**inmediatamente**	*immédiatement*
entender	*comprendre*	**pronto**	*vite, rapidement*
comenzar	*commencer*	**¿ por qué ?**	*pourquoi ?*
sentarse	*s'asseoir*	**porque**	*parce que*
ahora	*maintenant*	**¡ porque sí !**	*parce que !*

A 2 APPLICATION

1. ¿ Empiezan Uds a entender ? — Sí, empezamos.
2. ¿ Empiezas a dudar ? — Sí, empiezo a dudar.
3. ¿ Empezáis a pensar ? — Sí, empezamos.
4. ¿ Empieza ahora la sesión ? — Sí, empieza ahora mismo.
5. ¿ No te sientas aquí ? — No, me siento allí.
6. ¿ Piensas empezar pronto ? — No pienso empezar ahora.
7. ¿ Uds empiezan ahora ? — Sí, conviene que empecemos ahora.
8. ¿ Por qué empieza Ud inmediatamente ? — ¿ Por qué ? ¡ Porque sí !
9. Hace falta que pienses en devolver el libro.
10. ¿ Por qué piensas tan pronto en volver ?
11. Pienso en volver porque no entiendo nada.

A 3 REMARQUES

■ Rappel : **empezar** : le **z** devient **c** devant un **e** et le **z** et le **c** se prononcent comme le [th] anglais.

■ L'apparition de la diphtongue — le ~**e** qui devient ~**ie** — ne se produit que si le **e** est accentué. Cette accentuation ne se produit qu'aux **trois premières personnes du singulier et à la troisième personne du pluriel des présents de l'indicatif et du subjonctif** (p. 268).
Hormis ces personnes et ces temps, la diphtongaison ne se produit jamais (p. 267).
Pour les présents (ind. et subj.), on a donc ceci :
    pensar : ~**ie**, ~**ie**, ~**ie**, ~**e**, ~**e**, ~**ie**

■ Attention à l'impératif de ces verbes (p. 285).

■ **entender** peut être un faux-ami : il signifie *comprendre* et non pas *entendre* au sens physique.

■ **inmediatamente** : attention, il n'y a pas deux **m** qui se suivent comme en français.

■ *vous*, sans autre précision, correspond au **V.S.**

A 4 TRADUCTION

1. Commencez-vous (V.P.) à comprendre ? — Oui, nous commençons.
2. Commences-tu à douter ? — Oui, je commence à douter.
3. Commencez-vous (T.P.) à penser ? — Oui, nous commençons.
4. La séance commence-t-elle maintenant ? — Oui, elle commence tout de suite.
5. Tu ne t'assieds pas ici ? — Non, je m'assieds là.
6. Penses-tu commencer rapidement ? — Je ne pense pas commencer maintenant.
7. Vous commencez (V.P.) maintenant ? — Oui, il convient que nous commencions maintenant.
8. Pourquoi commencez-vous immédiatement ? — Pourquoi ? Parce que !
9. Il faut que tu penses à rendre le livre.
10. Pourquoi penses-tu si vite à rentrer ?
11. Je pense à rentrer parce que je ne comprends rien.

B 1 PRÉSENTATION

- **querer** *vouloir*

indicatif présent		subjonctif présent	
quiero	*je veux*	**quiera**	*que je veuille*
quieres	*tu veux*	**quieras**	*que tu veuilles*
quiere	*il veut*	**quiera**	*qu'il veuille*
queremos	*nous voulons*	**queramos**	*que nous voulions*
queréis	*vous voulez*	**queráis**	*que vous vouliez*
quieren	*ils veulent*	**quieran**	*qu'ils veuillent*

la confianza	*la confiance*	**descender**	*descendre*
el río	*la rivière, le fleuve*	**perder**	*perdre, rater*
el tren	*le train*	**algo**	*quelque chose*
juntos/as	*ensemble*	**seguro que**	*sûrement que*

B 2 APPLICATION

1. ¿ Quiere Ud algo ? — No, gracias, no quiero nada.
2. ¿ Quieren ellos algo ? — Seguro que ellos quieren algo.
3. ¿ No pierden Uds la confianza ? — No, no perdemos la confianza.
4. ¿ Pierde él siempre el tren ? — No, nunca pierde el tren.
5. ¿ Entienden Uds el español ? — Sí, entendemos el español.
6. No entiendo que él siempre pierda el tren.
7. No quiero que Uds pierdan confianza en él.
8. ¿ Desciende Ud al río ? — No, no desciendo.
9. No es útil que Uds desciendan juntos al río.
10. ¿ Uds no quieren que ellas desciendan juntas ?
11. No quieres que ellas empiecen ahora. ¿ Por qué ?
12. No quiero que empiecen ahora porque no entienden.

B 3   REMARQUES

■ **querer** dipthongue dans les mêmes conditions que le verbe **pensar**, c'est-à-dire aux trois premières personnes du singulier et à la 3e personne du pluriel des présents de l'indicatif et du subjonctif.

■ **descender** : attention à la succession du **s** légèrement chunité (cassé) et du **c** ([z] proche du [th] anglais).
río : le **r** initial est prononcé comme deux r roulés.

■ **juntos/as** signifie *ensemble*, mais en espagnol, c'est un adjectif, et donc il s'accorde avec le nom auquel il se rapporte.

■ Rappel : **tren**, **siempre** : il n'y a pas de son nasal en espagnol :
tren [tré-n]   **siempre** [sié-mpre]

B 4   TRADUCTION

1. Voulez-vous quelque chose ? — Non, merci, je ne veux rien.
2. Veulent-ils quelque chose ? — Sûrement qu'ils veulent quelque chose.
3. Ne perdez-vous (V.P.) pas confiance ? — Non, nous ne perdons pas confiance.
4. Rate-t-il toujours le train ? — Non, il ne rate jamais son train.
5. Comprenez-vous (V.P.) l'espagnol ? — Oui, nous comprenons l'espagnol.
6. Je ne comprends pas qu'il rate toujours son train.
7. Je ne veux pas que vous perdiez (V.P.) confiance en lui.
8. Descendez-vous à la rivière ? — Non, je ne descends pas.
9. Il n'est pas utile que vous descendiez (V.P.) ensemble à la rivière.
10. Vous ne voulez pas (V.P.) qu'elles descendent ensemble ?
11. Tu ne veux pas qu'elles commencent maintenant. Pourquoi ?
12. Je ne veux pas qu'elles commencent maintenant parce qu'elles ne comprennent pas.

C 1   EXERCICES

A. Traduire

1. Quand commence-t-il ?
2. Il commence tout de suite.
3. Comprenez-vous ?
4. Oui, je comprends très bien.
5. Descendez-vous (V.P.) ensemble ?
6. Nous ne descendons pas ensemble.

B. Traduire   (*admettre* = **admitir** ; *désirer* = **desear**)

1. Je ne veux pas que vous perdiez (V.P.) confiance.
2. Ils n'admettent pas que tu rates toujours ton train.
3. Tu n'admets pas qu'il raconte ce qui se passe.
4. Ils ne veulent pas que tu penses à cela.
5. Nous désirons que vous commenciez (V.P.) immédiatement.
6. Elle désire que la séance commence tout de suite.
7. Tu ne veux pas que je descende avec elles ?
8. Je ne veux pas que tu perdes.

C 2   INFORMATIONS PRATIQUES

• Aquí se habla español

¿ Vamos ?
No creemos en lo que Ud cuenta.
¿ Cenamos ahora ?

Llaman a la puerta. ¿ Quién es ?
Cuentan que no es verdad.

Se llama a la puerta antes de entrar.
No se enciende un puro con un mechero.

Uno se sienta donde quiere, ¿ no ?

Uno suele decir lo que piensa.
Una no puede estar en todo.

C 3   CORRIGÉ

A.

1. ¿ Cuándo empieza él ?
2. Empieza inmediatamente.
3. ¿ Entiende Ud ?
4. Sí, entiendo muy bien.
5. ¿ Descienden Uds juntos ?
6. No descendemos juntos.

B.

1. No quiero que Uds pierdan la confianza.
2. Ellos no admiten que siempre pierdas el tren.
3. No admites que él cuente lo que ocurre.
4. No quieren ellos que pienses en esto.
5. Deseamos que Uds empiecen inmediatamente.
6. Ella desea que la sesión empiece en seguida.
7. ¿ No quieres que yo descienda con ellas ?
8. No quiero que pierdas.

C 4   TRADUCTION ET REMARQUES

• *Ici on parle espagnol*

Le pronom indéfini *on* n'a pas d'équivalent direct en espagnol ; différentes tournures en traduisent cependant les nuances (p. 260) :

On y va ?
On ne croit pas ce que vous racontez.
On dîne maintenant ?   (Le *on* équivaut en réalité à *nous*)

On frappe à la porte. Qui est-ce ?   (L'action est faite par
On raconte que ce n'est pas vrai.   un tiers)

On frappe à la porte avant d'entrer.   (Recommandation,
On n'allume pas un cigare avec un briquet.   fait habituel.)

On s'assied où on veut, non ?   (Le verbe est pronominal)

D'habitude, on dit ce qu'on pense.   (Forme discrète qui évite
On ne peut pas s'occuper de tout.   le *je*.)

A 1 PRÉSENTATION

- **haber** *avoir* (auxiliaire)

he	*j'ai*	**hemos**	*nous avons*
has	*tu as*	**habéis**	*vous avez*
ha	*il a*	**han**	*ils ont*

- **haber** au présent de l'ind. + participe passé = passé composé

he comprado	(**comprar**)	*j'ai acheté*
has vendido	(**vender**)	*tu as vendu*
ha perdido	(**perder**)	*il a perdu* (ou *manqué*)
hemos venido	(**venir**)	*nous sommes venus*
habéis visto	(**ver**)	*vous avez vu*
han hecho	(**hacer**)	*ils ont fait*

el día	*le jour*	**nada**	*rien*
el piso	*l'appartement, l'étage*	**todavía**	*encore*
el tren	*le train*	**algo**	*quelque chose*
el turista	*le touriste*	**hoy**	*aujourd'hui*

A 2 APPLICATION

1. Hoy he vendido mi coche.
2. Esta mañana has comprado un piso.
3. Esta tarde ha perdido el tren.
4. Estos días no hemos visto a muchos turistas.
5. Este año no han venido todavía.
6. Esta noche no habéis hecho nada.
7. ¿ Ha comprado Ud algo esta mañana ?
8. — No, no he comprado nada.
9. ¿ Por qué no ha venido su amigo hoy ?
10. — Porque ha perdido el tren.
11. ¿ Han visto Uds a Lola esta noche ?
12. — No, no ha venido.
13. ¿ Ha hecho Ud algo esta mañana ?
14. — No, no he hecho nada.
15. ¿ Habéis vendido algo a estos turistas ?
16. — No, no han comprado nada.

A 3 REMARQUES

■ Il ne faut pas confondre le verbe **haber**, *avoir* (auxiliaire) avec le verbe **tener**, *avoir (posséder)*.

■ **Le participe passé** des verbes terminés par ~**ar** se forme en ajoutant ~**ado** au radical et celui des verbes terminés en ~**er** et ~**ir** en ajoutant ~**ido**. Il existe aussi des participes passés irréguliers comme **hecho** pour **hacer**, *faire*, **visto** pour **ver**, *voir*, etc. (p. 282).

■ **Le passé composé** d'un verbe est formé de l'auxiliaire **haber** au présent de l'indicatif suivi du participe passé du verbe à conjuguer. Avec **haber**, ce participe passé est toujours invariable.
C'est aussi **haber** qui est utilisé pour traduire les passés composés français formés avec *être*.

■ **On emploie le passé composé** lorsque l'action exprimée est terminée et située dans un passé qui est encore en rapport avec le présent (*aujourd'hui, ces jours-ci, cette année*, etc.). Pour l'emploi du passé simple, voir p. 169.

■ L'emploi de **la préposition a** est indispensable devant les compléments d'objet directs qui désignent des personnes déterminées : **ver a Lola**, *voir Lola* (sauf après **tener**).

A 4 TRADUCTION

1. Aujourd'hui, j'ai vendu ma voiture.
2. Ce matin, tu as acheté un appartement.
3. Cet après-midi, il a manqué le train.
4. Ces jours-ci, nous n'avons pas vu beaucoup de touristes.
5. Cette année, ils ne sont pas encore venus.
6. Ce soir, vous n'avez rien fait (T.P.).
7. Avez-vous acheté quelque chose ce matin ?
8. — Non, je n'ai rien acheté.
9. Pourquoi votre ami n'est-il pas venu aujourd'hui ?
10. — Parce qu'il a manqué le train.
11. Avez-vous vu (V.P.) Lola ce soir ?
12. — Non, elle n'est pas venue.
13. Avez-vous fait quelque chose ce matin ?
14. — Non, je n'ai rien fait.
15. Avez-vous vendu (T.P.) quelque chose à ces touristes ?
16. — Non, ils n'ont rien acheté.

B 1   PRÉSENTATION

hay		*il y a*
hay que	+ infinitif	*il faut* (impers.)
tener que	+ infinitif	*devoir* (pers.)
deber	+ infinitif	*devoir*
haber de	+ infinitif	*devoir* (intention)

la cuenta	*la note*	**ir de compras**	*aller faire des courses*
la farmacia	*la pharmacie*	**pagar**	*payer, régler*
la puerta	*la porte*	**salir**	*partir, sortir*
el regalo	*le cadeau*	**telefonear**	*téléphoner*
el trabajo	*le travail*	**terminar**	*terminer*
abrir	*ouvrir*	**ahora**	*maintenant*
cerrar	*fermer*	**ahora mismo**	*tout de suite*
coger	*prendre (taxi)*	**antes**	*avant*
ir	*aller*	**delante de**	*devant*

B 2   APPLICATION

1. ¿ Hay un taxi ? — No, no hay taxi ahora.
2. — Sí, hay uno delante de la farmacia.
3. — Está el coche del hotel delante de la puerta.
4. Hay que cerrar las puertas antes de salir.
5. Hay que abrir las ventanas por la noche.
6. Para ir a la estación, hay que coger un taxi.
7. Debemos pagar la cuenta del hotel antes.
8. — Sí, tengo que pagar ahora mismo.
9. He de ir de compras esta tarde.
10. Tengo que comprar un regalo para mi madre.
11. — Debes terminar tu trabajo antes de salir.
12. Hay que coger un taxi ahora.
13. — ¿ Por qué ?
14. — Porque hemos perdido el tren.
15. — Tenemos que telefonear ahora mismo.

B 3 REMARQUES

■ Attention à la prononciation de **hay** [aï].

■ **hay**, *il y a*, invariable. Cette forme impersonnelle ne comporte jamais de sujet. On l'emploie avec des objets indéterminés : **hay un coche**, *il y a une voiture*, sinon on utilise **está** : **está el coche del hotel**, *il y a la voiture de l'hôtel*. (Si *il y a* exprime la durée, on emploie **hace** : **hace una semana**, *il y a (cela fait) une semaine*.)

■ **L'obligation impersonnelle** se traduit par **hay que** :
    hay que pagar, *il faut payer*.

■ **L'obligation personnelle**, c'est-à-dire avec sujet énoncé, peut être rendue par **tener que** + infinitif, *devoir, il faut que*, ou par le verbe **deber** + infinitif, *devoir*, et aussi d'autres expressions (p. 111).

■ **haber de** traduit une nuance d'obligation moins forte que **tener que**, et marque plutôt une intention. Parfois, surtout aux premières personnes, c'est un simple équivalent du futur.

B 4 TRADUCTION

1. Y a-t-il un taxi ? — Non, il n'y a pas de taxi maintenant.
2. — Oui, il y en a un devant la pharmacie.
3. — Il y a la voiture de l'hôtel devant la porte.
4. Il faut fermer les portes avant de sortir.
5. Il faut ouvrir les fenêtres pendant la nuit.
6. Pour aller à la gare, il faut prendre un taxi.
7. Nous devons régler la note de l'hôtel auparavant.
8. — Oui, il faut que je paie tout de suite.
9. Je dois aller faire des courses cet après-midi.
10. Il faut que j'achète un cadeau pour ma mère.
11. — Tu dois terminer ton travail avant de sortir.
12. Il faut prendre un taxi maintenant.
13. — Pourquoi ?
14. — Parce que nous avons manqué le train.
15. — Nous devons téléphoner tout de suite.

C 1 EXERCICES

A. Mettre au passé composé

1. Compro un piso.
2. Vendes tu coche.
3. No hace nada.
4. Venimos de Madrid.
5. Perdéis el tren.
6. Ven a Pablo.

B. Utiliser la forme *tener que*

1. Debo vender mi piso.
2. Deben coger un taxi.
3. Ud debe salir ahora.
4. He de ir de compras.
5. Hemos de pagar.
6. Han de venir ahora.

C. Traduire

1. J'ai payé la note.
2. Ils ont pris un taxi.
3. Ils sont sortis.
4. Vous avez perdu.
5. Il y a du travail.
6. Il n'y a pas de taxi.
7. Il faut fermer la porte.
8. Il faut acheter maintenant.

D. Traduire avec la forme *tener que*

1. Vous devez partir.
2. Il doit venir.
3. Vous devez terminer (T.P.).
4. Vous devez payer (V.P.).

C 2 INFORMATIONS PRATIQUES

- En la estación de ferrocarril
  - ¿ Dónde está la oficina de información ?
  - ¿ A qué hora sale el tren para Málaga ?
  - ¿ Es un tren directo ?
  - ¿ Tengo que hacer transbordo ?
  - ¿ A qué hora llega el tren a Málaga ?
  - ¿ Hay coche cama ?
  - ¿ Hay coche comedor ?

  - Por favor, ¿ dónde está la taquilla ?
  - Quisiera un billete para Málaga.
  - ¿ Ida o ida y vuelta ? ¿ Primera o segunda clase ?
  - Quisiera también reservar una litera.
  - Por favor, ¿ dónde está el andén número 4 ?

C 3 CORRIGÉ

A.

1. He comprado un piso.
2. Has vendido tu coche.
3. No ha hecho nada.
4. Hemos venido de Madrid.
5. Habéis perdido el tren.
6. Han visto a Pablo.

B.

1. Tengo que vender mi piso.
2. Tienen que coger un taxi.
3. Ud tiene que salir ahora.
4. Tengo que ir de compras.
5. Tenemos que pagar.
6. Tienen que venir ahora.

C.

1. He pagado la cuenta.
2. Han cogido un taxi.
3. Han salido.
4. Ud ha perdido.
5. Hay trabajo.
6. No hay taxi.
7. Hay que cerrar la puerta.
8. Hay que comprar ahora.

D.

1. Ud tiene que salir.
2. Tiene que venir.
3. Tenéis que terminar.
4. Uds tienen que pagar.

C 4 TRADUCTION

- À la gare

  — *Où est le bureau de renseignements ?*
  — *À quelle heure part le train pour Malaga ?*
  — *Est-ce un train direct ?*
  — *Dois-je changer (de train) ?*
  — *À quelle heure le train arrive-t-il à Malaga ?*
  — *Y a-t-il un wagon-lit ?*
  — *Y a-t-il un wagon-restaurant ?*

  — *S'il vous plaît, où se trouve le guichet ?*
  — *Je voudrais un billet pour Malaga.*
  — *Aller ou aller et retour ? première ou seconde ?*
  — *Je voudrais aussi réserver une couchette.*
  — *S'il vous plaît, où se trouve le quai n° 4 ?*

A 1 PRÉSENTATION

- Traduction du verbe *être*

  L'espagnol utilisera le verbe **ser** si en français, on a :

  > *être* + un nom (**es una casa**)
  >   un pronom (**es ella, es ésta**)
  >   un numéral (**son cuatro**)
  >   un infinitif (**lo importante es ganar**)
  >   un adverbe de quantité (**es poco**)
  >   un adverbe de temps (**es hoy**)

la mano	*la main*	**poco**	*peu*
agradable	*agréable*	**más**	*plus, davantage*
bueno	*bon*	**anteayer**	*avant-hier*
malo	*mauvais, mal*	**ayer**	*hier*
crear	*créer*	**hoy**	*aujourd'hui*
ganar	*gagner*	**mañana**	*demain*
cuánto	*combien*	**pasado mañana**	*après-demain*

A 2 APPLICATION

1. Es la mano derecha. Es la mano izquierda.
2. ¿ Eres tú ? — Sí, soy yo. ¿ Es Ud ? — Sí, soy yo.
3. ¿ Sois vosotros ? — Sí, somos nosotros.
4. ¿ Son Uds ? — Sí, somos nosotros.
5. ¿ Son Uds ciento cincuenta ? — No, somos ciento ochenta.
6. ¿ Cuántos sois ? — Somos quinientos.
7. Lo bueno, es ganar — Lo malo, es perder.
8. Lo importante, es crear — Lo agradable, es jugar.
9. ¿ Es mucho o es poco ? — No es poco, es mucho.
10. ¿ Quiere Ud más vino ? — No, ya es demasiado.
11. ¿ Cuándo llegan ellos ? ¿ Es hoy o mañana ?
12. No, es pasado mañana.
13. Es hoy. Es ayer. Es anteayer.

A 3   REMARQUES

■ La traduction du verbe *être* est **une des difficultés majeures** de l'espagnol.

Ces difficultés seront très réduites si vous vous rappelez que l'espagnol utilise **ser** quand le français a

> *être* + un nom (*c'est une maison*)
> un pronom (*c'est elle, c'est celle-ci*)
> un numéral (*ils sont 4*)
> un infinitif (*l'important c'est de gagner*)
> un adverbe de quantité (*c'est peu*)
> un adverbe de temps (*c'est aujourd'hui*).

C'est lorsque le verbe *être* sera suivi d'un adjectif qualificatif que la traduction sera plus délicate (p. 103).

■ Rappel : **único** : le **u** est toujours prononcé [ou].
hoy : le **h** n'est jamais prononcé.

■ *vous*, sans autre précision, correspond au **V.S.**

■ **lo** + adjectif : *ce qui est..., le...*
     lo bueno, *ce qui est bon*   **lo importante**, *l'important*

A 4   TRADUCTION

1. C'est la main droite. C'est la main gauche.
2. C'est toi ? — Oui, c'est moi. C'est vous ? — Oui, c'est moi.
3. C'est vous (T.P.) ? — Oui, c'est nous.
4. C'est vous (V.P.) ? — Oui, c'est nous.
5. Êtes-vous (V.P.) 150 ? — Non, nous sommes 180.
6. Combien êtes-vous (T.P.) ? — Nous sommes 500.
7. Ce qui est bon, c'est de gagner. — Ce qui est mauvais, c'est de perdre.
8. L'important, c'est de créer — Ce qui est agréable, c'est de jouer.
9. C'est beaucoup ou c'est peu ? — Ce n'est pas peu, c'est beaucoup.
10. Voulez-vous davantage de vin ? — Non, c'est déjà trop.
11. Quand arrivent-ils ? C'est aujourd'hui ou demain ?
12. Non, c'est après-demain.
13. C'est aujourd'hui. C'est hier. C'est avant-hier.

B 1 PRÉSENTATION

- Traduction du verbe *être*

  L'espagnol utilisera le verbe **estar** pour exprimer

  > le lieu (**estoy en el metro**)
  > le temps (**estamos a viernes**)
  > l'action terminée (**está cerrada**)
  > l'action en cours (**estoy comiendo**)

la distancia	*la distance*	**el perro**	*le chien*
Francia	*la France*	**la primavera**	*le printemps*
la fruta	*le fruit*	**Suiza**	*la Suisse*
el kilómetro	*le kilomètre*	**cerrado/a**	*fermé(e)*
la música	*la musique*	**terminado/a**	*terminé(e)*
el nene	*le bébé*	**todavía**	*encore*
el partido	*le match*	**ya está**	*ça y est*

B 2 APPLICATION

1. ¿ A qué distancia estamos ? — Estamos a dos kilómetros.
2. ¿ Estamos en Francia ? — Todavía no. Estamos en Suiza.
3. ¿ Estamos en primavera ? — No, estamos en verano.
4. ¿ Dónde están Uds ? — Estamos aquí.
5. ¿ Dónde están ella y él ? — No están.
6. La puerta está cerrada, ¿ no ? — No, no está cerrada.
7. Ya está. El partido está terminado.
8. ¿ Está aquí el perro ? — Sí, sí, está aquí.
9. ¿ Qué está comiendo el nene ? — Está comiendo una fruta.
10. Estoy escuchando música.
11. Él está leyendo una novela.
12. Creo que las vacaciones están terminadas.
13. ¿ Por qué están cerradas estas ventanas ?

B 3   REMARQUES

■ Le verbe **estar** traduit le verbe *être* à chaque fois qu'il faut exprimer :

      le lieu (*je suis dans le métro*)
      le temps (*nous sommes vendredi*)
      l'action terminée (*elle est fermée*)
      l'action en cours (*je suis en train de manger*)

■ **Francia**, **Suiza**, d'une façon générale les noms de pays ne sont pas précédés de l'article, sauf s'ils sont déterminés : **la Francia del Sur**.

■ Le gérondif s'obtient ainsi :

$$
\begin{array}{lll}
\textbf{tom} \sim \textbf{ar} = \text{tom} \sim \textbf{ando} & \rightarrow & \textbf{tomando} \\
\textbf{com} \sim \textbf{er} = \text{com} \sim \textbf{iendo} & \rightarrow & \textbf{comiendo} \\
\textbf{sub} \sim \textbf{ir} = \text{sub} \sim \textbf{iendo} & \rightarrow & \textbf{subiendo}
\end{array}
$$

■ Rappel : **cerrado**, **perro** : faites bien rouler les deux **r**.

Attention à l'accentuation écrite du verbe **estar** :

estoy   **estás**   **está**   **estamos**   **estáis**   **están**

B 4   TRADUCTION

1. À quelle distance sommes-nous ? — Nous sommes à 2 km.
2. Sommes-nous en France ? — Pas encore. Nous sommes en Suisse.
3. Sommes-nous au printemps ? — Non, nous sommes en été.
4. Où êtes-vous (V.P.) ? — Nous sommes ici.
5. Où sont-ils, elle et lui ? — Ils ne sont pas là.
6. La porte est fermée, non ? — Non, elle n'est pas fermée.
7. Ça y est. Le match est terminé.
8. Le chien est ici ? — Oui, oui, il est ici.
9. Qu'est-ce que le bébé est en train de manger ? — Il est en train de manger un fruit.
10. Je suis en train d'écouter de la musique.
11. Il est en train de lire un roman.
12. Je crois que les vacances sont terminées.
13. Pourquoi ces fenêtres sont-elles fermées ?

C 1 EXERCICES

A. Traduire

1. Elles sont ici.
2. C'est notre ville.
3. La maison est fermée.
4. Elle est en train de lire.
5. Ce livre est mon livre.
6. Ce sont vos (T.P.) lettres.
7. Tu es en train de manger.
8. Vous êtes un garçon.
9. Vous êtes une fille.
10. Ils sont 4, mais je suis là.

B. Traduire *(fatigué = **cansado** ; se reposer = **descansar**)*

1. Ce qui est important, c'est de parler espagnol tous les jours.
2. Nous sommes tous dans la même chambre.
3. Ils sont fatigués et ils sont en train de se reposer.
4. Vous êtes (T.P.) en train de perdre du temps.
5. Et nous, nous sommes en train d'attendre.
6. C'est la dernière fois que nous le permettons.
7. Qu'est-ce que tu es en train de raconter ?
8. Vous êtes là, je crois que c'est beaucoup.
9. Nous sommes 22 et nous sommes en train de jouer au foot-ball.

C 2 INFORMATIONS PRATIQUES

- En Correos

  Quisiera...
  Quisiera enviar...
  Quisiera enviar una postal...
  Quisiera enviar una postal a Francia...
  Quisiera mandar una carta a Italia.
  ¿ Cuál es el franqueo ?
  Quisiera un sello de siete pesetas.
  Aquí lo tiene Ud.
  Gracias. Ya está. Está pegado.
  Ud debe echar la postal en el buzón.

C 3 CORRIGÉ

A.

1. Ellas están aquí.
2. Es nuestra ciudad.
3. La casa está cerrada.
4. Ella está leyendo.
5. Este libro es mi libro.
6. Son vuestras cartas.
7. Estás comiendo.
8. Ud es un chico.
9. Ud es una chica.
10. Son cuatro, pero estoy aquí.

B.

1. Lo importante, es hablar español todos los días.
2. Estamos todos en el mismo cuarto.
3. Están cansados y están descansando.
4. Estáis perdiendo tiempo.
5. Y nosotros, estamos esperando.
6. Es la última vez que lo permitimos.
7. ¿ Qué estás contando ?
8. Ud está aquí, creo que es mucho.
9. Somos veintidós y estamos jugando al fútbol.

C 4 TRADUCTION

- *À la poste*

  Je voudrais...
  Je voudrais envoyer...
  Je voudrais envoyer une carte postale...
  Je voudrais envoyer une carte postale en France...
  Je voudrais envoyer une lettre en Italie.
  À combien faut-il affranchir ? (Quel est l'affranchissement ?)
  Je voudrais un timbre de 7 pesetas.
  Tenez, le voici. (Vous l'avez ici.)
  Merci. Ça y est. Il est collé.
  Vous devez jeter la carte postale à la boîte.

A 1 PRÉSENTATION

- *être* + un adjectif se traduit par

ser	estar
si on exprime	si on exprime
— ce qui est essentiel	— ce qui est accidentel
— ce qui caractérise	— ce qui est circonstanciel

agitado/a	*agité(e)*	**fuerte**	*fort(e)*
agotado/a	*épuisé(e)*	**peruano/a**	*péruvien(ne)*
alto/a	*grand(e)*	**pobre**	*pauvre*
conforme	*d'accord*	**resfriado/a**	*enrhumé(e)*
contento/a	*content(e)*	**rico/a**	*riche*
enfermo/a	*malade*	**seguro/a**	*sûr(e)*
feliz	*heureux*	**muy**	*très*

A 2 APPLICATION

1. Es fuerte y alto ; pero está enfermo.
2. Su padre es peruano y es muy pobre.
3. Su hermana es muy guapa ; no es rica.
4. Su hermano no es guapo y no es rico.
5. Son pobres ; pero son felices.
6. El amigo de Ud es bajo y está bueno.
7. Es rico y está seguro de ganar siempre.
8. Siempre está resfriado ; siempre está agitado.
9. No está conforme con nadie.
10. Afirma que está agotado.
11. Está muy contento de todo.
12. Soy feliz y ella también. Vosotros sois felices y ellas también.
13. Tú estás segura de que estoy contento.

Il est fort, mais il est malade

A 3 REMARQUES

■ Il est délicat de choisir entre **ser** et **estar** quand *être* est suivi d'un adjectif qualificatif. Ce choix doit se faire en fonction des critères suivants :
— tout adjectif qui exprime une qualité essentielle, fondamentale à un être ou à une chose est précédé de **ser** ;
— tout adjectif qui exprime quelque chose d'accidentel, de dépendant d'une cause extérieure à l'être profond ou à la chose est précédé de **estar**.

■ Faites bien la différence de registre entre :
      — *il est grand* (qualité inhérente à son être),
      — *il est assis* (accident qui ne modifie pas son être).
Ainsi : **soy feliz**, *je suis heureux*, car il s'agit de mon équilibre intérieur.
estoy contento, *je suis content*, car c'est le résultat de causes qui me sont extérieures.

■ **feliz** est invariable en genre : *heureux, heureuse*. Comme tous les mots terminés par un ~**z**, **feliz** forme son pluriel en ~**ces** : **felices**, *heureux, heureuses*.

A 4 TRADUCTION

1. Il est fort et grand ; mais il est malade.
2. Son père est péruvien et il est très pauvre.
3. Sa sœur est très jolie ; elle n'est pas riche.
4. Son frère n'est pas joli et il n'est pas riche.
5. Ils sont pauvres ; mais ils sont heureux.
6. Votre ami est petit et il est en bonne santé.
7. Il est riche et il est sûr de toujours gagner.
8. Il est toujours enrhumé : il est toujours agité.
9. Il n'est d'accord avec personne.
10. Il affirme qu'il est épuisé.
11. Il est très content de tout.
12. Je suis heureux et elle aussi. Vous, vous êtes (T.P.) heureux et elles aussi.
13. Toi, tu es sûre que je suis content.

B 1 PRÉSENTATION

- Présent du subjonctif des verbes **ser** et **estar**

ser	être	estar
sea	*que je sois*	**esté**
seas	*que tu sois*	**estés**
sea	*qu'il soit*	**esté**
seamos	*que nous soyons*	**estemos**
seáis	*que vous soyez*	**estéis**
sean	*qu'ils soient*	**estén**

cierto/a	*certain(e)*	**es bueno**	*il est bon*
joven	*jeune*	**es malo**	*il est mauvais*
solo/a	*seul(e)*	**es mejor**	*il est mieux*
viejo/a	*vieux, vieille*	**está claro**	*il est clair*
ser verdad	*être vrai*	**sólo**	*seulement, ne … que*
es agradable	*il est agréable*	**ya**	*déjà*

B 2 APPLICATION

1. Es bueno que estés con nosotros y que seas el primero.
2. No es malo que ellos estén todos aquí con Uds.
3. Es agradable que ella sea hermosa.
4. ¿ Estás solo ? Es mejor que no estés solo, ¿ no ?
5. Tiene sólo cuarenta años, pero ya está viejo.
6. Ella tiene sesenta y cinco años, pero está joven.
7. Es mejor que estemos todos aquí.
8. Está claro que es indispensable.
9. No estoy seguro de que sea verdad.
10. Estoy seguro de que es cierto.
11. Es indispensable que estemos con vosotros.
12. No es malo que sea él.
13. Que sea él o ella, me da igual.
14. Pero, que uno de los dos esté aquí mañana.

B 3 REMARQUES

■ Les subjonctifs présents des verbes **ser** et **estar** sont irréguliers. Attention en particulier à l'accentuation écrite de **estar**.

■ Notez bien que toutes les expressions impersonnelles constituées du verbe *être* + **un adjectif** en français se traduisent en espagnol par **ser** + **l'adjectif** :

> *il est bon que* = **es bueno que**
> *il est mieux que* = **es mejor que**

Il y a une seule exception :

> *il est clair que* = **está claro que**

■ La plupart de ces expressions sont suivies du subjonctif (p. 193).

■ Selon qu'un adjectif est utilisé avec **ser** ou avec **estar**, le sens peut varier :

> **es bueno** = *il est bon*, *généreux*
> (c'est une qualité fondamentale, caractéristique)
> **es viejo** = *il est vieux*, *âgé*
>
> **está bueno** = *il est bien*, *en bonne santé*
> (c'est une circonstance)
> **está viejo** = *il fait vieux*

B 4 TRADUCTION

1. Il est bon que tu sois avec nous et que tu sois le premier.
2. Il n'est pas mauvais qu'ils soient tous avec vous (V.P.) ici.
3. Il est agréable qu'elle soit belle.
4. Tu es seul ? Il est mieux que tu ne sois pas seul, non ?
5. Il n'a que 40 ans, mais il fait déjà vieux.
6. Elle a 65 ans, mais elle fait jeune.
7. Il est mieux (préférable) que nous soyons tous ici.
8. Il est clair que c'est indispensable.
9. Je ne suis pas sûr que ce soit vrai.
10. Je suis sûr que c'est certain.
11. Il est indispensable que nous soyons avec vous (T.P.).
12. Il n'est pas mauvais que ce soit lui.
13. Que ce soit lui ou elle, ça m'est égal.
14. Mais que l'un des deux soit ici demain.

C 1 EXERCICES

A. Traduire (*médecin* = **médico** ; *endroit* = **sitio**)

1. C'est la dernière fois.
2. Ils sont quarante-quatre.
3. C'est ma fille.
4. Il est en train de jouer.
5. Mon livre, c'est celui-ci.
6. Je suis médecin.
7. La maison est vendue.
8. C'est un endroit agréable.

B. Traduire (*inquiet* = **inquieto**)

1. Comment allez-vous ? — Je vais bien, merci.
2. Mais mon frère est malade, je suis inquiet.
3. Il est grand et jeune, mais il est fatigué.
4. C'est vrai qu'ils sont tous là.
5. Il est bon que tu sois seule un peu.
6. Je ne suis pas d'accord avec vous (T.P.).
7. Il est grand, fort et en bonne santé.
8. Il a gagné, mais il est épuisé.

C 2 INFORMATIONS PRATIQUES

- El teléfono

  — Diga, diga.
  — Oiga, quisiera hablar con Pedro.
  — Soy yo. ¿ Quién es ?
  — Soy Antonio. ¿ Cómo estás ?

  — Oye, quisiera hablar con tu hermano.
  — De momento, no está.

  — Quisiera hablar con Teresa.
  — Bueno, ahora mismo se pone.

  — Hable más fuerte.
  — No se retire.
  — No cuelgue.

  — Está comunicando.
  — ¿ No es el 221.41.17 (dos, dos, uno, cuatro, uno, uno, siete ou doscientos veintiuno, cuarenta y uno, dieciciete) ? Perdone, me he equivocado.

C 3 CORRIGÉ

A.

1. Es la última vez.
2. Son cuarenta y cuatro.
3. Es mi hija.
4. Él está jugando.

5. Mi libro, es éste.
6. Soy médico.
7. La casa está vendida.
8. Es un sitio agradable.

B.

1. ¿ Cómo está Ud ? — Estoy bien, gracias.
2. Pero mi hermano está enfermo, estoy inquieto.
3. Es alto y joven, pero está cansado.
4. Es verdad que están todos aquí.
5. Es bueno que estés sola un poco.
6. No estoy conforme con vosotros.
7. Es alto, fuerte y está bueno.
8. Ha ganado pero está agotado.

C 4 TRADUCTION

- *Le téléphone*

  — *Allô, allô (Dites, dites, je vous écoute)*
  — *Allô (écoutez), je voudrais parler à Pierre.*
  — *C'est moi. Qui est-ce ?*
  — *Je suis Antoine. Comment vas-tu ?*

  — *Allô, je voudrais parler à ton frère.*
  — *Pour l'instant, il n'est pas là.*

  — *Je voudrais parler à Thérèse.*
  — *D'accord, elle prend la communication tout de suite.*

  — *Parlez plus fort.*
  — *Ne quittez pas.*
  — *Ne raccrochez pas.*

  — *C'est occupé.*
  — *Ce n'est pas le 221.41.17 ? Excusez-moi, je me suis trompé.*

A 1 PRÉSENTATION

tener	*avoir (posséder)*	Présent du subjonctif

tengo   *j'ai*   →

tenga	*que j'aie*
tengas	...
tenga	
tengamos	
tengáis	
tengan	

hace falta que + subjonctif   *il faut que* + subjonctif

el baño	*le bain*	el mapa	*la carte*
la cocina	*la cuisine*	el vestíbuo	*le vestibule*
el comedor	*salle à manger*	el zaguán	*l'entrée*
el cuarto	*la pièce*	demasiado	*trop*
cuarto de estar	*salle de séjour*	fumar	*fumer*
el dormitorio	*la chambre*	tener cuidado	*faire attention*
la gasolina	*l'essence*	tener ganas	*avoir envie*
la habitación	*la pièce*	tener razón	*avoir raison*

A 2 APPLICATION

1. La casa tiene cinco cuartos (o habitaciones) : tres dormitorios, un cuarto de baño y un cuarto de estar.
2. Hace falta que tenga también una cocina.
3. Hace falta que tenga un zaguán (o vestíbulo).
4. Hace falta que tenga un cuarto de baño.
5. Tenemos que salir a la una y media.
6. Hace falta que tengamos el coche a la una.
7. Hace falta que el coche tenga gasolina.
8. Hace falta que tengamos un mapa también.
9. Tengo ganas de fumar.
10. Fumas demasiado, hace falta que tengas cuidado.
11. Tienes razón : hace falta que fume menos.
12. Tengo ganas de ir de compras ahora.
13. Hace falta que termines tu trabajo antes.

A 3 REMARQUES

■ Les terminaisons des **présents du subjonctif des verbes irréguliers** sont les mêmes que celles des verbes réguliers, c'est-à-dire : voyelle **e** pour les verbes terminés en ~**ar** et voyelle **a** pour les verbes terminés en ~**er** et ~**ir**.

■ Pour obtenir **le présent du subjonctif d'un verbe irrégulier** comme **tener** (pour les autres verbes, voir pp. 146 et 150), il suffit de prendre le radical de la première personne du présent de l'indicatif et d'y ajouter les terminaisons du subjonctif d'un verbe régulier en ~**er** : **tengo → tenga**.

■ La forme de l'obligation personnelle (c'est-à-dire avec sujet énoncé), **hace falta que...**, *il faut que...* est toujours suivie du subjonctif. Elle peut être également rendue par **tener que** + infinitif, *devoir*.

■ Attention à la préposition : **tener cuidado con**, *faire attention à*.

A 4 TRADUCTION

1. La maison a cinq pièces : trois chambres, une salle de bains et une salle de séjour.
2. Il faut qu'elle ait aussi une cuisine.
3. Il faut qu'elle ait une entrée (vestibule).
4. Il faut qu'elle ait une salle de bains.
5. Nous devons partir (sortir) à une heure et demie.
6. Il faut que nous ayons la voiture à une heure.
7. Il faut que la voiture ait de l'essence.
8. Il faut que nous ayons aussi une carte.
9. J'ai envie de fumer.
10. Tu fumes trop, il faut que tu fasses attention.
11. Tu as raison : il faut que je fume moins.
12. J'ai envie d'aller faire des courses maintenant.
13. Il faut que tu termines ton travail auparavant.

B 1 PRÉSENTATION

- **haber** *avoir* (auxiliaire)
- **he** *j'ai* → Présent du subjonctif

haya	*que j'aie*
hayas	...
haya	
hayamos	
hayáis	
hayan	

- **es necesario que** + subjonctif *il faut que* + subjonctif

el abrigo	*le manteau*	**adiós**	*au revoir*
la dirección	*l'adresse*	**abierto (abrir)**	*ouvert*
la huelga	*la grève*	**dicho (decir)**	*dit*
los padres	*les parents*	**escrito (escribir)**	*écrit*
el tiempo	*le temps*	**hecho (hacer)**	*fait*
la tienda	*la boutique*	**puesto (poner)**	*mis*
el trabajo	*le travail*	**visto (ver)**	*vu*

B 2 APPLICATION

1. Hay tres dormitorios en esta casa.
2. Hace falta que haya un comedor también.
3. Es necesario que haya también un cuarto de baño.
4. Es preciso que haya un cuarto de estar.
5. Es menester que haya una cocina también.
6. Para ir al campo :
7. Hace falta que Ud tenga tiempo.
8. Es necesario que Ud haya escrito la dirección.
9. Hace falta que no haya huelga de transportes.
10. Es necesario que Ud haya hecho su trabajo.
11. Es necesario que hayas abierto la tienda antes.
12. Es preciso que hayas puesto tu abrigo.
13. Es menester que hayas dicho adiós a tus amigos.
14. Hace falta que hayas visto a tus padres.

B 3 REMARQUES

■ **Le présent du subjonctif du verbe haber**, *avoir* (auxiliaire), présente une forme différente de celle de l'indicatif : **he → haya**. Par contre, les terminaisons sont régulières.

■ *il y a* se traduit par **hay** ; aux autres temps, on utilise la 3ᵉ personne du singulier :

> *Il faut qu'il y ait une salle de bains.*
> **Hace falta que haya un cuarto de baño.**

■ hace falta que
es necesario que
es menester que
es preciso que ⎫
⎬ + subjonctif = *il faut que ...*
⎭ *il est nécessaire que ...*

Ces quatre formes sont utilisées indifféremment pour traduire l'obigation personnelle (**hay que** + **infinitif** traduit l'obligation impersonnelle, c'est-à-dire sans sujet énoncé).

■ Les principaux **participes passés irréguliers** sont présentés dans le vocabulaire de cette leçon.

B 4 TRADUCTION

1. Il y a trois chambres dans cette maison.
2. Il faut qu'il y ait aussi une salle à manger.
3. Il est nécessaire qu'il y ait aussi une salle de bains.
4. Il faut qu'il y ait une salle de séjour.
5. Il est nécessaire qu'il y ait aussi une cuisine.
6. Pour aller à la campagne :
7. Il faut que vous ayez le temps.
8. Il est nécessaire que vous ayez écrit l'adresse.
9. Il ne faut pas qu'il y ait de grève des transports.
10. Il est nécessaire que vous ayez fait votre travail.
11. Il faut que tu aies ouvert la boutique avant.
12. Il faut que tu aies mis ton manteau.
13. Il faut que tu aies dit au revoir à tes amis.
14. Il faut que tu aies vu tes parents.

C 1 EXERCICES

A. Faire précéder de *bace falta que* ...

1. Tengo un abrigo.
2. Tenemos un coche.
3. La casa tiene un zaguán.
4. Ud tiene su mapa.

B. Compléter avec le verbe *baber*

1. Es necesario que yo ..... escrito la dirección.
2. Es preciso que ellos ..... dicho adiós a Pedro.
3. Es menester que Ud ..... terminado su trabajo.
4. Hace falta que Uds ..... visto a mis padres.

C. Traduire

1. Il faut que nous fassions attention.
2. Il est nécessaire que vous ayez vu vos amis (V.P.).
3. Il faut que vous fumiez moins.
4. Il faut que la maison ait une salle à manger.
5. Il est nécessaire qu'elle ait aussi une salle de bains.

C 2 INFORMATIONS PRATIQUES

- En una tienda, en un almacén

  — ¿ Qué desea Ud ? (*ou* ¿ qué quería ?)
  — ¿ Le (*ou* les) atienden ?

  — Quisiera un ...
  — Estoy sólo mirando.
  — ¿ Puede Ud enseñarme ... ?
  — El del escaparate.
  — No, no me gusta.
  — Es caro, ¿ tiene Ud algo más barato ?

  — ¿ Cuánto es ? ¿ Cuánto cuesta esto ?
  — ¿ Puedo pagar con cheques de viaje ?
  — Me lo llevo.
  — Envíelo a esta dirección.

  — Gracias. Adiós.

C 3   CORRIGÉ

A.

1. Hace falta que tenga un abrigo.
2. Hace falta que tengamos un coche.
3. Hace falta que la casa tenga un zaguán.
4. Hace falta que Ud tenga su mapa.

B.

1. Es necesario que yo haya escrito la dirección.
2. Es preciso que ellos hayan dicho adiós a Pedro.
3. Es menester que Ud haya terminado su trabajo.
4. Hace falta que Uds hayan visto a mis padres.

C.

1. Hace falta que tengamos cuidado.
2. Es necesario que Uds hayan visto a sus amigos.
3. Hace falta que Ud fume menos.
4. Hace falta que la casa tenga un comedor.
5. Es necesario que tenga también un cuarto de baño.

C 4   TRADUCTION

• *Dans une boutique, dans un magasin*

— *Que désirez-vous ?*
— *On s'occupe de vous ?*

— *Je voudrais un ...*
— *Je regarde seulement.*
— *Pouvez-vous me montrer ... ?*
— *Celui de la vitrine.*
— *Non, il ne me plaît pas (je ne l'aime pas).*
— *C'est cher, avez-vous quelque chose de meilleur marché ?*

— *Combien est-ce ? Combien ceci coûte-t-il ?*
— *Puis-je payer avec des chèques de voyage ?*
— *Je l'emporte.*
— *Envoyez-le à cette adresse.*

— *Merci. Au revoir.*

Obedezco a mis padres

A 1 PRÉSENTATION

- Infinitif en ~**acer**, ~**ecer**, ~**ocer**, ~**ucir**

présent de l'indicatif

obedecer — *obéir*

obedezco	*j'obéis*
obedeces	*tu obéis*
obedece	*il obéit*
obedecemos	*nous obéissons*
obedecéis	*vous obéissez*
obedecen	*ils obéissent*

la ayuda	*l'aide*	**agradecer**	*remercier (de)*
el error	*l'erreur*	**conocer**	*connaître*
la mujer	*la femme*	**equivocarse**	*se tromper*
los padres	*les parents*	**favorecer**	*favoriser*
el partido	*le parti*	**parecerse a**	*ressembler*
el tío	*l'oncle*	**pertenecer**	*appartenir*
ninguno	*aucun*	**reconocer**	*reconnaître*

A 2 APPLICATION

1. ¿ Obedeces a tus padres ? — Claro, obedezco a mis padres.
2. ¿ A quién obedece Ud ? — Yo, no obedezco a nadie.
3. Reconozco que me he equivocado. Ha sido un error.
4. ¿ Se parece Ud a su tío ? — Sí, me parezco mucho a él.
5. ¿ Pertenece Ud a un partido ? — No pertenezco a un partido.
6. A ningún partido pertenezco. No pertenezco a nadie.
7. ¿ Conoce Ud a mi mujer ? — No, no la conozco.
8. No conozco a nadie. No conozco a su tío.
9. No conozco nada. No conocemos nada.
10. Muchas gracias, señor, le agradezco su ayuda.
11. No favorezco a nadie.

A 3 REMARQUES

■ Les verbes dont l'infinitif est terminé en ~**acer**, ~**ecer**, ~**ocer** ou ~**ucir** sont **irréguliers à la première personne du singulier de l'indicatif présent** : tous, à cette pesonne, se terminent en ~**zco** : **obedecer** → **obedezco** ; **pertenecer** → **pertenezco**.

■ Trois verbes font exception :
cocer (*cuire*) : **cuezo**, cueces, etc.
mecer (*bercer*) : **mezo**, meces, etc.
hacer (*faire*) : (v. leçon 23) et ses composés

■ *remercier de* se traduit par **agradecer**, sans préposition : *remercier d'un service*, **agradecer un favor**.

■ **le agradezco**, *je vous remercie* ; **la conozco**, *je la connais* : les pronoms personnels compléments sont présentés aux leçons 19 et 20.

■ **ninguno** fait partie des adjectifs qui perdent la voyelle finale lorsqu'ils précèdent un nom masculin singulier (p. 256).
Placé avant le verbe, **ninguno** (**ningún**) supprime la négation.

■ Rappel. Le complément d'objet direct représentant une personne (**marido**, **mujer**, **tío**, **nadie**, etc.) est précédé de **a**.
Tous les infinitifs proposés ci-contre ont un **c** devant un **e**, attention à la prononciation [z].

A 4 TRADUCTION

1. Obéis-tu à tes parents ? — Bien sûr, j'obéis à mes parents.
2. À qui obéissez-vous ? — Moi, je n'obéis à personne.
3. Je reconnais m'être trompé. Ce fut une erreur.
4. Ressemblez-vous à votre oncle ? — Oui, je lui ressemble beaucoup.
5. Appartenez-vous à un parti ? — Je n'appartiens pas à un parti.
6. Je n'appartiens à aucun parti. Je n'appartiens à personne.
7. Connaissez-vous ma femme ? — Non, je ne la connais pas.
8. Je ne connais personne. Je ne connais pas votre oncle.
9. Je ne connais rien. Nous ne connaissons rien.
10. Merci beaucoup, monsieur, je vous remercie de votre aide.
11. Je ne favorise personne.

B 1 PRÉSENTATION

● Infinitif en ~**acer**, ~**ecer**, ~**ocer**, ~**ucir**

présent du subjonctif

	conocer	connaître
conozco →	**conozca**	*que je connaise*
	conozcas	*que tu connaisses*
	conozca	*qu'il connaisse*
	conozcamos	*que nous connaissions*
	conozcáis	*que vous connaissiez*
	conozcan	*qu'ils connaissent*

la flor	*la fleur*	permanecer	*rester*
el modo	*la façon*	reconocer	*reconnaître*
desaparecer	*disparaître*	más vale que	*il vaut mieux que*
enriquecerse	*s'enrichir*	parece que	*il semble que*
establecerse	*s'établir*	más	*plus, davantage*
ofrecer	*offrir*	rápidamente	*rapidement*
padecer	*souffrir*	tanto	*autant*

B 2 APPLICATION

1. Hace falta que conozcamos vuestro modo de pensar.
2. No parece que ellos obedezcan rápidamente.
3. No parece que ella padezca cada día más.
4. Es indispensable que Ud ofrezca flores.
5. Más vale que él desaparezca inmediatamente.
6. Es mejor que nos establezcamos en esta ciudad.
7. Que permanezca yo o no, es igual, ¿ verdad ?
8. No me parece útil que ella permanezca tanto.
9. No creo que Ud se enriquezca rápidamente.
10. Más vale que ellos reconozcan sus errores.
11. Más vale que ellas obedezcan y no permanezcan.
12. No me parece indispensable que ofrezcas esto.
13. Ella no quiere que permanezcas más.
14. Que lo reconozcas me parece muy bien.

116

B 3 REMARQUES

■ Le subjonctif présent des verbes dont l'infinitif est terminé en ~**acer**, ~**ecer**, ~**ocer** et ~**ucir** comporte à toutes les personnes **l'irrégularité qui affecte la première personne du présent de l'indicatif** :
conocer : (conozco) → conozca, conozcas, conozca, etc.

■ **parece que**, *il semble que*, est suivi de l'indicatif, tandis qu'à la forme négative, il est suivi, comme en français, du subjonctif :

>**Parece que lo reconoce.**
>*Il semble qu'il le reconnaît.*
>
>**No parece que lo reconozca.**
>*Il ne semble pas qu'il le reconnaisse.*

■ En espagnol, tous les noms terminés en ~**or** sont masculins, **el error**, *l'erreur* ; alors que la plupart d'entre eux sont féminins en français. Il y a cependant des exceptions : **la flor**, *la fleur* ; **la labor**, *le travail*.

■ **cada día más**, *de plus en plus*.

B 4 TRADUCTION

1. Il faut que nous connaissions votre (T.P.) façon de penser.
2. Il ne semble pas qu'ils obéissent rapidement.
3. Il ne semble pas qu'elle souffre de plus en plus.
4. Il est indispensable que vous offriez des fleurs.
5. Il vaut mieux qu'il disparaisse immédiatement.
6. Il est mieux que nous nous établissions dans cette ville.
7. Que je reste ou non, c'est pareil, n'est-ce pas ?
8. Il ne me semble pas utile qu'elle reste autant.
9. Je ne crois pas que vous vous enrichissiez rapidement.
10. Il vaut mieux qu'ils reconnaissent leurs erreurs.
11. Il vaut mieux qu'elles obéissent et qu'elles ne restent pas.
12. Il ne me semble pas indispensable que tu offres cela.
13. Elle ne veut pas que tu restes davantage.
14. Que tu le reconnaisses me paraît très bien.

C 1 EXERCICES

A. Traduire (*mériter* = **merecer**)

1. Je ne mérite pas cela.
2. Tu n'obéis à personne.
3. Je ne connais personne.
4. J'appartiens à ce parti.
5. Je m'établis ici.
6. À qui ressemble-t-il ?
7. Je ne m'enrichis pas.
8. Je ne reconnais rien.

B. Traduire (*vieillir* = **envejecer**)

Il vaut mieux ...

1. que cela n'apparaisse pas tout de suite.
2. qu'elle ne reconnaisse rien.
3. que vous disparaissiez immédiatement (T.P.).
4. que ce vin vieillisse un peu.
5. que vous ne restiez (T.P.) pas ici.
6. que tu n'offres rien à personne.
7. que tu ne t'enrichisses pas trop vite.
8. que vous le remerciiez (V.P.) de son aide.

C 2 INFORMATIONS PRATIQUES

- En el restaurante

  — ¡ Camarero ! por favor. Quisiera el menú.
  — ¿ Quieren Uds beber algo antes de comer ?
  — Sí, con gusto. Dos « Jérez » por favor.
  — ¿ Qué vamos a tomar ?

  > una ensalada mixta o una tortilla
  > carne o pescado
  > merluza o calamares
  > una chuleta o un bistec
  > queso o natillas
  > fruta o pastel

  — También nos dará un vino tinto. Una jarra. Y una botella de agua mineral. Sin gas.
  — Yo, después, tomaré un café solo.
  — Para mí, será un cortado.

un tenedor	un vaso
una cuchara	la sal
un cuchillo	la pimienta
una cucharilla	la mostaza

C 3   CORRIGÉ

A.

1. No merezco esto.
2. No obedeces a nadie.
3. No conozco a nadie.
4. Pertenezco a este partido.
5. Me establezco aquí.
6. ¿ A quién se parece ?
7. No me enriquezco.
8. No reconozco nada.

B.

Más vale ...

1. que esto no aparezca inmediatamente.
2. que ella no reconozca nada.
3. que vosotros desaparezcáis inmediatamente.
4. que este vino envejezca un poco.
5. que vosotros no permanezcáis aquí.
6. que no ofrezcas nada a nadie.
7. que no te enriquezcas demasiado pronto.
8. que Uds le agradezcan su ayuda.

C 4   TRADUCTION

- *Au restaurant*

    — *Garçon ! S'il vous plaît. Je voudrais le menu.*
    — *Voulez-vous boire quelque chose avant de manger ?*
    — *Oui, avec plaisir. Deux « Jérez » s'il vous plaît.*
    — *Qu'allons-nous prendre ?*

    > *une salade composée ou une omelette*
    > *de la viande ou du poisson*
    > *du colin ou des calmars*
    > *un filet ou un beefsteak*
    > *un fromage ou une crème*
    > *un fruit ou un gâteau*

    — *Vous nous donnerez également un vin rouge. Un pichet. Et une bouteille d'eau minérale. Non gazeuse.*
    — *Moi, après, je prendrai un café noir.*
    — *Pour moi, ce sera un café crème.*

une fourchette	*un verre*
une cuiller	*le sel*
un couteau	*le poivre*
une cuiller à café	*la moutarde*

A 1   PRÉSENTATION

- Pronoms personnels compléments indirects

me	*me*	nos	*nous*
te	*te*	os	*vous* (T.P.)
le	*lui, vous* (V.S.)	les	*leur, vous* (V.P.)

le hablo (a él, a ella)	*je lui parle*
le hablo (a Ud)	*je vous parle* (V.S.)
les hablo (a ellos, a ellas)	*je leur parle*
les hablo (a Uds)	*je vous parle* (V.P.)

la ayuda	*l'aide*	**el tío**	*l'oncle*
el hermano	*le frère*	**el vecino**	*le voisin*
la portera	*la concierge*	**alquilar**	*louer*
el primo	*le cousin*	**contestar**	*répondre*
el sobrino	*le neveu*	**prometer**	*promettre*

A 2   APPLICATION

1. Hablo a mi vecino. → Le hablo (a él).
2. Hablo a la portera. → Le hablo (a ella).
3. ¿ Me habla Ud ? — Sí señor, le hablo (a Ud).
4. ¿ Me habla Ud ? — Sí señora, le hablo (a Ud).
5. Escribo a mis hermanos. → Les escribo a ellos.
6. Escribo a mis primas. → Les escribo a ellas.
7. ¿ Nos escribe Ud ? — Sí señores, les escribo (a Uds).
8. ¿ Nos escribe Ud ? — Sí señoras, les escribo (a Uds).
9. ¿ Me prometes tu ayuda ? — Te prometo mi ayuda.
10. ¿ Nos prometes tu ayuda ? — Os prometo mi ayuda.
11. ¿ Me alquiláis la casa ? — Te alquilamos la casa.
12. ¿ Me contestan Uds ? — Le contestamos (a Ud).
13. ¿ Nos contestan Uds ? — Les contestamos (a Uds).
14. ¿ Contestas a tu tío ? — Le contesto (a él).
15. ¿ Contestas a tus sobrinas ? — Les contesto (a ellas).

A 3 REMARQUES

■ **Les pronoms personnels compléments** employés sans préposition, sont placés avant le verbe (sauf à l'infinitif, au gérondif et à l'impératif).

■ Les pronoms personnels compléments de **la 1re et de la 2e personne au singulier et au pluriel** présentent une forme commune pour les fonctions de complément direct et de complément indirect : **me**, **te**, **nos**, **os**.

■ **Les formes indirectes de la 3e personne** sont **le** au singulier et **les** au pluriel. Le sens exact de ces pronoms peut être précisé en faisant suivre le verbe des formes : **a él**, **a ella**, **a Ud**, **a ellos**, **a ellas** et **a Uds**.

■ **Comment distinguer les pronoms compléments indirects des directs ?** Pour ces derniers, on passe directement du verbe au pronom (question : *qui ? quoi ?*) tandis que pour les indirects on passe par l'intermédiaire d'une préposition (question : *à qui ? à quoi ? de qui ?* etc.).

A 4 TRADUCTION

1. Je parle à mon voisin. → Je lui parle.
2. Je parle à la concierge. → Je lui parle.
3. Me parlez-vous ? — Oui monsieur, je vous parle.
4. Me parlez-vous ? — Oui madame, je vous parle.
5. J'écris à mes frères. → Je leur écris.
6. J'écris à mes cousines. → Je leur écris.
7. Nous écrivez-vous ? — Oui messieurs, je vous écris.
8. Nous écrivez-vous ? — Oui mesdames, je vous écris.
9. Me promets-tu ton aide ? — Je te promets mon aide.
10. Nous promets-tu ton aide ? Je vous (T.P.) promets mon aide.
11. Me louez-vous (T.P.) la maison ? — Nous te louons la maison.
12. Me répondez-vous (V.P.) ? — Nous vous répondons.
13. Nous répondez-vous (V.P.) ? — Nous vous répondons.
14. Réponds-tu à ton oncle ? — Je lui réponds.
15. Réponds-tu à tes nièces ? — Je leur réponds.

B 1 PRÉSENTATION

- Pronoms personnels compléments directs

me	*me*	**nos**	*nous*
te	*te*	**os**	*vous* (T.P.)
le, lo	*le, vous* (V.S.)	**los**	*les, vous* (V.P.)
la	*la, vous* (V.S.)	**las**	*les, vous* (V.P.)

le ve (al señor) (a Ud)	*il le voit, il vous voit*
la ve (a la señora) (a Ud)	*il la voit, il vous voit*
lo ve (el animal)	*il le voit*
la ve (la cosa)	*il la voit*
los ve (a ellos) (a Uds)	*il les voit, il vous voit*
las ve (a ellas) (a Uds)	*il les voit, il vous voit*

la carta	*la lettre*	**buscar**	*chercher*
la emisión	*l'émission*	**comprender**	*comprendre*
el novio	*le fiancé*	**escuchar**	*écouter*
el problema	*le problème*	**molestar**	*déranger, gêner*

B 2 APPLICATION

1. **Comprendo el problema. → Lo comprendo.**
2. **Comprendo la frase. → La comprendo.**
3. **Comprendo a este señor. → Le (lo) comprendo (a él).**
4. **Comprendo a esta señora. → La comprendo (a ella).**
5. **¿ Me comprende Ud ? — Sí señor, le (lo) comprendo (a Ud).**
6. **¿ Me comprende Ud ? — Sí señora, la comprendo (a Ud).**
7. **Escucho a mis padres. → Los escucho.**
8. **Escucho las emisiones. → Las escucho.**
9. **¿ Nos escuchan Uds ? — Sí señores, los escuchamos (a Uds).**
10. **¿ Nos escuchan Uds ? — Sí señoras, las escuchamos (a Uds).**
11. **¿ Molesto a Inés ? — Sí, Ud la molesta.**
12. **¿ Molesto a Antonio ? — Sí, Ud le (lo) molesta.**
13. **¿ Molestamos este animal ? — Sí, Uds lo molestan.**
14. **¿ Los molesto a Uds ? — No, Ud no nos molesta.**
15. **¿ Buscas a tu novio ? — Sí, le (lo) busco.**

B 3   REMARQUES

■ **Les pronoms personnels compléments directs** sont les mêmes que les indirects (**me**, **te**, **nos**, **os**) sauf à la 3ᵉ personne du singulier et du pluriel.

■ La forme du régime direct de **la 3ᵉ personne du singulier** est **lo** au masculin et **la** au féminin. Cependant, surtout en Espagne, **le** est souvent employé à la place de **lo** s'il s'agit d'une personne de sexe masculin.

■ La forme normale du régime de **la 3ᵉ personne du pluriel** est toujours **los** au masculin et **las** au féminin.

■ Comme pour les pronoms compléments indirects, le sens exact des pronoms de la 3ᵉ personne peut être précisé en faisant suivre le verbe des formes : **a él**, **a ella**, **a Ud**, **a ellos**, **a ellas** et **a Uds** : **le busco a él**, *je le cherche* ; **le busco a Ud**, *je vous cherche*.

■ Lorsque le complément d'objet direct est un nom représentant une personne déterminée, il est précédé de la préposition **a**.

B 4   TRADUCTION

1. Je comprends le problème. → Je le comprends.
2. Je comprends la phrase. → Je la comprends.
3. Je comprends ce monsieur. → Je le comprends.
4. Je comprends cette dame. → Je la comprends.
5. Me comprenez-vous ? — Oui monsieur, je vous comprends.
6. Me comprenez-vous ? — Oui madame, je vous comprends.
7. J'écoute mes parents. → Je les écoute.
8. J'écoute les émissions. → Je les écoute.
9. Nous écoutez-vous (V.P.) ? — Oui messieurs, nous vous écoutons.
10. Nous écoutez-vous (V.P.) ? — Oui mesdames, nous vous écoutons.
11. Est-ce que je dérange Inés ? — Oui, vous la dérangez.
12. Est-ce que je dérange Antoine ? — Oui, vous le dérangez.
13. Dérangeons-nous cet animal ? — Oui, vous le dérangez.
14. Est-ce que je vous dérange (V.P.) ? — Non, vous ne nous dérangez pas.
15. Cherches-tu ton fiancé ? — Oui, je le cherche.

C 1 EXERCICES

A. Répondre affirmativement en utilisant un pronom

1. ¿ Habla Ud a su vecino ?
2. ¿ Escuchan Uds a sus padres ?
3. ¿ Me comprende Ud ? — Sí señor, ...
4. ¿ Nos escribe Ud ? — Sí señoras, ...
5. ¿ Buscas a Antonio ?
6. ¿ Nos comprendes ?

B. Traduire en vouvoyant

1. Me parlez-vous ? — Oui monsieur, je vous parle.
2. Nous cherchez-vous ? — Oui messieurs, je vous cherche.
3. M'écrivez-vous ? — Oui madame, je vous écris.
4. Nous écoutez-vous ? — Oui mesdames je vous écoute.
5. Me comprenez-vous ? — Oui madame, je vous comprends.
6. Dérangeons-nous vos parents ? — Oui, vous les dérangez.

C. Traduire

1. Il loue la maison. Il la loue à son frère.
2. Il lui loue la maison.
3. Ils promettent leur aide. Ils la promettent à leurs cousins.
4. Ils leur promettent leur aide.

C 2 INFORMATIONS PRATIQUES

- En el hotel

  — Quisiera una habitación con baño y balcón.

  — Hemos reservado dos habitaciones : una habitación individual con ducha y una habitación doble con vista al mar.

  — ¿ Tienen aire acondicionado ? ¿ Agua fría y agua caliente ?

  — Cuánto tiempo se va a quedar ?

  — Rellene Ud esta ficha y firme aquí.

  — ¿ Está todo incluido ? ¿ Impuestos y servicio ?

  — ¿ Cuál es el número de mi habitación ?

  — ¿ No tienen Uds una habitación más tranquila ?

  — ¿ Cuál es el voltaje aquí ?

C 3 CORRIGÉ

A.

1. Sí, le hablo (indirect).
2. Sí, los escuchamos (direct).
3. Sí señor, le comprendo (direct).
4. Sí señoras, les escribo (direct).
5. Le busco (direct).
6. Os comprendo (direct).

B.

1. ¿ Me habla Ud ? — Sí señor, le hablo (a Ud).
2. ¿ Nos busca Ud ? — Sí señores, los busco (a Uds).
3. ¿ Me escribe Ud ? — Sí señora, le escribo (a Ud).
4. ¿ Nos escucha Ud ? — Sí señoras, las escucho (a Uds).
5. ¿ Me comprende Ud ? — Sí señora, la comprendo (a Ud).
6. ¿ Molestamos a sus padres ? — Sí, Uds los molestan.

C.

1. Alquila la casa. La alquila a su hermano.
2. Le alquila la casa.
3. Prometen su ayuda. La prometen a sus primos.
4. Les prometen su ayuda.

C 4 TRADUCTION

- *À l'hôtel*

    — *Je voudrais une chambre avec salle de bains et balcon.*
    — *Nous avons réservé deux chambres : une chambre pour une personne avec douche et une chambre pour deux personnes avec vue sur la mer.*
    — *Ont-elles l'air conditionné ? Eau froide et eau chaude ?*
    — *Combien de temps allez-vous rester ?*
    — *Remplissez cette fiche et signez ici.*
    — *Tout compris ? Taxes et service ?*
    — *Quel est le numéro de ma chambre ?*
    — *N'avez-vous pas une chambre plus tranquille ?*
    — *Quel est le voltage ici ?*

A 1 PRÉSENTATION

- L'emploi de deux pronoms compléments consécutifs (I)

  Toujours **l'indirect** + **le direct** en espagnol

Singulier	1	me	
	2	te	+ le, lo, la, los, las.
Pluriel	1	nos	
	2	os	

  me enseña un libro → me lo enseña, *il me le montre.*
  nos enseña libros → nos los enseña, *il nous les montre.*

el aparato	*l'appareil*	**aconsejar**	*conseiller*
la mano	*la main*	**comunicar**	*communiquer*
la noticia	*la nouvelle*	**estrechar**	*serrer*
el problema	*le problème*	**enseñar**	*montrer*
el regalo	*le cadeau*	**explicar**	*expliquer*
el viaje	*le voyage*	**llevar**	*porter, apporter*

A 2 APPLICATION

1. Tienes tu libro. ¿ Me lo enseñas ?
2. — Sí, te lo enseño.
3. Tienes las cartas. ¿ Nos las enseñas ?
4. — Sí, os las enseño.
5. ¿ Nos llevas el regalo ?
6. — Sí, os lo llevo.
7. ¿ Me estrechas la mano ?
8. — Sí, te la estrecho.
9. Este problema, ¿ me lo explicas ?
10. — Sí, te lo explico.
11. Este viaje, ¿ me lo aconsejas ?
12. — Sí, te lo aconsejo.
13. Esta noticia, ¿ nos la comunicas ?
14. — Sí, os la comunico.
15. Estos aparatos, ¿ nos los lleváis ?
16. — Sí, os los llevamos.

A 3   REMARQUES

■ Lorsque **deux pronoms compléments** se suivent, l'ordre en espagnol est toujours : **pronom indirect + pronom direct**.

■ **Rappel :** les pronoms compléments indirects sont :
    me, te, le, nos, os, les.
Les pronoms compléments directs sont :
    me, te, le, lo, la, nos, os, los, las.

■ **Rappel :** la forme du pronom complément direct **le** est généralement employée en Espagne à la place de **lo** s'il s'agit d'une personne de sexe masculin. Par contre, la forme normale de la 3ᵉ personne du masculin pluriel reste toujours **los**.

■ **Rappel :** les pronoms personnels sont placés **avant le verbe** (sauf s'il y a enclise avec l'infinitif, (**prepararse**, *se préparer*), avec le gérondif (**preparándose**, *en se préparant*) et avec l'impératif affirmatif, voir p. 229.

A 4   TRADUCTION

1. Tu as ton livre. Me le montres-tu ?
2. — Oui, je te le montre.
3. Tu as les lettres. Nous les montres-tu ?
4. — Oui, je vous les montre (T.P.).
5. Nous apportes-tu le cadeau ?
6. — Oui, je vous l'apporte (T.P.).
7. Me donnes-tu (serres-tu) la main ?
8. — Oui, je te la donne (serre).
9. Ce problème, tu me l'expliques ?
10. — Oui, je te l'explique.
11. Ce voyage, tu me le conseilles ?
12. — Oui, je te le conseille.
13. Cette nouvelle, tu nous la communiques ?
14. — Oui, je vous la communique (T.P.).
15. Ces appareils, vous nous les apportez ?
16. — Oui, nous vous les apportons (T.P.).

B 1   PRÉSENTATION

- L'emploi de deux pronoms compléments consécutifs (II)

  Toujours **l'indirect** + **le direct** en espagnol

  > Singulier **3** : (**le**) → **se**
  > Pluriel   **3** : (**les**) → **se** ⎬ + **le, lo, las, los, las**

  le explico (**a Juan**), *je lui explique* (ind.)
  + **lo explico** (**el problema**), *je l'explique* (dir.)

  se (**le → se**) **lo explico**, *je le lui explique*

la bicicleta	*la bicyclette*	**el paquete**	*le paquet*
la corbata	*la cravate*	**cambiar**	*changer*
el dinero	*l'argent*	**prestar**	*prêter*
la explicación	*l'explication*	**recordar(ue)**	*rappeler*
el marido	*le mari*	**regalar**	*offrir*

B 2   APPLICATION

1. ¿ Me explica Ud el problema ? — Se lo explico (a Ud).
2. ¿ Nos explica Ud el problema ? — Se lo explico (a Uds).
3. ¿ Lo explica Ud a Jaime ? — Se lo explico (a él).
4. ¿ Lo explica Ud a Rosita ? — Se lo explico (a ella).
5. ¿ Y a sus hijos ? — Se lo explico (a ellos).
6. ¿ Y a sus hijas ? — Se lo explico (a ellas).
7. ¿ Enseña Ud esta corbata a su marido ? — Se la enseño (a él).
8. ¿ Cambia Ud dinero a los turistas ? — Se lo cambio (a ellos).
9. ¿ Me presta Ud su bicicleta ? — Se la presto (a Ud).
10. ¿ Nos regala Ud estos libros ? — Se los regalo (a Uds).
11. ¿ Le mandamos este paquete ? — Se lo mandamos (a él).
12. ¿ Nos recuerdan Uds las explicaciones ? — Se las recordamos (a Uds).
13. ¿ Mandamos este regalo a Ana ? — Se lo mandamos (a ella).

B 3 REMARQUES

■ Lorsque **deux pronoms compléments consécutifs** commencent par un **l**, le premier, qui est toujours l'indirect **le** ou **les**, se change en **se**.

■ Le pronom complément direct **le**, **lo**, **la**, **los**, **las** seul varie et se place toujours après le pronom indirect.

■ Le sens exact du pronom **se** peut être précisé, si cela est nécessaire, en faisant suivre le verbe de : **a él**, **a ella**, **a Ud**, **a ellos**, **a ellas**, **a Uds**.

	a él	*je le lui montre* (masc.)
	a ella	*je le lui montre* (fém.)
Se lo enseño	**a Ud**	*je vous le montre* (V.S.)
	a ellos	*je le leur montre* (masc.)
	a ellas	*je le leur montre* (fém.)
	a Uds	*je vous le montre* (V.P.)

B 4 TRADUCTION

1. M'expliquez-vous le problème ? — Je vous l'explique.
2. Nous expliquez-vous le problème ? — Je vous (V.P.) l'explique.
3. L'expliquez-vous à Jacques ? — Je le lui explique.
4. L'expliquez-vous à Rosita ? — Je le lui explique.
5. Et à vos fils ? (V.P.) — Je le leur explique.
6. Et à vos filles ? (V.P.) — Je le leur explique.
7. Montrez-vous cette cravate à votre mari ? — Je la lui montre.
8. Changez-vous de l'argent aux touristes ? — Je le leur change.
9. Me prêtez-vous votre bicyclette ? — Je vous la prête.
10. Nous offrez-vous ces livres ? — Je vous les (V.P.) offre.
11. Lui envoyons-nous ce paquet ? — Nous le lui envoyons.
12. Nous rappelez-vous les explications ? — Nous vous (V.P.) les rappelons.
13. Envoyons-nous ce cadeau à Anne ? — Nous le lui envoyons.

C 1   EXERCICES

A. Répondre en utilisant deux pronoms

1. ¿ Me aconseja Ud este viaje ?
2. ¿ Nos comunica Ud la noticia ?
3. ¿ Me explicas el problema ?
4. ¿ Nos enseñáis los libros ?
5. ¿ Prestan Uds dinero a Julio ?
6. ¿ Les escriben Uds estas cartas ?

B. Traduire

1. Nous communiquez-vous la nouvelle ? (V.P.)
   — Nous vous la communiquons.
2. Me montrez-vous ces paquets ?
   — Je vous les montre.
3. Offrez-vous ces livres à vos amis ?
   — Je les leur offre.
4. Prêtez-vous cette bicyclette à Jacques ?
   — Je la lui prête.
5. Envoyez-vous ces cadeaux à vos parents (V.P.) ?
   — Nous les leur envoyons.

C 2   INFORMATIONS PRATIQUES

- El sobre

```
                                                  ┌────────┐
                                                  │        │
                                                  │  sello │
                                                  │        │
                                                  └────────┘


        Sr. D. Santiago Segura
        Calle San Luis, 6, 4° izda
        28013 MADRID
        Espagne
```

C 3 CORRIGÉ

A.

1. — Se lo aconsejo (a Ud).
2. — Se la comunico (a Uds).
3. — Te lo explico.
4. — Os los enseñamos (T.P.)
5. — Se lo prestamos (a él).
6. — Se las escribimos (a ellos).

B.

1. ¿ Nos comunican Uds la noticia ?
   — Se la comunicamos.
2. ¿ Me enseña Ud estos paquetes ?
   — Se los enseño.
3. ¿ Regala Ud estos libros a sus amigos ?
   — Se los regalo.
4. ¿ Presta Ud esta bicicleta a Jaime ?
   — Se la presto.
5. ¿ Mandan Uds estos regalos a sus padres ?
   — Se los mandamos.

C 4 TRADUCTION ET REMARQUES

el sobre	*l'enveloppe*	**la avenida**	*l'avenue*
el sello	*le timbre*	**la plaza**	*la place*
la dirección	*l'adresse*	**el paseo**	*la promenade*
las señas	*l'adresse*	**nombre (de pila)**	*prénom*
la calle	*la rue*	**el apellido**	*nom de famille*

Abréviations : calle = c/
Sr. D. = Señor Don   izda = izquierda (*gauche*)
Sra. Dª. = Señora Doña   dcha = derecha (*droite*)

■ Don et Doña ne s'emploient que devant le prénom.

■ Le numéro de la rue et parfois celui de l'étage sont toujours indiqués après le nom de la rue.

■ En Espagne comme en France, le nom de l'agglomération est précédé du *code postal*, **el código postal**.

21   No siento nada

A 1   PRÉSENTATION

- Verbes du type **sentir** : présent de l'indicatif

	sentir	*sentir, regretter, entendre*

siento	*je sens*
sientes	*tu sens*
siente	*il sent*
sentimos	*nous sentons*
sentís	*vous sentez*
sienten	*ils sentent*

el hambre	*la faim*	**dormir**	*dormir*
el mar	*la mer*	**mentir**	*mentir*
el olor	*l'odeur*	**morir**	*mourir*
la pena	*la peine*	**preferir**	*préférer*
el viento	*le vent*	**referirse**	*se référer*
advertir	*faire remarquer*	**lo de**	*l'affaire, l'histoire de*
divertirse	*s'amuser*		

A 2   APPLICATION

1. ¿ Sientes el olor del mar ? — No, no siento nada.
2. ¿ Sienten Uds mucha pena ? — Sí, sentimos mucha pena.
3. ¿ Siente Ud que ella beba ? — ¡ Claro que lo siento !
4. ¿ Sientes el viento ? — Sí, lo siento.
5. Te advierto que no quiero nada.
6. No te diviertes, ¿ verdad ? — No, no me divierto.
7. ¿ Por qué me mientes ? — Pero, no te miento.
8. ¿ Prefieres que él se quede ? — Sí, lo prefiero.
9. ¿ A qué te refieres ? — Me refiero a lo de ayer.
10. Te mueres de hambre, ¿ no ? — Sí, me muero de hambre.
11. ¿ Duermes mucho ? — Sí, duermo mucho.
12. Os advierto que prefiero divertirme.
13. Nunca miento. Prefiero callarme.

Je ne sens rien

A 3   REMARQUES

■ Les verbes du type de **sentir** (p. 269) ont un présent de l'indicatif
à diphtongue, c'est-à-dire que la dernière voyelle du radical — le
~**e** — devient ~**ie** aux trois premières personnes du singulier et
à la 3e personne du pluriel :

sentir :   ~**ie**   ~**ie**   ~**ie**   ~**e**   ~**e**   ~**ie**

morir et **dormir** ont une conjugaison parallèle à celle de **sentir** :

dormir :   ~**ue**   ~**ue**   ~**ue**   ~**o**   ~**o**   ~**ue**

■ Rappel : **olor** : les mots espagnols terminés en ~**or** sont masculins,
sauf **flor** et **labor**.

■ **lo de** : expression commode et qui se réfère à quelque chose qui
est connu de votre interlocuteur : *l'affaire, la question, l'histoire de.*

> **Habla de lo de la carta.**
> *Il parle de l'affaire de la lettre.*

■ Attention aux différentes significations de **sentir** : *sentir, éprouver,
ressentir, regretter, entendre.*

A 4   TRADUCTION

1. Sens-tu l'odeur de la mer ? — Non, je ne sens rien.
2. Éprouvez-vous (V.P.) beaucoup de peine ? — Oui, nous éprouvons
   beaucoup de peine.
3. Regrettez-vous qu'elle boive ? — Bien sûr que je le regrette !
4. Entends-tu le vent ? — Oui, je l'entends.
5. Je le fais remarquer que je ne veux rien.
6. Tu ne t'amuses pas, n'est-ce pas ? — Non, je ne m'amuse pas.
7. Pourquoi me mens-tu ? — Mais, je ne te mens pas.
8. Préfères-tu qu'il reste ? — Oui, je le préfère.
9. À quoi te réfères-tu ? — Je me réfère à l'histoire d'hier.
10. Tu meurs de faim, non ? — Oui, je meurs de faim.
11. Tu dors beaucoup ? — Oui, je dors beaucoup.
12. Je vous (T.P.) fais remarquer que je préfère m'amuser.
13. Je ne mens jamais. Je préfère me taire.

Siento mucho que te diviertas así

B 1 PRÉSENTATION

● Verbes du type **sentir** : présent du subjonctif

sentir *sentir, regretter, entendre*

sienta	*que je sente*
sientas	*que tu sentes*
sienta	*qu'il sente*
sintamos	*que nous sentions*
sintáis	*que vous sentiez*
sientan	*qu'ils sentent*

el asunto	*le sujet, le thème*	**convertirse**	*se convertir*
la lluvia	*la pluie*	**invertir**	*investir*
el negocio	*l'affaire commerciale*	**así**	*ainsi, de*
la obra	*l'œuvre*		*cette façon*
la sed	*la soif*	**ni hablar**	*pas question*

B 2 APPLICATION

1. Siento mucho que te diviertas así.
2. Ella siente mucho que siempre nos refiramos a este asunto.
3. Uds prefieren que nos divirtamos sin gastar dinero.
4. Más vale que no mintamos, ¿ verdad ?
5. Hace falta que Uds inviertan dinero en este negocio.
6. ¿ Dormir para olvidar ? No es útil que durmamos para olvidar.
7. ¿ Invertir en esto ? Ni hablar. No quiero que invirtáis.
8. Es imposible que os muráis de sed, con esta lluvia.
9. Prefiero que no te refieras a esta obra.
10. Sentimos que os convirtáis tan rápidamente.
11. No quiero que os refiráis a esto.
12. No es bueno que os divirtáis siempre.

B 3 REMARQUES

■ Les verbes du type de **sentir** ont un présent du subjonctif qui a deux sortes d'irrégularité :
— le ~**e** du radical devient ~**ie** aux **trois premières personnes du singulier** et à la **3ᵉ personne du pluriel**, c'est la diptongue :

$$\sim e \quad \rightarrow \quad \sim ie \quad \sim ie \quad \sim ie \quad ... \quad ... \quad \sim ie$$

— le ~**e** du radical devient ~**i** aux **deux premières personnes du pluriel** :

$$\sim e \quad \rightarrow \quad ... \quad ... \quad ... \quad \sim i \quad \sim i \quad ...$$

Ainsi, au présent du subjonctif, les modifications de la dernière voyelle du radical sont les suivantes :

sentir : ~**ie** ~**ie** ~**ie** ~**i** ~**i** ~**ie**

■ D'une façon semblable, les verbes **morir** et **dormir** présenteront des modifications semblables :

morir :
dormir : ~**ue** ~**ue** ~**ue** ~**u** ~**u** ~**ue**

B 4 TRADUCTION

1. Je regrette beaucoup que tu t'amuses comme ça.
2. Elle regrette beaucoup que nous nous référions toujours à ce sujet.
3. Vous préférez (V.P.) que nous nous amusions sans dépenser d'argent.
4. Il vaut mieux que nous ne mentions pas, n'est-ce pas ?
5. Il faut que vous investissiez (V.P.) de l'argent dans cette affaire.
6. Dormir pour oublier ? Il n'est pas utile que nous dormions pour oublier.
7. Investir dans cela ? Pas question. Je ne veux pas que vous investissiez (T.P.).
8. Il est impossible que vous mouriez (T.P.) de soif, avec cette pluie.
9. Je préfère que tu ne te réfères pas à cette œuvre.
10. Nous regrettons que vous vous convertissiez (T.P.) si rapidement.
11. Je ne veux pas que vous vous référiez (T.P.) à cela.
12. Il n'est pas bon que vous vous amusiez (T.P.) toujours.

C 1   EXERCICES

A. Conjuguer

à l'indicatif présent   au subjonctif présent
convertir   **invertir**
dormir   **morir**

B. Traduire   Je préfère ...

1. Vous regrettez (T.P.) ?   1. que vous regrettiez.
2. Nous investissons ?   2. que nous investissions.
3. Tu t'amuses beaucoup ?   3. que tu t'amuses beaucoup.
4. Tu te convertis ?   4. que tu te convertisses.

C. Traduire

1. Mange cela. Je préfère que tu ne meures pas de faim.
2. Bois cela. Je préfère que tu ne meures pas de soif.
3. Je te préviens que je préfère m'amuser.
4. Que vous dormiez ou non (T.P.), cela m'est égal.
5. Cela m'est égal que vous vous (T.P.) référiez à cette lettre.
6. Je regrette que cette histoire d'hier ne t'amuse pas.

C 2   INFORMATIONS PRATIQUES

• Carta para reservar una habitación

París, 8 de agosto de 19..

Distinguido Señor :

Un amigo mío que pasó una semana en su hotel, hace dos años, me ha dado su dirección.

Confío en su recomendación y quisiera reservar una habitación con cama de matrimonio para las noches del 14 al 15 y del 15 al 16 de este mes.

De antemano, le agradezco una respuesta rápida, que sea afirmativa o negativa.

Le saluda atentamente,

C 3 CORRIGÉ

A. à l'indicatif présent : convertir et dormir

convierto, conviertes, convierte, convertimos, convertís, convierten
duermo, duermes, duerme, dormimos, dormís, duermen

au subjonctif présent : invertir et morir

invierta, inviertas, invierta, invirtamos, invirtáis, inviertan
muera, mueras, muera, muramos, muráis, mueran

B.

Prefiero ...

1. ¿ Lo sentís ?
2. ¿ Invertimos ?
3. ¿ Te diviertes mucho ?
4. ¿ Te conviertes ?

1. que lo sintáis.
2. que invirtamos.
3. que te diviertas mucho.
4. que te conviertas.

C.

1. Come esto. Prefiero que no te mueras de hambre.
2. Bebe esto. Prefiero que no te mueras de sed.
3. Te advierto que prefiero divertirme.
4. Que durmáis o no, me da igual.
5. Me da igual que os refiráis a esta carta.
6. Siento que lo de ayer no te divierta.

C 4 TRADUCTION

● *Lettre pour réserver une chambre*

Paris, 8 août 19..

Monsieur,

Un de mes amis, qui a passé une semaine dans votre hôtel il y a deux ans, m'a donné votre adresse.

J'ai confiance en sa recommandation et je voudrais réserver une chambre avec un grand lit pour les nuits du 14 au 15 et du 15 au 16 de ce mois.

À l'avance, je vous remercie d'une réponse rapide, qu'elle soit affirmative ou négative.

Veuillez agréer...

A 1   PRÉSENTATION

● Verbes du type **pedir** : présent de l'indicatif

pedir	*demander, exiger*

pido	*je demande*
pides	*tu demandes*
pide	*il demande*
pedimos	*nous demandons*
pedís	*vous demandez*
piden	*ils demandent*

la cuenta	*la note*	**repetir**	*répéter*
el queso	*le fromage*	**seguir**	*continuer*
despedirse de	*prendre congé*	**seguir** + gér.	*continuer à* + inf.
elegir	*choisir*	**servir**	*servir*
perseguir	*poursuivre*	**vestirse**	*s'habiller*
reírse de	*se moquer de*	**una vez más**	*une fois de plus*

A 2   APPLICATION

1. ¿ Qué pides ahora ? — Ahora pido un queso.
2. ¿ Pides la cuenta ? — Sí, pido la cuenta.
3. Me despido de Uds. — ¡ Cómo ! ¡ Ud se despide !
4. Te repito que no me río de este señor.
5. ¿ Se ríen Uds de él ? — No, no nos reímos de él.
6. ¡ Cómo se viste Ud ! — ¿ No me visto bien ?
7. ¿ Siguen Uds estudiando ? — Sí, seguimos estudiando.
8. ¿ Para qué sirve esto ? — Esto no sirve para nada.
9. ¿ Cómo se elige entre los dos ? ¿ Que te parece ?
10. ¿ Por qué me persigues siempre ?
11. — ¡ Qué cuentas ! No te persigo.
12. ¿ Seguimos esperándolos o nos despedimos ?
13. — No, Uds no se despiden. Uds siguen esperando.
14. — Bueno, una vez más seguimos esperando.

A 3 REMARQUES

■ Les verbes du type **pedir** (p. 269) ont un présent de l'indicatif irrégulier : le ~ e du radical se change en ~ i aux **trois premières personnes du singulier et à la 3ᵉ personne du pluriel** et les deux premières personnes du pluriel sont régulières :

pedir :   ~ i   ~ i   ~ i   ~ e   ~ e   ~ i

■ **seguir** signifie *suivre, continuer*. Mais **seguir** + **gérondif** signifie *continuer à* ou *de* + infinitif ; c'est une des formes progressives (**estar** + gérondif, voir p. 263) :

seguir estudiando, *continuer à travailler*.

■ Attention aux modifications orthographiques : les verbes terminés en ~ **guir** comme **perseguir** perdent le **u** devant **o** ou **a** :

présent ind. : **persigo**, **persigues**, etc.
présent subj. : **persiga**, **persigas**, etc.

A 4 TRADUCTION

1. Que demandes-tu maintenant ? — Maintenant je demande un fromage.
2. Demandes-tu la note ? — Oui, je demande la note.
3. Je prends congé de vous (V.P.). — Comment ! Vous prenez congé !
4. Je te répète que je ne me moque pas de ce monsieur.
5. Vous moquez-vous (V.P.) de lui ? — Non, nous ne nous moquons pas de lui.
6. Comme vous vous habillez ! — Je ne m'habille pas bien ?
7. Continuez-vous (V.P.) à étudier ? — Oui, nous continuons à étudier.
8. À quoi cela sert-il ? — Cela ne sert à rien.
9. Comment choisit-on entre les deux ? Qu'en penses-tu ?
10. Pourquoi me poursuis-tu toujours ?
11. — Que racontes-tu ? Je ne te poursuis pas.
12. Nous continuons à les attendre ou nous prenons congé ?
13. — Non, vous ne prenez pas (V.P.) congé. Vous continuez à attendre.
14. — Bien, une fois de plus, nous continuons à attendre.

B 1 PRÉSENTATION

- Verbes du type **pedir** : présent du subjonctif

impedir	*empêcher*
impida	*que j'empêche*
impidas	*que tu empêches*
impida	*qu'il empêche*
impidamos	*que nous empêchions*
impidáis	*que vous empêchiez*
impidan	*qu'ils empêchent*

los estudios	*les études*	**proseguir**	*poursuivre,*
preferible	*préférable*		*continuer*
concebir	*concevoir*	**ahora mismo**	*immédiatement*
conseguir	*obtenir,*	**así**	*ainsi, comme ça*
	réussir	**sino que**	*mais que*

B 2 APPLICATION

1. Mi padre me impide elegir lo que quiero.
2. No concibo que te impida elegir.
3. ¿ Por qué impides a tu hermana que hable ?
4. No le impido nada. Que hable ella si quiere.
5. No concibo que le impidas hablar.
6. No concebimos que sigas así sin hacer nada.
7. Preferimos que prosigas tus estudios.
8. Pero, ¿ qué contáis ? Sigo estudiando.
9. ¡ Cómo te vistes ! — Me visto como quiero.
10. ¡ No concibo que te vistas así !
11. Es preferible que me despida ahora mismo.
12. No le pido a Ud que se despida sino que espere.
13. Vuestra madre prefiere que elijáis rápidamente.

B 3   REMARQUES

■ Rappel : **acción** : le premier **c** est presque dur [k] ; le deuxième est interdental [z] : [ak-zi**o**-n].

■ Les verbes du type **pedir** (p. 269) ont un présent du subjonctif irrégulier : le ~**e** du radical se transforme en ~**i** à toutes les personnes :

pedir :   ~**i**   ~**i**   ~**i**   ~**i**   ~**i**   ~**i**

■ **pedir** et **concebir** sont suivis du subjonctif.

■ **impedir** est suivi de l'infinitif si le complément est un pronom : **me impide elegir**, *il m'empêche de choisir* ; il est suivi de **que** et du subjonctif si le complément est un nom : **impides a tu hermana que hable**, *tu empêches ta sœur de parler*.

■ **elegir** : le **g** devient un **j** devant **o** ou **a**.

■ *mais* se traduit par **sino**, et non pas **pero**, lorsqu'il y a opposition entre deux mots et par **sino que** lorsqu'il y a opposition entre deux propositions :

No quiero beber sino comer.
Je ne veux pas boire mais manger.
No quiero que comas sino que bebas.
Je ne veux pas que tu manges mais que tu boives.

B 4   TRADUCTION

1. Mon père m'empêche de choisir ce que je veux.
2. Je ne conçois pas qu'il t'empêche de choisir.
3. Pourquoi empêches-tu ta sœur de parler ?
4. Je ne l'empêche de rien. Qu'elle parle si elle veut.
5. Je ne conçois pas que tu l'empêches de parler.
6. Nous ne concevons pas que tu continues comme ça sans rien faire.
7. Nous préférons que tu poursuives tes études.
8. Mais, que racontez-vous ? Je continue à étudier.
9. Comme tu t'habilles ! — Je m'habille comme je veux.
10. Je ne conçois pas que tu t'habilles comme ça !
11. Il est préférable que je prenne congé immédiatement.
12. Je ne vous demande pas de prendre congé, mais d'attendre.
13. Votre mère préfère que vous choisissiez (T.P.) rapidement.

C 1 EXERCICES

A. Traduire

1. Je te préviens que ...
2. Tu ne m'amuses pas.
3. Elle s'habille bien.
4. Vous vous servez de ça.
5. Il croit que nous mentons.
6. Vous le regrettez (V.P.).
7. Ils investissent dans cela.
8. Vous vous amusez (V.P.).

B. Traduire (*seul* = **solo** ; *les affaires* = **los negocios**)

1. Je préfère que vous le répétiez (V.P.) encore une fois.
2. Je n'empêche personne de choisir ce qu'il veut.
3. Je te préviens que je dors toujours beaucoup.
4. Que tu lui mentes ne sert à rien, je te le répète.
5. Je vous (V.P.) demande de ne pas vous servir seuls.
6. Il n'est pas indispensable que vous choisissiez (T.P.) maintenant.
7. Il me semble préférable que tu le lui répètes.
8. Nous préférons que vous investissiez (V.P.) dans d'autres affaires.

C 2 INFORMATIONS PRATIQUES

* En la estación servicio

    — Haga Ud el lleno, por favor.

    — Écheme treinta litros de super sin plomo.

    — ¿ Quiere Ud comprobar el nivel del aceite ?

    — ¿ Quiere Ud comprobar la presión de los neumáticos ?

    — No funcionan los intermitentes.

    — El limpiaparabrisas izquierdo no limpia. Está roto.

    — ¿ Puede Ud limpiarme el parabrisas ?

    — ¿ Puede Ud limpiar también el cristal trasero, por favor ?

    — Se ha atrancado el cinturón de seguridad. ¿ Puede Ud arreglarlo ?

    — ¿ Cómo está la carretera hasta Granada ?

    — Cuidado, los fines de semana, hacen controles de velocidad.

    — ¿ Dónde están los servicios ?

    — Quisiera llamar por teléfono.

    — ¿ A cuántos kilómetros está Salamanca ?

C 3 CORRIGÉ

A.

1. Te advierto que ...
2. No me diviertes.
3. Ella se viste bien.
4. Ud se sirve de esto.
5. Él cree que mentimos.
6. Uds lo sienten.
7. Ellos invierten en esto.
8. Uds se divierten.

B.

1. Prefiero que Uds lo repitan una vez más.
2. No impido a nadie que elija lo que quiere.
3. Te advierto que duermo siempre mucho.
4. Que le mientas no sirve para nada, te lo repito.
5. Les pido que no se sirvan solos.
6. No es indispensable que elijáis ahora.
7. Me parece preferible que se lo repitas.
8. Preferimos que Uds inviertan en otros negocios.

C 4 TRADUCTION

- *À la station-service*

  — *Faites le plein, s'il vous plaît.*

  — *Mettez-moi trente litres de super sans plomb.*

  — *Voulez-vous vérifier le niveau d'huile ?*

  — *Voulez-vous vérifier la pression des pneus ?*

  — *Les clignotants ne marchent pas.*

  — *L'essuie-glace gauche n'essuie pas. Il est cassé.*

  — *Pouvez-vous nettoyer le pare-brise ?*

  — *Pouvez-vous également nettoyer la lunette arrière, s'il vous plaît ?*

  — *La ceinture de sécurité s'est coincée. Pouvez-vous l'arranger ?*

  — *Comment est la route jusqu'à Grenade ?*

  — *Attention, le week-end, il y a (ils font) des contrôles radar (de vitesse).*

  — *Où sont les toilettes ?*

  — *Je voudrais téléphoner.*

  — *À combien de kilomètres se trouve Salamanque ?*

A 1 PRÉSENTATION

- Présents de l'indicatif irréguliers (I)

poner	mettre		
pongo	*je mets*	**ponemos**	*nous mettons*
pones	*tu mets*	**ponéis**	*vous mettez*
pone	*il met*	**ponen**	*ils mettent*

valer *valoir* → **valgo, vales, vale, valemos, valéis, valen**
salir *sortir, partir* → **salgo, sales, sale, salimos, salís, salen**
hacer *faire* → **hago, haces, hace, hacemos, hacéis, hacen**
traer *apporter* → **traigo, traes, trae, traemos, traéis, traen**
caer *tomber* → **caigo, caes, cae, caemos, caéis, caen**

el café	le café	a menudo	souvent
el sombrero	le chapeau	nunca	jamais
la tontería	la bêtise	no ... más que	ne ... que
esquiar	skier	sólo	ne ... que
nadar	nager	también	aussi

A 2 APPLICATION

1. ¿ Quién se pone un sombrero ? ¿ Ud ?
2. — Sí, me pongo un sombrero. ¿ Y Uds ?
3. — Nos ponemos un sombrero también.
4. — ¿ Quién sale a las ocho ? ¿ Ud ?
5. — Sí, salgo a las ocho. ¿ Y Uds ?
6. — Salimos a las ocho también.
7. — ¿ Quién trae el café ?
8. — Traigo el café.
9. — ¿ Vale Ud para nadar ?
10. — No, no valgo para nadar.
11. — ¿ Caes a menudo cuando esquías ?
12. — No, no caigo nunca cuando esquío.
13. — ¿ No haces más que tonterías ?
14. — Sí, sólo hago tonterías.

A 3 | REMARQUES

■ Quelques verbes irréguliers ont une 1re personne du singulier du présent de l'indicatif en **~go**, différente des autres personnes de ce même temps dont les terminaisons restent régulières.

traer, *apporter* : **traigo**, **traes**, etc.

(Verbes irréguliers, voir p. 274 à 283).

■ Il ne faut pas oublier que le verbe **salir** se termine en **~ir** et qu'en conséquence ses terminaisons comportent un **i** aux deux premières personnes du pluriel :

...   .   **salimos, salís,**   ...

■ La formule restrictive française *ne ... que* se traduit en espagnol par **no ... más que** ou bien par **sólo**.

No hace más que caer ou **sólo cae.**
Il ne fait que tomber.

■ **ponerse** : a) *se mettre*
                  b) *mettre* (un vêtement, des chaussures, etc.)

A 4 | TRADUCTION

1. Qui met un chapeau ? Vous ?
2. — Oui, je mets un chapeau. Et vous (V.P.) ?
3. — Nous mettons un chapeau aussi.
4. — Qui sort (part) à huit heures ? Vous ?
5. — Oui, je sors (pars) à huit heures. Et vous (V.P.) ?
6. — Nous sortons (partons) à huit heures aussi.
7. — Qui apporte le café ?
8. — J'apporte le café.
9. — Êtes-vous bon à la nage ?
10. — Non, je ne suis pas bon à la nage (je ne suis pas bon nageur).
11. — Tombes-tu souvent quand tu skies ?
12. — Non, je ne tombe jamais quand je skie.
13. — Tu ne fais que des sottises (bêtises) ?
14. — Oui, je ne fais que des bêtises.

B 1 PRÉSENTATION

- Présents du subjonctif irréguliers (I)

présent du subjonctif

poner	*mettre*	pongo	→	ponga, pongas, ponga, ...
valer	*valoir*	valgo	→	valga, valgas, valga, ...
salir	*sortir*	salgo	→	salga, salgas, salga, ...
hacer	*faire*	hago	→	haga, hagas, haga, ...
traer	*apporter*	traigo	→	traiga, traigas, traiga, ...
caer	*tomber*	caigo	→	caiga, caigas, caiga, ...

| **creo que** + indicatif | *je crois que* + indicatif |
| **no creo que** + subjonctif | *je ne crois pas que* + subjonctif |

el ejercicio	*l'exercice*	seguro	*sûr, certain*
la pena	*la peine*	creer	*croire*
el periódico	*le journal*	pensar(ie)	*penser*
la tarde	*l'après-midi*	ponerse a	*se mettre à*
la velocidad	*la vitesse*	a pesar de	*malgré*
al corriente	*au courant*	siempre	*toujours*

B 2 APPLICATION

1. ¿ Cree Ud que traen los periódicos ?
2. — No, no creo que los traigan.
3. ¿ Creen Uds que hago siempre mis ejercicios ?
4. — No, no creemos que Ud los haga siempre.
5. ¿ Piensa Ud que Roberto se pone al corriente ?
6. — No, no pienso que se ponga al corriente.
7. ¿ Cree Ud que esto vale la pena ?
8. — No, no creo que esto valga la pena.
9. ¿ Piensan Uds que sus amigos salen esta tarde ?
10. — No, no pensamos que salgan.
11. ¿ Creen Uds que no caigo nunca a pesar de la velocidad ?
12. — No, no creemos que Ud no caiga nunca.
13. ¿ Está Ud segura de que Federico tiene el periódico ?
14. — No, no estoy segura de que lo tenga.

B 3   REMARQUES

■ Les terminaisons du subjonctif **sont les mêmes pour les verbes réguliers et irréguliers**, c'est-à-dire ~**e** pour les verbes en ~**ar** et ~**a** pour les verbes en ~**er** et ~**ir**.

■ L'irrégularité des verbes qui se terminent en ~**go** à la 1re personne du présent de l'indicatif se retrouve à toutes les personnes du subjonctif :

valgo → valga, valgas, valga, valgamos, valgáis, valgan.

■ Après le verbe **creer** à la forme négative on emploie le **subjonctif**, mode qui rapporte des faits éventuels, car il y a un doute. Mais après **creer** employé affirmativement, le doute disparaissant, on emploie **l'indicatif**, mode qui rapporte des faits réels. Il en est de même pour d'autres verbes ou expressions qui expriment l'opinion comme **pensar**, *penser*, **estar seguro de que**, *être sûr que*, etc.

> **No estoy seguro de que él lo crea.**
> *Je ne suis pas sûr qu'il le croie.*
>
> **Estoy seguro de que él lo cree.**
> *Je suis sûr qu'il le croit.*

B 4   TRADUCTION

1. Croyez-vous qu'ils apportent les journaux ?
2. — Non, je ne crois pas qu'ils les apportent.
3. Croyez-vous (V.P.) que je fais toujours mes exercices ?
4. — Non, nous ne croyons pas que vous les fassiez toujours.
5. Pensez-vous que Robert se met au courant ?
6. — Non, je ne pense pas qu'il se mette au courant.
7. Croyez-vous que cela vaut la peine ?
8. — Non, je ne crois pas que cela vaille la peine.
9. Pensez-vous (V.P.) que vos amis sortent cet après-midi ?
10. — Non, nous ne pensons pas qu'ils sortent.
11. Croyez-vous (V.P.) que je ne tombe jamais malgré la vitesse ?
12. Non, nous ne croyons pas que vous ne tombiez jamais.
13. Êtes-vous certaine que Frédéric a le journal ?
14. — Non, je ne suis pas certaine qu'il l'ait.

C 1 EXERCICES

A. Répondre négativement

1. ¿ Quién trae el periódico? ¿ Ud ?
2. ¿ Quién sale esta tarde ? ¿ Ud ?
3. ¿ Vale Ud para andar ?
4. ¿ Hace Ud siempre sus ejercicios ?
5. ¿ Cae Ud a menudo cuando esquía ?
6. ¿ Qué se pone Ud ? ¿ Un sombrero ?
7. ¿ Cree Ud que no hago más que tonterías ?
8. ¿ Piensa Ud que esto vale la pena ?

B. Traduire

1. Je vous apporte le café et les journaux.
2. Je ne tombe jamais malgré la vitesse.
3. Je ne fais que des bêtises.
4. Je ne suis pas bon nageur (à la nage).
5. Il croit que vous vous mettez au courant.
6. Il ne croit pas que vous vous mettiez au courant.
7. Pensez-vous qu'il part cet après-midi ?
8. Non, je ne crois pas qu'il parte cet après-midi.

C 2 INFORMATIONS PRATIQUES

● Coger un autobús

— ¿ Dónde puedo coger un autobús ?
— ¿ Dónde está la parada de autobuses ?
— ¿ Qué autobús debo coger para ir al centro ?
— ¿ A qué hora es el autobús para el estadio ?
— ¿ Cada cuánto tiempo pasan los autobuses para la playa ?
— ¿ Me lleva directo el autobús hasta allí ?
— ¿ Tengo que hacer un cambio ?
— ¿ Cuánto es para la plaza de toros ?
— Quisiera un taco de billetes.
— ¿ Me puede decir cuando tengo que bajar (apearme) ?
— Pare Ud en la próxima parada, por favor.

C 3 CORRIGÉ

A.

1. — No, no traigo el periódico.
2. — No, no salgo esta tarde.
3. — No, no valgo para andar.
4. — No, no hago nunca mis ejercicios.
5. — No, no caigo nunca cuando esquío.
6. — No, no me pongo un sombrero.
7. — No, no creo que Ud no haga más que tonterías.
8. — No, no pienso que esto valga la pena.

B.

1. Le traigo el café y los periódicos.
2. No caigo nunca a pesar de la velocidad.
3. No hago más que tonterías (Sólo hago ...).
4. No valgo para nadar.
5. Él cree que Ud se pone al corriente.
6. No cree que Ud se ponga al corriente.
7. ¿ Piensa Ud que él sale esta tarde ?
8. No, no creo que salga esta tarde.

C 4 TRADUCTION

* *Prendre un autobus*

  — *Où puis-je prendre un autobus ?*
  — *Où est l'arrêt des autobus ?*
  — *Quel autobus dois-je prendre pour aller au centre ?*
  — *À quelle heure est l'autobus pour le stade ?*
  — *Tous les combien passent les autobus pour la plage ?*
  — *L'autobus me conduit directement jusque là-bas ?*
  — *Dois-je changer ?*
  — *Combien est-ce pour les arènes ?*
  — *Je voudrais un carnet de tickets.*
  — *Pouvez-vous me dire quand je dois descendre ?*
  — *Arrêtez au prochain arrêt, s'il vous plaît.*

A 1 PRÉSENTATION

- Présents de l'indicatif irréguliers (II)

> **venir** *venir*
> **vengo, vienes, viene, venimos, venís, vienen**
>
> **decir** *dire*
> **digo, dices, dice, decimos, decís, dicen**
>
> **oír** *entendre*
> **oigo, oyes, oye, oímos, oís, oyen**
>
> **ver** *voir*
> **veo, ves, ve, vemos, veis, ven**

el abuelo	le grand-père	sordo	sourd
el campo	la campagne	acabar de	venir de
la gente	les gens	desde	depuis
el mar	la mer	hasta	jusque
el pueblo	le village	poco	peu
el ruido	le bruit	todavía	encore
el tiempo	Le temps	ya	déjà

A 2 APPLICATION

1. Vengo de mi pueblo.
2. Acabo de ver a mis abuelos que viven en el campo.
3. ¿ Qué dice Ud ?
4. — Digo que estoy muy bien.
5. Se ve muy bien desde su casa.
6. — Cuando el tiempo está bueno veo hasta el mar.
7. Veo a poca gente.
8. — ¿ Cómo dice Ud ?
9. Soy un poco sordo y no oigo muy bien.
10. Digo que la gente no viene a verme.
11. ¿ Oyes el ruido del mar ? — No, no oigo nada.
12. ¿ Están ya sus hermanos en casa ?
13. — No, no los veo. Todavía no han venido.

A 3 REMARQUES

■ On ne peut pas savoir si un verbe est **régulier ou irrégulier** à la vue du seul infinitif. Il faut donc faire un effort de mémoire.

■ En général, les terminaisons sont les mêmes que celles des verbes réguliers.

■ **venir** se conjugue avec la diphtongaison **ie** des verbes du type **empezar** (p. 84).

■ **decir** se conjugue avec une alternance de voyelles **e/i** dans le radical comme dans le verbe **pedir** (p. 138).

■ **oír** : on intercale un **y** entre le **o** du radical et la terminaison aux deuxième et troisième personnes du singulier et la troisième personne du pluriel.

■ Lorsque **poco** est suivi d'un nom, il est adjectif espagnol et s'accorde en genre et en nombre : **veo a poca gente**.

■ **acabar**, *achever* ; **acabar de**, *venir de*, pour exprimer le passé immédiat.

■ **se ve muy bien** : *on voit très bien*, voir traduction de *on*, p. 260.

A 4 TRADUCTION

1. Je viens de mon village.
2. Je viens de voir mes grands-parents qui vivent à la campagne.
3. Que dites-vous ?
4. — Je dis que je vais très bien.
5. On a une belle vue depuis votre maison (on voit très bien ...).
6. — Quand le temps est beau, je vois jusqu'à la mer.
7. Je vois peu de monde (peu de gens).
8. — Comment dites-vous ?
9. Je suis un peu sourd et je n'entends pas très bien.
10. Je dis que les gens ne viennent pas me voir.
11. Entends-tu le bruit de la mer ? — Non, je n'entends rien.
12. Vos frères sont-ils chez vous (à la maison) ?
13. — Non, je ne les vois pas. Ils ne sont pas encore venus.

B 1 PRÉSENTATION

Présents du subjonctif irréguliers (II)

<table>
<tr><td></td><td></td><td></td><td></td><td>présent du subjonctif</td></tr>
<tr><td>**venir**</td><td>*venir*</td><td>**vengo**</td><td>→</td><td>**venga, vengas, venga, ...**</td></tr>
<tr><td>**decir**</td><td>*dire*</td><td>**digo**</td><td>→</td><td>**diga, digas, diga, ...**</td></tr>
<tr><td>**oír**</td><td>*entendre*</td><td>**oigo**</td><td>→</td><td>**oiga, oigas, oiga, ...**</td></tr>
<tr><td>**ver**</td><td>*voir*</td><td>**veo**</td><td>→</td><td>**vea, veas, vea, veamos, ...**</td></tr>
</table>

le pido que + subjonctif	*je vous demande de ...*
le ruego que + subjonctif	*je vous prie de ...*
le digo que + subjonctif	*je vous dis de ...*
	(incitation à agir)
le digo que + indicatif	*je vous dis que ...*
	(constatation)

el alumno	*l'élève*	**la sonrisa**	*le sourire*
el consejo	*le conseil*	**la verdad**	*la vérité*
la dificultad	*la difficulté*	**callar (se)**	*se taire*
el estadio	*le stade*	**rogar**	*prier*
el labio	*la lèvre*	**en el futuro**	*à l'avenir*
la música	*la musique*		

B 2 APPLICATION

1. No oigo nunca los consejos.
2. — Le pido (a Ud) que los oiga.
3. Los chicos no vienen al estadio con nosotros.
4. — Les digo (a ellos) que vengan.
5. Este alumno no ve nunca las dificultades.
6. — Le pido (a él) que las vea en el futuro.
7. Este chico dice siempre la verdad.
8. Digo que este chico dice siempre la verdad.
9. — Le digo (a él) que me la diga a mí también.
10. Estos alumnos hablan y no oyen la música.
11. — Les ruego (a ellos) que callen y oigan la música.
12. Venimos siempre con la sonrisa en los labios.
13. Dice que venimos siempre con la sonrisa en los labios.
14. Nos dice que vengamos siempre con la sonrisa en los labios.

B 3 REMARQUES

■ **Le pido (a Ud) que venga** = *je vous demande de venir*. Lorsque le sujet du verbe principal, ici **pedir**, agit ou essaie d'agir sur l'état ou la situation du sujet du verbe dépendant, ici **venir**, celui-ci se met au subjonctif en espagnol. **Après un verbe d'ordre ou de prière**, comme **pedir**, *demander*, **rogar**, *prier* ou **decir**, *dire*, etc., il convient donc de traduire l'infinitif français par **le subjonctif espagnol**.

■ Attention à l'accord du verbe dépendant :
le digo (a Ud) que venga → le sujet est **Ud**.
les digo (a Uds) que vengan → le sujet est **Uds**.

■ **Digo que viene**, *je dis qu'il vient* : ici le verbe **decir** n'incite pas à agir mais **se limite à constater un fait**. Le verbe **venir** reste donc **à l'indicatif**.

■ Rappel : l'irrégularité qui affecte la première personne du singulier du présent de l'indicatif se retrouve à toutes les personnes du subjonctif présent.

B 4 TRADUCTION

1. Je n'entends jamais les conseils.
2. — Je vous demande de les entendre.
3. Les garçons ne viennent pas au stade avec nous.
4. — Je leur dis de venir.
5. Cet élève ne voit jamais les difficultés.
6. — Je lui demande de les voir à l'avenir.
7. Ce garçon dit toujours la vérité.
8. Je dis que ce garçon dit toujours la vérité.
9. — Je lui dis de me la dire à moi aussi.
10. Ces élèves parlent et n'écoutent pas la musique.
11. — Je les prie de se taire et d'écouter la musique.
12. Nous venons toujours le sourire aux lèvres.
13. Il dit que nous venons toujours le sourire aux lèvres.
14. Il nous dit de toujours venir le sourire aux lèvres.

C 1 EXERCICES

A. Répondre affirmativement

1. Venimos del campo. ¿ Y Ud ?
2. Decimos siempre la verdad. ¿ Y Ud ?
3. Vemos a poca gente. ¿ Y Ud ?
4. No oímos el ruido de los coches. ¿ Y Ud ?
5. Vengo a clase con la sonrisa en los labios. ¿ Y Uds ?
6. Digo que no soy sordo. ¿ Y Uds ?
7. No oigo la música. ¿ Y Uds ?
8. ¿ Ven Uds a menudo a mis abuelos ?

B. Traduire

1. Je viens de la campagne, de mon village.
2. Je viens de voir mes grands-parents.
3. J'entends le bruit de la mer.
4. Je dis que le temps est beau.
5. Il vous demande de ne pas voir ces gens-là.
6. Il vous (V.P.) prie de ne pas venir maintenant.
7. Il vous (V.P.) dit de vous taire.
8. Il dit qu'il ne vient jamais à la maison.

C 2 INFORMATIONS PRATIQUES

- En el aeropuerto
  - ¿ Hay algún vuelo para Canarias ?
  - ¿ Cuándo sale el próximo avión para Las Palmas ?
  - ¿ Hay un vuelo de conexión con Tenerife ?
  - Quisiera un billete para Santa Cruz, por favor.
  - ¿ Cuál es el número del vuelo ?
  - ¿ Tengo que hacer transbordo ?
  - ¿ A qué hora debo hacer la facturación ?
  - ¿ A qué hora despega el avión ?
  - ¿ Cuánto tiempo dura el viaje ?
  - ¿ A qué hora llegamos ?

C 3   CORRIGÉ

A.

1. — Vengo del campo.
2. — Digo siempre la verdad.
3. — Veo a poca gente.
4. — No oigo el ruido de los coches.
5. — Venimos a clase con la sonrisa en los labios.
6. — Decimos que no somos sordos.
7. — No oímos la música.
8. — Vemos a menudo a sus abuelos.

B.

1. Vengo del campo, de mi pueblo.
2. Acabo de ver a mis abuelos.
3. Oigo el ruido del mar.
4. Digo que el tiempo está bueno.
5. Le pide (a Ud) que no vea a esa gente.
6. Les ruega (a Uds) que no vengan ahora.
7. Les dice (a Uds) que callen.
8. Dice que no viene nunca a casa.

C 4   TRADUCTION

- À l'aéroport

  — *Y a-t-il un vol pour les Canaries ?*
  — *Quand part le premier avion pour Las Palmas ?*
  — *Y a-t-il un vol de liaison avec Ténérife ?*
  — *Je voudrais un billet pour Santa Cruz, s'il vous plaît.*
  — *Quel est le numéro du vol ?*
  — *Dois-je changer d'avion ?*
  — *À quelle heure dois-je faire l'enregistrement ?*
  — *À quelle heure l'avion décolle-t-il ?*
  — *Combien de temps dure le voyage ?*
  — *À quelle heure arrivons-nous ?*

A 1   PRÉSENTATION

- Présents de l'indicatif irréguliers (III)

> **ir** *aller*
> voy, vas, va, vamos, vais, van
>
> **dar** *donner*
> doy, das, da, damos, dais, dan
>
> **saber** *savoir*
> sé, sabes, sabe, sabemos, sabéis, saben
>
> **caber** *tenir, contenir*
> quepo, cabes, cabe, cabemos, cabéis, caben

el agua	*l'eau*	**el « vaquero »**	*le jean*
el hijo	*le fils*	**el vaso**	*le verre*
el maletero	*le coffre*	**la universidad**	*l'université*
la moto	*la moto*	**darse prisa**	*se presser*
el paquete	*le paquet*	**irse**	*s'en aller*
el retraso	*le retard*	**llevar retraso**	*avoir du retard*
el traje	*le costume*	**ya no** + verbe	*ne ... plus*
con mucho gusto	*avec grand plaisir*		

A 2   APPLICATION

1. ¿ Adónde va Ud ahora ? — Voy a la universidad.
2. ¿ Sale Ud ahora ? — Sí, me voy ahora.
3. ¿ Qué van Uds a ver en Toledo ?
4. — Vamos a ver la Catedral.
5. ¿ Sabe Ud adónde van sus hijos ?
6. — No, no lo sé.
7. ¿ Saben Uds si Andrés tiene una moto ?
8. — No, no tiene moto sino coche.
9. ¿ Me da Ud un vaso de agua, por favor ?
10. — Se lo doy con mucho gusto.
11. Llevamos retraso y tenemos que darnos prisa.
12. Los paquetes no caben en el maletero de mi coche.
13. Ya no quepo en este « vaquero » (pantalón vaquero).

A 3   REMARQUES

■ **Les présents de l'indicatif** des verbes **ir**, *aller*, **dar**, *donner*, **saber**, *savoir*, et **caber**, *tenir*, *contenir*, présentent des formes très particulières. Il convient donc de les étudier soigneusement.

■ Le sens général du verbe **ir** est *aller* ; **irse**, forme pronominale, signifie *s'en aller, partir*.

■ **¿ dónde ?** = *où ?* Mais avec un verbe de mouvement il est préférable de faire précéder **dónde** de la préposition **a** : **¿ adónde vas ?** = *où vas-tu ?*

■ *ne … plus* : cette formule est rendue par **ya no** précédant le verbe ou parfois par **no … ya** encadrant le verbe. Elle peut être renforcée par l'addition de **más** : **ya no voy**, **no voy ya**, **ya no voy más** = *je n'y vais plus*.

■ **Rappel** : à l'infinitif le (ou les) pronom(s) se place(nt) après le verbe et se soude(nt) à lui sans trait d'union : **ir** + **se** = **irse**, *s'en aller, partir*.

A 4   TRADUCTION

1. Où allez-vous maintenant ? — Je vais à l'université.
2. Partez-vous maintenant ? — Oui, je m'en vais maintenant.
3. Qu'allez-vous (V.P.) voir à Tolède ?
4. — Nous allons voir la cathédrale.
5. Savez-vous où vont vos enfants ?
6. — Non, je ne le sais pas.
7. Savez-vous (V.P.) si André a une moto ?
8. — Non, il n'a pas de moto, mais une voiture.
9. Vous me donnez un verre d'eau, s'il vous plaît ?
10. — Je vous le donne avec grand plaisir.
11. Nous avons du retard et nous devons nous presser.
12. Les paquets ne tiennent pas dans le coffre de ma voiture.
13. Ce « jean » ne me va plus (je ne tiens plus dans ...).

B 1 PRÉSENTATION

Présents du subjonctif irréguliers (III)

			présent du subjonctif
ir	*aller*	**voy** →	**vaya, vayas, vaya, ...**
dar	*donner*	**doy** →	**dé, des, dé, demos, ...**
saber	*savoir*	**sé** →	**sepa, sepas, sepa, ...**
caber	*tenir dans*	**quepo** →	**quepa, quepas, quepa, ...**

es posible que + subjonctif   *il est possible que ...*

la estatua	*la statue*	**la plata**	*l'argent (métal)*
la habitación	*la chambre*	**la silla**	*la chaise*
el hospital	*l'hôpital*	**el viaje**	*le voyage*
el mueble	*le meuble*	**bastar (con)**	*suffire (de)*
la mesa	*la table*	**dar un paseo**	*faire une*
la oficina	*le bureau*		*promenade*
el partido	*le match*	**en seguida**	*tout de suite*

B 2 APPLICATION

1. Tengo que ir a la oficina en seguida.
2. Importa que yo vaya a la oficina en seguida.
3. Me voy de vacaciones por tres semanas.
4. Es bueno que me vaya de vacaciones por tres semanas.
5. No sé el resultado del partido.
6. Es posible que Ricardo lo sepa.
7. Los muebles no caben todos en esta habitación.
8. Basta con que quepan esta mesa y las sillas.
9. — ¿ Dónde está su hermana ?
10. — No sé, es fácil que dé un paseo.
11. No sé de qué es esta estatua.
12. — Es posible que yo lo sepa : es de plata.
13. — ¿ De quién es ? — Es de mi tío.
14. — ¿ Vamos al hospital mañana ?
15. — Sí, hace falta que vayamos a ver a tu abuelo.

B 3 REMARQUES

■ Nous avons déjà vu qu'en espagnol il faut employer le subjonctif après les expressions contenant une idée d'obligation comme **hace falta que**, *il faut que*, etc. (p. 111). Les tournures impersonnelles suivantes qui indiquent aussi une idée d'obligation, d'utilité ou de devoir à accomplir entrent dans cette catégorie : **es fácil que**, *il se peut que* ; **basta con que**, *il suffit que* ; **conviene que**, **es útil que**, **es bueno que**, **importa que**, **es importante que**.

■ **me voy por una semana** = *je pars pour une semaine* : lorsque *pour* exprime la durée, il se traduit en espagnol par la préposition **por**.

■ Pour indiquer **la possession ou la matière**, on utilise toujours en espagnol le verbe **ser** et la préposition **de** :

> **Es de Juan.** *C'est à Jean.*
> **Es de oro.** *Elle est en or.*

B 4 TRADUCTION

1. Je dois aller au bureau tout de suite.
2. Il est important que j'aille au bureau tout de suite.
3. Je pars en vacances pour trois semaines.
4. Il est bon que je parte en vacances pour trois semaines.
5. Je ne sais pas le résultat du match.
6. Il est possible que Richard le sache.
7. Les meubles ne tiennent pas tous dans cette pièce.
8. Il suffit que cette table et les chaises tiennent.
9. — Où est votre sœur ?
10. Je ne sais pas, il se peut qu'elle fasse une promenade.
11. Je ne sais pas en quoi est cette statue.
12. — Il est possible que je le sache : elle est en argent.
13. — À qui est-elle ? — Elle appartient (est) à mon oncle.
14. — Nous allons à l'hôpital demain ?
15. — Oui, il faut que nous allions voir ton grand-père.

C 1 EXERCICES

A. Répondre affirmativement

1. ¿ Se va Ud a la universidad en seguida ?
2. ¿ Sabe Ud dónde está la moto de Andrés ?
3. ¿ Me da Ud un vaso de agua mineral ?
4. Ya no cabéis en esta sala. ¿ Es posible ?
5. Nos vamos a la oficina. ¿ Es útil ?
6. Sabemos el resultado. ¿ Es importante ?
7. Ud nos da esta estatua. ¿ Es posible ?
8. Vamos a dar un paseo. ¿ Es bueno ?

B. Traduire

1. Je ne sais pas où ils vont maintenant.
2. Nous allons à Malaga pour voir la cathédrale.
3. La table et les chaises ne tiennent pas dans cette pièce.
4. Je vais faire une promenade.
5. Il est important que nous partions tout de suite.
6. Il suffit que nous sachions le résultat du match.
7. Il convient que nous le remerciions.
8. Il est possible que ces paquets tiennent dans le coffre de la voiture.

C 2 INFORMATIONS PRATIQUES

* El turismo
  — ¿ Puede Ud recomendarme una buena guía de la ciudad ?
  — ¿ Dónde está la oficina de turismo ?
  — ¿ Qué es este edificio ?
  — ¿ Está este museo abierto ?
  — ¿ Cuándo abren ? ¿ Cuándo cierran ?
  — ¿ Se pueden tomar (o sacar) fotografías ?
  — ¿ Puedo comprar el catálogo ?
  — ¿ Quién pintó este cuadro ?
  — Quisiéramos visitar este castillo.
  — Nos gustaría alquilar un coche.

C 3 CORRIGÉ

A.

1. — Sí, me voy a la universidad en seguida.
2. — Sí, sé donde está la moto de Andrés (o — Sí, lo sé).
3. — Sí, le doy un vaso de agua mineral.
4. — Sí, es posible que ya no quepamos en esta sala.
5. — Sí, es útil que Uds se vayan a la oficina.
6. — Sí, es importante que Uds sepan el resultado.
7. — Sí, es posible que yo les dé esta estatua.
8. — Sí, es bueno que Uds vayan a dar un paseo.

B.

1. No sé adónde van ahora.
2. Vamos a Málaga para ver la catedral.
3. La mesa y las sillas no caben en esta habitación.
4. Voy a dar un paseo.
5. Importa que nos vayamos en seguida.
6. Basta con que sepamos el resultado del partido.
7. Conviene que le demos las gracias.
8. Es posible que estos paquetes quepan en el maletero del coche.

C 4 TRADUCTION

- *Le tourisme*

  — *Pouvez-vous me recommander un bon guide de la ville ?*
  — *Où est le bureau du tourisme ?*
  — *Quel est cet édifice ?*
  — *Ce musée est-il ouvert ?*
  — *Quand ouvrent-ils ? Quand ferment-ils ?*
  — *Peut-on prendre des photos ?*
  — *Puis-je acheter le catalogue ?*
  — *Qui a peint ce tableau ?*
  — *Nous voudrions visiter ce château.*
  — *Nous aimerions louer une voiture.*

A 1   PRÉSENTATION

- Imparfaits de l'indicatif réguliers

andar	*marcher*	hacer	*faire*
andaba	*je marchais*	hacía	*je faisais*
andabas	*tu marchais*	hacías	*tu faisais*
andaba	*il marchait*	hacía	*il faisait*
andábamos	*nous marchions*	hacíamos	*nous faisions*
andabais	*vous marchiez*	hacíais	*vous faisiez*
andaban	*ils marchaient*	hacían	*ils faisaient*

la energía	*l'énergie*	intentar	*essayer de*
atreverse a	*oser*	llamar	*appeler*
ayudar	*aider*	llegar	*arriver*
dar una vuelta	*faire un tour*	lo ... todo	*tout*
entrar	*entrer*	antes	*auparavant*
existir	*exister*	cada día	*chaque jour*
ignorar	*ignorer*	de memoria	*par cœur*

A 2   APPLICATION

1. Antes, Ud andaba con mucha energía. — Antes sí, pero ahora no.
2. ¿ Intentabas llamarme ? — Sí, intentaba llamarte.
3. ¿ Él lo ignoraba todo ? — Sí, lo ignoraba todo.
4. ¿ Quién nos ayudaba ? — María nos ayudaba.
5. Acabábamos de llegar. Acababais de salir.
6. Ud hacía lo que quería. Antes, esto no existía.
7. ¿ No te atrevías a entrar ? — No, no me atrevía.
8. Ella lo sabía todo. No prometía nada.
9. Lo aprendíais todo de memoria.
10. Nunca añadía ella nada, porque no se atrevía.
11. No te atrevías a decirlo, ¿ verdad ?
12. Nos gustaba dar una vuelta cada día.
13. ¿ No sabías que yo venía hoy ? — No, no lo sabía.

A 3 REMARQUES

■ Rappel : **ignorar** : attention à la prononciation : d'abord **ig ~**, puis **~ norar** : [ig-norar].

■ L'imparfait de l'indicatif est presque toujours régulier. Il s'obtient de la façon suivante :

— si l'infinitif est terminé en **~ ar**, on ajoute au radical :

~aba	~abas	~aba	~ábamos	~abais	~aban

— si l'infinitif est terminé en **~ er** ou **~ ir**, on ajoute au radical :

~ía	~ías	~ía	~íamos	~íais	~ían

■ **lo ... todo** : quand **todo** est complément d'objet direct d'un verbe, il est annoncé, avant le verbe, par **lo**.

Lo intentaba todo.
Il essayait tout.

▶ **cada día**, *chaque jour, tous les jours* ; **cada** est invariable : **cada año**, *tous les ans*.

A 4 TRADUCTION

1. Avant, vous marchiez très énergiquement. — Avant oui, mais pas maintenant.
2. Essayais-tu de m'appeler ? — Oui, j'essayais de t'appeler.
3. Il ignorait tout ? — Oui, il ignorait tout.
4. Qui nous aidait ? - Marie nous aidait.
5. Nous venions d'arriver. Vous veniez (T.P.) de partir.
6. Vous faisiez ce que vous vouliez. Avant, ça n'existait pas.
7. Tu n'osais pas entrer ? — Non, je n'osais pas.
8. Elle savait tout. Elle ne promettait rien.
9. Vous appreniez (T.P.) tout par cœur.
10. Elle n'ajoutait jamais rien, parce qu'elle n'osait pas.
11. Tu n'osais pas le dire, n'est-ce pas ?
12. Nous aimions faire un tour tous les jours.
13. Tu ne savais pas que je venais aujourd'hui ? — Non, je ne le savais pas.

B 1   PRÉSENTATION

• <u>Imparfaits de l'indicatif irréguliers</u>

ir	aller	ser	être	ver	voir
iba	j'allais	era	j'étais	veía	je voyais
ibas	...	eras	...	veías	...
iba		era		veía	
íbamos		éramos		veíamos	
ibais		erais		veíais	
iban		eran		veían	

hermano/a	frère, sœur	dar la gana	faire envie
el oro	l'or	ir de	aller en
el piso	l'appartement	ir (a) por	aller chercher
el reloj	la montre	pasar	passer
las vacaciones	les vacances	claro	bien sûr
contento	content	excepto	sauf, excepté
juntos, as	ensemble	burlarse	se moquer

B 2   APPLICATION

1. Era él, claro, pero no podía creerlo.
2. Éramos seis y el piso era muy pequeño.
3. Era verdad que esto no era indispensable.
4. Carlos creía que nos burlábamos de él.
5. Yo no veía nada de lo que hacía ella.
6. No veíamos lo que él creía ver.
7. Todos lo veían, excepto tú. ¿ Qué te pasaba ?
8. Tú no veías lo que quería él.
9. Yo iba con él cuando lo pedía.
10. Íbamos juntos porque éramos amigos.
11. Ibas de vacaciones cuando te daba la gana.
12. ¿ Ud iba por el pan ? Voy con Ud.
13. Este reloj es de oro, era de mi padre.
14. No estabas contento porque veías que me iba.

B 3 REMARQUES

■ Attention aux accents écrits sur les premières personnes du pluriel de **ser** et de **ir**, ainsi qu'à toutes les personnes de **ver**.

■ **Seuls les imparfaits de l'indicatif** des verbes **ser**, **ver**, et **ir**, sont **irréguliers**.
Il convient donc de les savoir par cœur puisqu'ils échappent aux règles qui régissent l'imparfait de l'indicatif de tous les autres verbes.

■ **ir** : attention aux différentes prépositions qui peuvent suivre ce verbe :

ir a = *aller à, vers*
ir de = *aller en* (promenade, vacances, etc.)
ir por (familièrement, **ir a por**) = *aller chercher* ; la préposition **por** après un verbe de mouvement est à traduire ainsi :

　subir por, *monter chercher* ; **correr por**, *courir chercher*.

■ **ser de** pour indiquer la possession et la matière, voir p. 159.

B 4 TRADUCTION

1. C'était lui, bien sûr, mais je ne pouvais pas le croire.
2. Nous étions six et l'appartement était très petit.
3. C'était vrai que cela n'était pas indispensable.
4. Charles croyait que nous nous moquions de lui.
5. Je ne voyais rien de ce qu'elle faisait.
6. Nous ne voyions pas ce que lui croyait voir.
7. Tous le voyaient, sauf toi. Que t'arrivait-il ?
8. Toi, tu ne voyais pas ce qu'il voulait.
9. Moi, j'allais avec lui quand il le demandait.
10. Nous allions ensemble parce que nous étions amis.
11. Tu allais en vacances quand ça te faisait envie.
12. Vous alliez chercher le pain ? Je vais avec vous.
13. Cette montre est en or, elle était à mon père.
14. Tu n'étais pas content parce que tu voyais que je partais.

C 1 EXERCICES

A. Traduire (*blond* = **rubio**)

1. J'apprenais tout.
2. Tu le savais par cœur.
3. Elle n'ignorait rien.
4. Elles allaient en vacances.
5. Ils étaient trente-cinq.
6. Tu ne voyais rien.
7. Tu venais d'essayer.
8. Il venait te chercher.
9. Sa fille était blonde.
10. Nous étions tous là.

B. Traduire

1. Elle était en train d'ouvrir les fenêtres.
2. J'étais sûre que c'était lui.
3. Elles ne savaient rien et promettaient tout.
4. Je savais très bien que ce n'était pas comme ça.
5. C'était vrai que vous marchiez (V.P.) un peu tous les jours.
6. Je ne savais jamais quand vous étiez fatiguée.
7. Pourquoi n'osiez-vous (T.P.) pas l'appeler ?
8. Elle venait de le dire, mais lui ne pouvait pas le savoir.

C 2 INFORMATIONS PRATIQUES

● Situarse en el tiempo :

hoy	esta mañana
	esta tarde
	esta noche

En el pasado :

ayer	ayer por la mañana
	ayer por la tarde
	anoche
anteayer	anteayer por la mañana
	anteayer por la tarde
	anteanoche
hace	hace quince días
	hace dos meses
	hace tres años

C 3 CORRIGÉ

A.

1. Lo aprendía todo.
2. Lo sabías de memoria.
3. Ella no ignoraba nada.
4. Ellas iban de vacaciones.
5. Eran treinta y cinco.
6. No veías nada.
7. Acababas de intentar.
8. Venía él por ti.
9. Su hija era rubia.
10. Todos estábamos aquí.

B.

1. Ella estaba abriendo las ventanas.
2. Estaba yo segura de que era él.
3. Ellas no sabían nada y lo prometían todo.
4. Sabía yo muy bien que no era así.
5. Era verdad que Uds andaban un poco cada día.
6. Yo no sabía nunca cuando Ud estaba cansada.
7. ¿ Por qué no os atrevíais a llamarle ?
8. Ella acababa de decirlo, pero él no podía saberlo.

C 4 TRADUCTION

- *Se situer dans le temps :*

aujourd'hui	*ce matin*
	cet après-midi
	ce soir, cette nuit

Dans le passé :

hier	*hier matin*
	hier après-midi
	hier soir

avant-hier	*avant-hier matin*
	avant-hier après-midi
	avant-hier soir

il y a	*il y a quinze jours*
	il y a deux mois
	il y a trois ans

(suite p. 172)

A 1   PRÉSENTATION

- Passé simple des verbes en ~**ar**

quit **ar**	**quitar**	*ôter*
quit **é**	**quité**	*j'ai ôté*
quit **a ste**	**quitaste**	*tu as ôté*
quit **ó**	**quitó**	*il a ôté*
quit **a mos**	**quitamos**	*nous avons ôté*
quit **a steis**	**quitasteis**	*vous avez ôté*
quit **a ron**	**quitaron**	*ils ont ôté*

el chaleco	*le gilet*	**contestar**	*répondre*
el grupo	*le groupe*	**enterarse de**	*s'informer de*
el pastel	*le gâteau*	**explicar**	*expliquer*
la salida	*le départ*	**marcharse**	*partir, s'en aller*
solo/a	*seul(e)*	**preguntar**	*demander, interroger*
comprobar	*vérifier*	**probar**	*goûter, essayer*
callarse	*se taire*	**¿ verdad ?**	*n'est-ce pas ?*

A 2   APPLICATION

1. ¿ Te quitaste el chaleco ? — Sí, me lo quité.
2. ¿ Se marchó Ud solo ? — No, me marché con Enrique.
3. ¿ No se lo explicaron ellos ? — No nos lo explicaron.
4. ¿ Qué preguntó Ud ? — Pregunté si estaba ella.
5. Y, ¿ qué contestaron ? — Contestaron que no estaba.
6. ¿ Probasteis este pastel ? — Sí, lo probamos.
7. Y, ¿ os gustó ? — No, no nos gustó mucho.
8. ¿ Comprobaste que era él ? — Sí, lo comprobé.
9. ¿ Se enteró Ud de su salida ? — No, no me enteré.
10. ¡ No sé por qué Ud no se enteró !
11. No me enteré porque no estaba.
12. Se calló Ud, ¿ verdad ? — Sí, me callé y ahora lo siento.

A 3   REMARQUES

■ Le passé simple des verbes réguliers dont l'infinitif est terminé par ~ **ar** se forme de la façon suivante :
radical + ~**é** ~**aste** ~**ó** ~**amos** ~**asteis** ~**aron**

■ Le passé simple est d'un **emploi très courant** en espagnol moderne, alors que le français l'abandonne dans la langue parlée ; c'est pour cela qu'il est traduit dans cette méthode par le passé composé. L'espagnol utilise le passé simple à chaque fois que l'action exprimée par le verbe se situe dans une unité de temps — le jour, la semaine, le mois, l'année, etc. — qui est révolue : *hier, avant-hier, la semaine dernière, le mois dernier*, etc., *j'ai vu ton ami* = **ayer, anteayer, la semana pasada, el mes pasado**, etc. **vi a tu amigo**.

■ **quitar** : attention au faux ami : il signifie *ôter* et non pas *quitter* qui se traduit par **dejar, abandonar** ou par **despedirse de** (*prendre congé*).

■ **quitarse el chaleco**, *enlever son gilet* : l'espagnol remplace souvent le possessif (*son*) par l'article défini (**el**) et le verbe se met alors à la forme pronominale :
Me quito el chaleco. *J'enlève mon gilet.*

■ **enterarse de**, *s'informer de* ; *être informé, savoir* ; *apprendre (une nouvelle)*.

A 4   TRADUCTION

1. Tu as enlevé ton gilet ? — Oui, je l'ai enlevé.
2. Vous êtes parti seul ? — Non, je suis parti avec Henri.
3. Ils ne vous l'ont pas expliqué ? — Ils ne nous l'ont pas expliqué.
4. Qu'avez-vous demandé ? — J'ai demandé si elle était là.
5. Et qu'ont-ils répondu ? — Ils ont répondu qu'elle n'était pas là.
6. Avez-vous (T.P.) goûté ce gâteau ? — Oui, nous l'avons goûté.
7. Et, vous avez aimé ? — Non, nous n'avons pas beaucoup aimé.
8. As-tu vérifié que c'était lui ? — Oui, je l'ai vérifié.
9. Avez-vous été informé de son départ ? — Non, je ne l'ai pas su.
10. Je ne sais pas pourquoi vous ne vous êtes pas informé !
11. Je ne me suis pas informé parce que je n'étais pas là.
12. Vous vous êtes tu, n'est-ce pas ? — Oui, je me suis tu et je le regrette maintenant.

B 1 PRÉSENTATION

- Passé simple des verbes en ~**er** et ~**ir**

volver	*rentrer*	**recibir**	*recevoir*
volví	*je suis rentré*	**recibí**	*j'ai reçu*
volviste	*tu es rentré*	**recibiste**	*tu as reçu*
volvió	*il est rentré*	**recibió**	*il a reçu*
volvimos	*nous sommes rentrés*	**recibimos**	*nous avons reçu*
volvisteis	*vous êtes rentrés*	**recibisteis**	*vous avez reçu*
volvieron	*ils sont rentrés*	**recibieron**	*ils ont reçu*

decidir	*décider de*	**permitir**	*permettre de*
despedir	*renvoyer, congédier*	**prohibir**	*interdire*
encontrar	*trouver, rencontrer*	**al contrario**	*au contraire*
volver a encontrar	*retrouver*	**con mucho gusto**	
insistir	*insister*	*avec grand plaisir*	
llover	*pleuvoir*	**durante**	*pendant*
perder el tiempo		**tampoco**	*non plus*
perdre son temps		**todavía**	*encore*

B 2 APPLICATION

1. ¿ Cuándo volvió Ud ? — Volví anoche.
2. ¿ Volviste a encontrarle ? — No, no volví a encontrarle.
3. ¿ Caíste ? — Yo no, pero él sí, cayó.
4. Llovió durante todo el día. Y llovió muchísimo.
5. Ayer, ¿ perdió Ud el tiempo ? — No, al contrario, no lo perdí.
6. ¿ La recibió Ud ? — Sí, la recibí con mucho gusto.
7. ¿ Por qué insististeis tanto ? — Pero, ¡ no insistimos !
8. ¿ Le permitieron Uds entrar ? — No, no se lo permitimos.
9. ¿ Decidió Ud despedirle ? — Todavía no.
10. No decidí nada y no le prohibí nada tampoco.
11. No, no lo decidí porque no lo podía decidir.
12. Volvieron a verme anteanoche.

B 3   REMARQUES

■ Le passé simple des verbes réguliers dont l'infinitif se termine en ~**er** ou ~**ir** se forme de la façon suivante :

radical + ~**í** ~**iste** ~**ió** ~**imos** ~**isteis** ~**ieron**

■ Aux 3ᵉ personnes du singulier et du pluriel, les verbes dont le radical se termine par une voyelle, prennent un **y** au lieu du **i** :

le~ió → leyó   **ca~ió → cayó**

■ Attention donc aux passés simples : le seul élément, en dehors du radical, qui différencie les formes des verbes en ~**ar** de celles de verbes en ~**er** ou ~**ir**, **c'est la voyelle ou le groupe de voyelles de la terminaison** :

radical + ~**é** ~**a(ste)** ~**ó** ~**a(mos)** ~**a(steis)** ~**a(ron)**
radical + ~**í** ~**i(ste)** ~**ió** ~**i(mos)** ~**i(steis)** ~**ie(ron)**

■ **permitir** et **prohibir** sont suivis de l'infinitif si leur complément est un pronom : **le prohibí salir**, *je lui ai interdit de sortir*. Ils sont suivis du subjonctif si le complément est un nom :

Prohíbo a mi hermano que salga.
J'interdis à mon frère de sortir.

■ Attention à **decidir** qui en espagnol se construit sans préposition :
Decidí comer. *J'ai décidé de manger.*

B 4   TRADUCTION

1. Quand êtes-vous revenu ? — Je suis revenu hier soir.
2. L'as-tu retrouvé ? — Non, je ne l'ai pas retrouvé.
3. Es-tu tombé ? — Moi non, mais lui si, il est tombé.
4. Il a plu (pendant) toute la journée. Et il a beaucoup plu.
5. Hier, avez-vous perdu votre temps ? — Non, au contraire, je ne l'ai pas perdu.
6. Vous l'avez reçue ? — Oui, je l'ai reçue avec grand plaisir.
7. Pourquoi avez-vous tant insisté (T.P.) ? — Mais, nous n'avons pas insisté !
8. Lui avez-vous permis (V.P.) d'entrer ? — Non, nous ne le lui avons pas permis.
9. Avez-vous décidé de le renvoyer ? — Pas encore.
10. Je n'ai rien décidé et je ne lui ai rien interdit non plus.
11. Non, je ne l'ai pas décidé parce que je ne pouvais pas le décider.
12. Ils sont revenus me voir avant-hier soir.

C 1 EXERCICES

A. Traduire

1. Aujourd'hui, j'ai insisté.
2. Aujourd'hui, je n'ai rien promis.
3. Aujourd'hui, je l'ai goûté.
4. Aujourd'hui, tu n'as rien répondu.
5. Aujourd'hui, il s'est informé.
6. Aujourd'hui, nous avons décidé.

7. Hier, j'ai insisté.
8. Hier, ...
9. Hier, ...
10. Hier, ...
11. Hier, ...
12. Hier, ...

B. Traduire (*vers* = **hacia**)

1. Hier, à quelle heure es-tu rentré ? — Je ne me rappelle pas, je suis arrivé vers six heures, je crois.
2. Nous avons tout mangé avant-hier soir.
3. Je l'ai appelé hier matin : il était bien.
4. Nous le lui avons interdit il y a quinze jours.
5. Je le lui ai demandé avant-hier après-midi, mais il n'a rien répondu.

C 2 INFORMATIONS PRATIQUES

- Situarse en el tiempo :

hoy	esta mañana esta tarde esta noche
mañana	mañana por la mañana mañana por la tarde mañana por la noche
pasado mañana	pasado mañana por la mañana pasado mañana por la tarde pasado mañana por la noche
dentro de	dentro de quince días dentro de dos meses dentro de tres años

C 3 CORRIGÉ

A.

1. Hoy, he insistido.
2. Hoy, no he prometido nada.
3. Hoy, lo he probado.
4. Hoy, no has contestado nada.
5. Hoy, se ha enterado.
6. Hoy, hemos decidido.
7. Ayer, insistí.
8. Ayer, no prometí nada.
9. Ayer, lo probé.
10. Ayer, no contestaste nada.
11. Ayer, se enteró.
12. Ayer, decidimos.

B.

1. Ayer ¿ a qué hora volviste ? — No recuerdo, llegué hacia las seis, creo.
2. Lo comimos todo anteanoche.
3. Le llamé ayer por la mañana : estaba bien.
4. Se lo prohibimos hace quince días.
5. Se lo pregunté anteayer por la tarde, pero no contestó nada.

C 4 TRADUCTION

- *Se situer dans le temps* (suite) :

aujourd'hui	*ce matin* *cet après-midi* *ce soir, cette nuit*
demain	*demain matin* *demain après-midi* *demain soir*
après-demain	*après-demain matin* *après-demain après-midi* *après-demain soir*
dans	*dans quinze jours* *dans deux mois* *dans trois ans*

28 No querías que él se acercara

A 1 PRÉSENTATION

- Verbes en ~**ar** : imparfaits du subjonctif

  llenar *remplir*

llenaron →	llenara	llenase	*que je remplisse*
	llenaras	**llenases**	*que tu remplisses*
	llenara	**llenase**	*qu'il remplît*
	llenáramos	**llenásemos**	*que nous remplissions*
	llenarais	**llenaseis**	*que vous remplissiez*
	llenaran	**llenasen**	*qu'ils remplissent*

el accidente	*l'accident*	**preferible**	*préférable*
el arte	*l'art*	**acercarse a**	*s'approcher de*
el atasco	*l'embouteillage*	**desear**	*souhaiter*
la gente	*les gens*	**evitar**	*éviter*
el lugar	*le lieu*	**interesarse por**	*s'intéresser à*
los padres	*les parents*	**marcharse**	*partir*
el vaso	*le verre*	**presentar**	*présenter*
concebible	*concevable*	**(es) verdad que**	*c'est vrai que*
deseable	*souhaitable*		

A 2 APPLICATION

1. Yo no quería que él me llenara el vaso.
2. Era preferible que la presentases.
3. ¿ Era concebible que esa gente no se interesara por el arte ?
4. No me parecía deseable que ellas se marchasen.
5. No queríamos que os acercarais al lugar del accidente.
6. ¿ Por qué no queríais que nos acercáramos ?
7. Creo que no era indispensable que lo compraseis.
8. Él deseó que ayudaras a tus padres.
9. Los ayudé. Y no era útil que me lo explicara.
10. ¿ No era posible que evitases el atasco ?
11. No estabas segura de que ellos se lo recordaran.
12. ¿ Verdad que él no quería que tú lo aceptases ?
13. Sí, es verdad. Él no quería que yo aceptase.

Tu ne voulais pas qu'il s'approche

A 3   REMARQUES

■ Il y a **deux formes du subjonctif imparfait en espagnol** : toutes
deux proviennent de **la troisième personne du pluriel du passé
simple** et s'emploient indifféremment (p. 264). La première est
peut-être un peu plus fréquente.
Il convient de bien connaître les deux formes, car elles sont d'un
emploi constant, même dans la langue la plus populaire ; dans ce
cas-là, le français contemporain utilise presque toujours le présent
du subjonctif et c'est ce temps qui est utilisé dans les traductions
et les exercices de cette méthode.

■ Veillez bien à respecter la concordance des temps (pp. 192 et 194).

■ **la gente**, *les gens*. Attention, en espagnol, le mot est au singulier
la plupart du temps.

■ **marcharse**, *partir, s'en aller*. Attention au faux ami.

■ **acercarse a**, *s'approcher de*. Attention à la préposition espagnole
requise par l'idée de mouvement du verbe.

■ **los padres**, *les parents*, c'est-à-dire le père et la mère.

A 4   TRADUCTION

1. Je ne voulais pas qu'il remplisse mon verre.
2. Il était préférable que tu la présentes.
3. Était-il concevable que ces gens-là ne s'intéressent pas à l'art ?
4. Il ne me semblait pas souhaitable qu'elles partent.
5. Nous ne voulions pas que vous vous approchiez (T.P.) du lieu de
   l'accident.
6. Pourquoi ne vouliez-vous pas que nous nous approchions ?
7. Je crois qu'il n'était pas indispensable que vous l'achetiez (T.P.) ?
8. Il a souhaité que tu aides tes parents.
9. Je les ai aidés. Et il n'était pas utile qu'il me l'explique.
10. Il n'était pas possible que tu évites l'embouteillage ?
11. Tu n'étais pas sûre qu'ils se le rappellent.
12. C'est vrai qu'il ne voulait pas que tu l'acceptes ?
13. Oui, c'est vrai. Il ne voulait pas que j'accepte.

B 1 PRÉSENTATION

• Verbes en ~**er** et ~**ir** : imparfaits du subjonctif

unir *unir*

unieron →

uniera	**un**iese	*que j'unisse*
unieras	**un**ieses	*que tu unisses*
uniera	**un**iese	*qu'il unît*
uniéramos	**un**iésemos	*que nous unissions*
unierais	**un**ieseis	*que vous unissiez*
unieran	**un**iesen	*qu'ils unissent*

la oferta	*l'offre*	**lamentar**	*regretter*
servicios prestados			
services rendus		**reunir**	*réunir*
inevitable	*inévitable*	**reunirse**	*se réunir, rejoindre*
aconsejar	*conseiller*	**sorprender**	*surprendre*
agradecer	*remercier*	**volver a ver**	*revoir*
atreverse a	*oser*	**además**	*en plus, en outre*

B 2 APPLICATION

1. Querían que nos reuniéramos.
2. Ud les escribió que se reuniesen con nosotros mañana.
3. Era preferible que los recibiéramos.
4. Era inevitable que tu hermano insistiese.
5. No me sorprendió que se atreviera a insistir.
6. No concebía él que no decidierais nada.
7. Lamentaba él que no aceptaras su oferta.
8. Era indispensable que le agradeciésemos los servicios prestados.
9. ¿ Prohibiste a Antonio que volviera a verme ?
10. No, sólo quería que no perdiese el tiempo.
11. Y además le aconsejaste que no me escribiera.
12. No era posible que lo aceptara sin decir nada.

B 3 REMARQUES

■ Comme pour les verbes en ~**ar**, les verbes en ~**er** et en ~**ir** ont deux formes de subjonctif imparfait : elles proviennent de la 3e personne du pluriel du passé simple et s'emploient indifféremment.

■ Il convient donc de ne pas oublier cette 3e personne du pluriel du passé simple qui commande les imparfaits du subjonctif :

$$
\text{llenar} \quad \text{~aron} \left\{ \begin{array}{llllll} \text{~ara} & \text{~aras} & \text{~ara} & \text{~áramos} & \text{~arais} & \text{~aran} \\ \text{~ase} & \text{~ases} & \text{~ase} & \text{~ásemos} & \text{~aseis} & \text{~asen} \end{array} \right.
$$

$$
\left. \begin{array}{l} \text{ver} \\ \text{unir} \end{array} \right\} \text{~ieron} \left\{ \begin{array}{llllll} \text{~iera} & \text{~ieras} & \text{~iera} & \text{~iéramos} & \text{~ierais} & \text{~ieran} \\ \text{~iese} & \text{~ieses} & \text{~iese} & \text{~iésemos} & \text{~ieseis} & \text{~iesen} \end{array} \right.
$$

■ **agradecer** : attention à la construction de ce verbe qui n'admet pas de préposition :

te agradezco este servicio = *je te remercie de ce service*

■ **escribir**, *écrire*, **aconsejar**, *conseiller* : ces verbes sont suivis du subjonctif en espagnol, et de l'infinitif en français (verbes d'ordre ou de prière, p. 153).

Le escribí que aceptara.
Je lui ai écrit d'accepter.

B 4 TRADUCTION

1. Ils voulaient que nous nous réunissions.
2. Vous leur avez écrit de nous rejoindre demain.
3. Il était préférable que nous les recevions.
4. Il était inévitable que ton frère insiste.
5. Cela ne m'a pas surpris qu'il ose insister.
6. Il ne concevait pas que vous ne décidiez rien (T.P.).
7. Il regrettait que tu n'acceptes pas son offre.
8. Il était indispensable que nous le remercions des services rendus.
9. As-tu interdit à Antoine de me revoir ?
10. Non, je voulais seulement qu'il ne perde pas son temps.
11. Et en plus, tu lui as conseillé de ne pas m'écrire.
12. Il n'était pas possible qu'il l'accepte sans rien dire.

C 1   EXERCICES

A. Conjuguer à l'imparfait du subjonctif

forme en ~**ra** : **gastar**, *dépenser*

forme en ~**se** : **subir**, *monter*

B. Traduire   (*admettre* = **admitir**)

1. Ils ont obéi, eux : il fallait, toi aussi, que tu oses.
2. Il n'était pas indispensable que tu l'aides, je crois.
3. Cela ne m'a pas plu que tu te moques de lui.
4. Je ne lui ai jamais conseillé d'accepter cela.
5. Il ne m'a pas paru souhaitable que vous le rejoigniez.
6. Il regrettait que tu ne t'intéresses pas à l'art.
7. Il était préférable qu'ils se réunissent sans nous.
8. Il regrettait beaucoup que tu t'inquiètes tant et que tu te fatigues ainsi.
9. Vous n'admettiez pas (T.P.) que nous mangions tous ensemble. Je me demande pourquoi.

C 2   INFORMATIONS PRATIQUES

* En la aduana
    - Por favor, señor, ¿ algo que declarar ?
    - No, señor, nada. Vuelvo de vacaciones.
    - ¿ De quién es esta maleta ?
    - Es mía.
    - ¡ Bueno ! ¿ Quiere Ud abrirla ?
    - Sí, claro, con gusto.
    - Haga el favor de abrir el maletero de su coche.

    - Por persona de más de quince años de edad, no se permiten más que :
      doscientos pitillos (o cigarrillos)
      o cincuenta puros
      o doscientos cincuenta gramos de tabaco de fumar
      dos litros de vino
    - Tenga en cuenta que no es un derecho, sino una tolerancia.
    - ¡ Cuidado ! Está terminantemente prohibido pasar anís !

C 3   CORRIGÉ

A.

| gastara | gastaras | gastara | gastáramos | gastarais | gastaran |
| subiese | subieses | subiese | subiésemos | subieseis | subiesen |

B.

1. Ellos obedecieron : hacía falta que te atrevieras tú también.
2. No era indispensable que le ayudaras, creo.
3. No me gustó que te burlaras de él.
4. Nunca le aconsejé que aceptase esto.
5. No me pareció deseable que Ud se reuniera con él.
6. Lamentaba que no te interesaras por el arte.
7. Era preferible que se reunieran sin nosotros.
8. Sentía él mucho que te inquietaras tanto y que te cansaras así.
9. Vosotros no admitíais que comiésemos todos juntos. Me pregunto por qué.

C 4   TRADUCTION

- *À la douane*
  - *S'il vous plaît, monsieur, quelque chose à déclarer ?*
  - *Non, monsieur, rien. Je reviens de vacances.*
  - *À qui est cette valise ?*
  - *Elle est à moi.*
  - *Bien. Voulez-vous l'ouvrir ?*
  - *Oui, bien sûr, avec plaisir.*
  - *Veuillez ouvrir le coffre de votre voiture.*

  - *Par personne de plus de 15 ans, ne sont permis que :*
    200 cigarettes
    ou 50 cigares
    ou 250 grammes de tabac à fumer
    2 litres de vin

  - *Considérez que ce n'est pas un droit, mais une tolérance.*
  - *Attention ! Il est formellement interdit de passer de l'anis !*

A 1 PRÉSENTATION

- Le futur régulier

infinitif +	~é	~ás	~á	~emos	~éis	~án

hablar	+ ~é	→	hablaré	*je parlerai*
beber	+ ~ás	→	beberás	*tu boiras*
vivir	+ ~á	→	vivirá	*il vivra*
cantar	+ ~emos	→	cantaremos	*nous chanterons*
comer	+ ~éis	→	comeréis	*vous mangerez*
pedir	+ ~án	→	pedirán	*ils demanderont*

el cigarrillo	*la cigarette*	luego	*après, ensuite*
la conferencia	*la conférence*	apagar	*éteindre*
la cuenta	*la note*	asistir	*assister*
la luz	*la lumière*	bailar	*danser*
la novela	*le roman*	comprar	*acheter*
el puro	*le cigare*	encender	*allumer*
después	*après, ensuite*	pagar	*payer*

A 2 APPLICATION

1. Fumo un cigarrillo. Fumaré un cigarrillo.
2. Compras la novela. Comprarás la novela.
3. Apaga la luz. Apagará la luz.
4. Encendemos los puros. Encenderemos los puros.
5. Pagáis la cuenta. Pagaréis la cuenta.
6. Asisten a la conferencia. Asistirán a la conferencia.
7. ¿ Enciende Ud este puro ? — Lo encenderé después.
8. ¿ Apagas la luz ? — La apagaré luego (más tarde).
9. ¿ Compras esta novela ? — La compraré mañana.
10. ¿ Bailan Uds hoy ? — Sí, bailaremos esta noche.
11. ¿ Ya han pagado los clientes ? — No, pagarán mañana.
12. ¿ Ya has escrito la carta ? — No, la escribiré luego.
13. ¿ Qué hora será ? — Serán las cinco.
14. ¿ Dónde estará Miguel ahora ?
15. — Estará leyendo una novela en el jardín.

A 3 REMARQUES

■ **Le futur régulier**, aussi bien en espagnol qu'en français, est en réalité un temps formé de l'infinitif du verbe conjugué suivi du présent de l'indicatif du verbe auxiliaire *avoir*, **haber**.

Dans le futur espagnol cet auxiliaire se présente sans **h** et la deuxième personne du pluriel est réduite :

(h)é   (h)ás   (h)á   (h)emos   (hab)éis   (h)án

Ces terminaisons sont les mêmes pour tous les futurs, réguliers et irréguliers. Elles comportent toutes un **accent écrit**, sauf la première personne du pluriel.

■ Le futur espagnol peut exprimer à lui seul **l'aspect de conjecture, de probabilité** pour des faits envisagés au présent :

no viene, estará enfermo, *il ne vient pas, il doit être malade*

■ **¿ Qué ?** *que, quoi*, **¿ Dónde ?** *où*. N'oubliez pas l'accent sur les mots interrogatifs.

■ Au gérondif, le **i** de **~iendo** se transcrit **y** lorsque le radical du verbe se termine par une voyelle : **leer** : **le~iendo → leyendo**.

A 4 TRADUCTION

1. Je fume une cigarette. Je fumerai une cigarette.
2. Tu achètes le roman. Tu achèteras le roman.
3. Il éteint la lumière. Il éteindra la lumière.
4. Nous allumons les cigares. Nous allumerons les cigares.
5. Vous payez la note. Vous paierez la note.
6. Ils assistent à la conférence. Ils assisteront à la conférence.
7. Allumez-vous ce cigare ? — Je l'allumerai après.
8. Éteins-tu la lumière ? — Je l'éteindrai plus tard.
9. Achètes-tu ce roman ? — Je l'achèterai demain.
10. Dansez-vous (V.P.) aujourd'hui ? — Oui, nous danserons ce soir.
11. Les clients ont-ils déjà payé ? — Non, ils paieront demain.
12. As-tu déjà écrit la lettre ? — Je l'écrirai plus tard.
13. Quelle heure peut-il être ? — Il doit être cinq heures.
14. Où Michel peut-il être maintenant ?
15. — Il doit être en train de lire un roman dans le jardin.

B 1 PRÉSENTATION

- Le conditionnel régulier

infinitif +	~ ía	~ ías	~ ía	~ íamos	~ íais	~ ían

comprar	+ ~ ía	→	compraría	*j'achèterais*
vender	+ ~ ías	→	venderías	*tu vendrais*
abrir	+ ~ ía	→	abriría	*il ouvrirait*
cerrar	+ ~ íamos	→	cerraríamos	*nous fermerions*
volver	+ ~ iáis	→	volveríais	*vous reviendriez*
recibir	+ ~ ían	→	recibirían	*ils recevraient*

la cumbre	*le sommet*	admitir	*admettre*
el dinero	*l'argent*	esconder	*cacher*
las joyas	*les bijoux*	fumar	*fumer*
la máquina	*la machine*	parecer	*sembler, paraître*
el permiso	*l'autorisation*	pedir	*demander*
la solución	*la solution*	subir	*monter*
aceptar	*accepter*	utilizar	*utiliser*

B 2 APPLICATION

1. Pido permiso. Pediría permiso.
2. Aceptas el dinero. Aceptarías el dinero.
3. Admite la solución. Admitiría la solución.
4. Utilizamos la máquina. Utilizaríamos la máquina.
5. Subís a la cumbre. Subiríais a la cumbre.
6. Esconden las joyas. Esconderían las joyas.
7. Joaquín fuma. Yo no fumaría.
8. Parece que lo acepta. ¿ Lo aceptaría Ud ?
9. Admito esta solución. ¿ La admitirías ?
10. Utilizamos la máquina. ¿ Ud la utilizaría ?
11. Suben a la cumbre. ¿ Vosotros subiríais ?
12. Esconden las joyas. ¿ Las esconderían Uds ?
13. Estarían de vacaciones en Mallorca.
14. Nos gustaría utilizar esta máquina.

B 3   REMARQUES

■ **Le conditionnel régulier** s'obtient, en espagnol comme en français, en ajoutant à l'infinitif du verbe conjugué les terminaisons de l'imparfait de l'indicatif du verbe auxiliaire *avoir*, **haber**, c'est-à-dire :

$$\sim ía \qquad \sim ías \qquad \sim ía \qquad \sim íamos \qquad \sim íais \qquad \sim ían$$

■ Comme en français, on peut employer le conditionnel en espagnol comme un **moyen d'atténuation** soit pour rapporter des faits non garantis, soit pour exprimer poliment des demandes :

    estaría en Líbano, *il serait au Liban*
    me gustaría bailar con Ud, *j'aimerais danser avec vous*

Le conditionnel peut aussi exprimer la probabilité au passé :

    Estaría yo con el jefe de ventas cuando llamaste.
    Je devais être avec le chef des ventes quand tu as appelé.

■ **Attention à la prononciation :** dans le groupe **~ía**, l'accent sur le **i** indique que ces deux voyelles appartiennent à des syllabes différentes. Ainsi **comería** se prononcera en quatre syllabes distinctes **co~me~rí~a**, sans craindre d'allonger le son du **i**.

B 4   TRADUCTION

1. Je demande l'autorisation. Je demanderais l'autorisation.
2. Tu acceptes l'argent. Tu accepterais l'argent.
3. Il admet la solution. Il admettrait la solution.
4. Nous utilisons la machine. Nous utiliserions la machine.
5. Vous montez (T.P.) au sommet. Vous monteriez au sommet.
6. Ils cachent les bijoux. Ils cacheraient les bijoux.
7. Joachim fume. Moi, je ne fumerais pas.
8. Il semble qu'il l'accepte. L'accepteriez-vous ?
9. J'admets cette solution. L'admettrais-tu ?
10. Nous utilisons la machine. L'utiliseriez-vous ?
11. Ils montent au sommet. Vous, vous monteriez (T.P.) ?
12. Ils cachent les bijoux. Les cacheriez-vous (V.P.) ?
13. Ils seraient (ou devaient être) en vacances à Majorque.
14. Nous aimerions utiliser cette machine.

C 1 EXERCICES

A. Répondre au futur en employant le pronom complément

1. ¿ Compras esta novela ?
2. ¿ Escribe él la carta ?
3. ¿ Bailan Uds el tango ?
4. ¿ Encienden ellos la luz ?

B. Mettre au conditionnel

1. Asisto a la conferencia.
2. Admites la solución.
3. Ud acepta el dinero.
4. Logramos el permiso.
5. Subís a la cumbre.
6. Apagan la luz.

C. Traduire

1. Payez-vous la note maintenant ? — Non, je la paierai demain.
2. Utilisez-vous cette machine (V.P.) ? — Non, nous l'utiliserons plus tard.
3. Quelle heure peut-il être ?
4. J'aimerais fumer un cigare.
5. Il se cacherait aux États-Unis (los Estados Unidos).
6. Nous n'admettrions pas ce retard (retraso).

C 2 INFORMATIONS PRATIQUES

- Cambiar divisas

    — Por favor, ¿ dónde está la oficina de cambio ?
    — Quisiera cambiar francos (belgas, franceses, suizos).
    ¿ Dónde se cobran los cheques de viaje ?
    — En la ventanilla n° 8.
    — ¿ Dónde está indicada la cotización ?
    ¿ A cuánto está el cambio hoy ?
    — Un franco quinientos quince pesos.
    — ¿ Puede Ud cambiarme estos cheques de viaje ?
    — ¿ Tiene Ud un documento de identidad ?
    Firme Ud aquí, por favor.

C 3 CORRIGÉ

A.

1. — La compraré.
2. — La escribirá.
3. — Lo bailaremos.
4. — La encenderán.

B.

1. Asistiría a la conferencia.
2. Admitirías la solución.
3. Ud aceptaría el dinero.
4. Lograríamos el permiso.
5. Subiríais a la cumbre.
6. Apagarían la luz.

C.

1. ¿ Paga Ud la cuenta ahora ? — No, la pagaré mañana.
2. ¿ Utilizan Uds esta máquina ? — No, la utilizaremos luego.
3. ¿ Qué hora será ?
4. Me gustaría fumar un puro.
5. Se escondería en los Estados Unidos.
6. No admitiríamos este retraso.

C 4 TRADUCTION

- *Changer des devises*
  - *— S'il vous plaît, où est le bureau de change ?*
  - *— Je voudrais changer des francs (belges, français, suisses).*
  Où touche-t-on les chèques de voyage ?
  - *— Au guichet n° 8.*
  - *— Où le cours est-il indiqué ?*
  Quel est le change aujourd'hui ?
  - *— Un franc les cinq cent quinze pesos.*
  - *— Pouvez-vous me changer ces chèques de voyage ?*
  - *— Avez-vous une pièce d'identité ?*
  Signez ici, s'il vous plaît.

185

A 1   PRÉSENTATION

- Le futur irrégulier

1. **hacer :**	haré	harás	hará	haremos	haréis	harán
decir :	diré	dirás	dirá	diremos	diréis	dirán

2. **venir, poner, tener, valer, salir** (radical + ~**dr-é**) :
    vendré ... ;   **pondré** ... ;   **tendré** ... ;   **valdré** ... ;   **saldré** ...

3. **saber, caber, poder, haber, querer** (radical + ~**r-é**) :
    sabré ... ;   **cabré** ... ;   **podré** ... ;   **habré** ... ;   **querré** ...

el artículo	*l'article*	**poder**	*pouvoir*
el esfuerzo	*l'effort*	**poner**	*mettre*
la gente	*les gens*	**proponer**	*proposer*
el proyecto	*le projet*	**querer**	*vouloir, aimer*
caber	*tenir, contenir*	**saber**	*savoir*
decir	*dire*	**salir**	*sortir, partir*
hacer	*faire*	**valer**	*valoir*

A 2   APPLICATION

1. Puedo venir. Podré venir.
2. Haces un esfuerzo. Harás un esfuerzo.
3. Dice que lo sabe. Dirá que lo sabe.
4. Venimos a las once. Vendremos a las once.
5. Queréis hacerlo. Querréis hacerlo.
6. Proponen sus proyectos. Propondrán sus proyectos.
7. Hay mucha gente. Habrá mucha gente.
8. Sé lo que dicen. Sabré lo que dicen.
9. ¿ Has podido verle ? — Podré verle el domingo.
10. ¿ Tiene Ud este artículo ? — Lo tendré mañana.
11. ¿ Lo habéis hecho ? — No, lo haremos el lunes.
12. ¿ Han venido sus amigos ? — Vendrán después.
13. ¿ Salgo ahora ? — Ud saldrá más tarde.
14. ¿ Me lo dice Ud ahora ? — No, se lo diré después.
15. ¿ Cuánto vale eso ? ¿ Cuánto valdrá mañana ?

A 3 REMARQUES

■ **Au futur, la terminaison est la même** pour tous les verbes, réguliers ou irréguliers.

■ **Quand le futur est irrégulier, seul le radical change :**
— pour **saber**, **caber**, **poder**, **haber** et **querer**, il s'agit simplement de contractions réalisées par la chute du **e** de l'infinitif : **saber → sabré**.
— pour **venir**, **poner**, **tener**, **valer** et **salir**, le **e** ou le **i** de l'infinitif est remplacé par un **d** : **venir → vendré**.
— **hacer** et **decir** sont plus irréguliers et présentent les formes **haré** et **diré**.

■ **proponer**, *proposer*, se conjugue comme **poner**. Les verbes composés d'un préfixe (ici **pro~**) et d'un verbe irrégulier (ici **poner**) se conjuguent comme celui-ci.

■ Devant un nom de jour, l'article **el** désigne un jour en particulier : **viene el viernes**, *il vient vendredi*.

A 4 TRADUCTION

1. Je peux venir. Je pourrai venir.
2. Tu fais un effort. Tu feras un effort.
3. Il dit qu'il le sait. Il dira qu'il le sait.
4. Nous venons à onze heures. Nous viendrons à onze heures.
5. Vous voulez le faire. Vous voudrez (T.P.) le faire.
6. Ils proposent leurs projets. Ils proposeront leurs projets.
7. Il y a beaucoup de monde. Il y aura beaucoup de monde.
8. Je sais ce qu'ils disent. Je saurai ce qu'ils disent.
9. As-tu pu le voir ? Je pourrai le voir dimanche.
10. Avez-vous cet article ? — Je l'aurai demain.
11. L'avez-vous fait ? — Non, nous le ferons lundi.
12. Vos amis sont-ils venus ? — Ils viendront après.
13. Je sors maintenant ? — Vous sortirez plus tard.
14. Vous me le dites maintenant ? — Non, je vous le dirai après.
15. Combien cela vaut-il ? Combien cela vaudra-t-il demain ?

B 1 PRÉSENTATION

- Le conditionnel irrégulier
- Futur irrégulier → conditionnel irrégulier

---

1. hacer : haré → haría   decir : diré → diría
   | haría | harías | haría | haríamos | haríais | harían |
   | diría | dirías | diría | diríamos | diríais | dirían |

2. venir, poner, tener, valer, salir (radical + ~dr-ía) :
   vendría ... ; pondría ... ; tendría ... ; valdría ... ; saldría ...

3. saber, caber, poder, haber, querer (radical + ~r-ía) :
   sabría ... ; cabría ... ; podría ... ; habría ... ; querría ...

---

la corbata	la cravate	continuar	continuer
el empleo	l'emploi	convenir	convenir
el tráfico	la circulation	detenerse	s'arrêter
feo	laid	suponer	supposer
juntos, as	ensemble	a pesar de	malgré

B 2 APPLICATION

1. Yo no lo hago. ¿ Lo harías ?
2. Tú no lo dices. ¿ Lo diría tu padre ?
3. Ud no la pone. ¿ Por qué la pondría yo ?
4. Nosotros no sabemos. ¿ Lo sabrían Uds ?
5. Vosotros no podéis. ¿ Lo podrían ellos ?
6. Uds no quieren. ¿ Por qué querríamos nosotros ?
7. Decía que lo haría el martes.
8. Quería saber cuándo vendrían Uds.
9. Yo no sabía que él se pondría esta corbata tan fea.
10. Suponía que dispondríais de diccionarios.
11. Salen juntos. Yo no saldría con él.
12. No saben cómo continuar. Yo lo sabría.
13. No se detiene a pesar del tráfico. Yo me detendría.
14. No le conviene este empleo. A mí me convendría.

B 3   REMARQUES

■ Au conditionnel comme au futur, **la terminaison est la même** pour tous les verbes, réguliers ou irréguliers.

■ L'irrégularité du futur se retrouve toujours au conditionnel :

diré → **diría**   sabremos → **sabríamos**
valdrá → **valdría**   podrán → **podrían**

■ Attention au verbe **querer**, *vouloir* : **quería** (avec un **r**), *il voulait*, et **querría** (avec deux **r**), *il voudrait*. Ce verbe est peu utilisé au conditionnel où l'on emploie la forme **quisiera** : **quisiera verla**, *je voudrais la voir*.

■ **valer**, *valoir* ; **valerse de**, *se servir de*.

■ **Rappel.** Les verbes composés sur des verbes irréguliers (préfixe + verbe) se conjuguent comme ceux-ci :

detener, *arrêter* : **detengo** (présent) **détendré** (futur)
convenir, *convenir* : **conviene** (présent) **convendrá** (futur)

B 4   TRADUCTION

1. Moi, je ne le fais pas. Le ferais-tu ?
2. Toi, tu ne le dis pas. Ton père le dirait-il ?
3. Vous, vous ne la mettez pas. Pourquoi la mettrais-je ?
4. Nous, nous ne savons pas. Le sauriez-vous (V.P.) ?
5. Vous, vous ne pouvez pas (T.P.). Le pourraient-ils ?
6. Vous ne voulez pas (V.P.). Pourquoi voudrions-nous ?
7. Il disait qu'il le ferait mardi.
8. Il voulait savoir quand vous viendriez (V.P.).
9. Je ne savais pas qu'il mettrait cette cravate si laide.
10. Je supposais que vous disposeriez (T.P.) de dictionnaires.
11. Ils sortent ensemble. Moi, je ne sortirais pas avec lui.
12. Ils ne savent pas comment continuer. Moi je le saurais.
13. Il ne s'arrête pas malgré la circulation. Moi, je m'arrêterais.
14. Cet emploi ne lui convient pas. À moi, il me conviendrait.

C 1 EXERCICES

A. Mettre au futur

1. Hago un esfuerzo.
2. Dices la verdad.
3. Tiene la voluntad.
4. Hay mucha gente.
5. La queremos mucho.
6. Ponen la mesa.

B. Mettre au conditionnel

1. Lo hago.
2. Lo propongo.
3. Lo digo.
4. Salimos ahora.
5. Vienen mañana.
6. Lo pueden.

C. Traduire

1. Je dirai ce que (lo que) je sais.
2. Vous proposerez (V.P.) votre projet.
3. Nous ne savons pas si nous pourrons venir.
4. Vous sortirez (T.P.) plus tard.
5. Votre ami viendra bientôt.
6. Où mettrais-je ces chaussures ?
7. Ces dictionnaires nous conviendraient.
8. Vous sauriez ce qu'ils pensent.
9. Je ne sortirais pas avec une cravate si laide.
10. Nous ne nous arrêterions pas malgré la circulation.

C 2 INFORMATIONS PRATIQUES

- El color

amarillo	naranja
azul	negro
beige	oro
blanco	plata
crema	purpúreo
gris	rojo
malva	rosa
marrón	verde
morado	violeta

— Es azul marino. ¿ Le gustaría a Ud este colorido ?
— ¿ No tendría Ud un matiz menos oscuro ?
Quisiera un tono más claro, casi azul celeste.

C 3 CORRIGÉ

A.

1. Haré un esfuerzo.
2. Dirás la verdad.
3. Tendrá la voluntad.
4. Habrá mucha gente.
5. La querremos mucho.
6. Pondrán la mesa.

B.

1. Lo haría.
2. Lo propondría.
3. Lo diría.
4. Saldríamos ahora.
5. Vendrían mañana.
6. Lo podrían.

C.

1. Diré lo que sé.
2. Uds propondrán su proyecto.
3. No sabemos si podremos venir.
4. Saldréis luego.
5. Su amigo vendrá pronto.
6. ¿ Dónde pondría yo estos zapatos ?
7. Nos convendrían estos diccionarios.
8. Sabría Ud lo que piensan.
9. Yo no saldría con una corbata tan fea.
10. No nos detendríamos a pesar del tráfico.

C 4 TRADUCTION

- *La couleur*

jaune	*orange*
bleu	*noir*
beige	*or*
blanc	*argent*
crème	*pourpre*
gris	*rouge*
mauve	*rose*
marron	*vert*
violet	*violet*

— *C'est bleu marine. Aimeriez-vous ce coloris ?*
— *N'auriez-vous pas une nuance moins sombre ?*
Je voudrais un ton plus clair, presque bleu ciel.

A 1 PRÉSENTATION

- Concordance des temps (I)

présent de l'indicatif futur de l'indicatif	→ présent du subjonctif

siento, je regrette ...
sentiré, je regretterai ... } → **que no vengas**
que tu ne viennes pas

el banco	*la banque*	**colocar**	*placer*
el juego	*le jeu*	**encantar**	*enchanter*
el mecánico	*le mécanicien*	**llamar**	*appeler*
el puesto	*la place, le poste*	**llegar**	*arriver*
la vergüenza	*la honte*	**molestar**	*déranger, gêner*
imprescindible	*indispensable*	**pegar**	*frapper*
mejor	*mieux, meilleur*	**sentir**	*regretter, sentir*

A 2 APPLICATION

1. Le gusta este juego. Lo siento.
2. Siento mucho que le guste este juego.
3. Le has pegado. Es una vergüenza.
4. Es una vergüenza que le hayas pegado.
5. Llamamos al mecánico. Es imprescindible.
6. Es imprescindible que llamemos al mecánico.
7. Te dan el puesto. Me encanta.
8. Me encanta que te den el puesto.
9. Ud colocará el dinero en el banco. Será mejor.
10. Será mejor que Ud coloque el dinero en el banco.
11. Si no te molesta, llegaré a las diez.
12. No me molesta que llegues a las diez.
13. Vendrán todos. Será indispensable.
14. Será indispensable que vengan todos.

A 3   REMARQUES

■ La concordance des temps en espagnol : comme en français, l'emploi du **présent ou du futur de l'indicatif dans la principale** conduit toujours, si le subjonctif est nécessaire **dans la subordonnée**, à l'emploi du **présent du subjonctif**. Le problème le plus important reste donc de déterminer s'il convient ou non d'utiliser le subjonctif.

■ **Indicatif ou subjonctif ?** Si la proposition principale est constituée par un verbe qui se borne à rapporter ou à annoncer un **fait réel**, le verbe de la subordonnée reste à **l'indicatif**. Il doit être mis au **subjonctif** si le verbe de la principale **nie ou met en doute la réalité d'un fait** (**no creo que**, *je ne crois pas*) ou s'il se rapporte à des faits éventuels dont la réalisation est liée à un **ordre** (**pedir**, *demander*), **une défense** (**prohibir**, *interdire*), **une obligation** (**hace falta que**, *il faut que*), **une hypothèse** (**es fácil que**, *il se peut que*), **une appréciation** (**siento que**, *je regrette que*), etc.

■ **me gusta este juego**, *j'aime ce jeu*, revoir la construction de **gustar**, *aimer, plaire*, p. 62.

A 4   TRADUCTION

1. Il aime ce jeu. Je le regrette.
2. Je regrette beaucoup qu'il aime ce jeu.
3. Tu l'as frappé. C'est une honte.
4. C'est une honte que tu l'aies frappé.
5. Nous appelons le mécanicien. C'est indispensable.
6. Il est indispensable que nous appelions le mécanicien.
7. Ils te donnent le poste. Cela m'enchante.
8. Je suis enchanté qu'ils te donnent le poste.
9. Vous placerez l'argent à la banque. Ce sera mieux.
10. Il sera mieux que vous placiez l'argent à la banque.
11. Si ça ne te dérange pas, j'arriverai à dix heures.
12. Ça ne me dérange pas que tu arrives à dix heures.
13. Ils viendront tous. Ce sera indispensable.
14. Ce sera indispensable qu'ils viennent tous.

B 1 PRÉSENTATION

- Concordance des temps (II)

| imparfait de l'indicatif
passé simple
conditionnel | → imparfait du subjonctif |

| **sentía**, *je regrettais ...*
sentí, *j'ai regretté ...*
sentiría, *je regretterais ...* | → **que no llegara**
qu'il n'arrive pas |

la empresa	*l'entreprise*	**firmar**	*signer*
la mano	*la main*	**lavarse**	*se laver*
el recibo	*le reçu*	**pagar**	*payer*
para que	*pour que*	**pedir**	*demander*
sin que	*sans que*	**preocuparse**	*s'inquiéter*
aburrirse	*s'ennuyer*	**sentarse (ie)**	*s'asseoir*
alegrarse	*se réjouir*	**trabajar**	*travailler*

B 2 APPLICATION

1. Quiere que yo trabaje en su empresa.
2. Quería que yo trabajara en su empresa.
3. Te dice que te sientes.
4. Te decía que te sentaras.
5. Se lo escribo a Ud para que no se preocupe.
6. Se lo escribí a Ud para que no se preocupara.
7. Le hablo sin que comprenda.
8. Le hablé sin que comprendiera.
9. Me alegro de que no te aburras.
10. Me alegraría de que no te aburrieras.
11. Te pido que te laves las manos.
12. Te pediría que te lavaras las manos.
13. No pago sin que Uds me firmen un recibo.
14. No pagaría sin que Uds me firmaran un recibo.

B 3 REMARQUES

■ La concordance des temps en espagnol (suite) : l'emploi des **temps du passé de l'indicatif (imparfait, passé simple, etc.) et du conditionnel dans la principale** conduit toujours, si le subjonctif est nécessaire **dans la subordonnée**, à l'emploi de **l'imparfait du subjonctif**. Le français moderne tolère le plus souvent l'emploi du présent du subjonctif. Il convient donc d'être très attentif en espagnol où l'imparfait du subjonctif reste la règle.

■ Après des verbes de volonté ou d'ordre, l'infinitif français est à traduire par le subjonctif :

Il te dit de t'asseoir.
Te dice que te sientes.

■ L'emploi du subjonctif est obligatoire après un certain nombre de conjonctions espagnoles comme :

para que		*pour que*
sin que		*sans que*
antes (de) que	+ subjonctif	*avant que*
a no ser que		*à moins que*
con tal que		*pourvu que*

B 4 TRADUCTION

1. Il veut que je travaille dans son entreprise.
2. Il voulait que je travaille dans son entreprise.
3. Il te dit de t'asseoir.
4. Il te disait de t'asseoir.
5. Je vous l'écris pour que vous ne vous inquiétiez pas.
6. Je vous l'ai écrit pour que vous ne vous inquiétiez pas.
7. Je lui parle sans qu'il comprenne.
8. Je lui ai parlé sans qu'il comprenne.
9. Je me réjouis que tu ne t'ennuies pas.
10. Je me réjouirais que tu ne t'ennuies pas.
11. Je te demande de te laver les mains.
12. Je te demanderais de te laver les mains.
13. Je ne paie pas sans que vous me signiez (V.P.) un reçu.
14. Je ne paierais pas sans que vous me signiez (V.P.) un reçu.

C 1   EXERCICES

A. Mettre le verbe principal au futur

1. Le escribo a Ud que no se preocupe.
2. Te pedimos que llegues a las cinco.

B. Mettre le verbe principal au présent de l'indicatif

1. Me alegraría de que no te aburrieras.
2. Le pedimos a Ud que no pagara.

C. Mettre le verbe principal à l'imparfait de l'indicatif

1. Quiero que te laves las manos.
2. Siento mucho que te aburras.

D. Mettre le verbe principal au passé simple

1. Me alegro de que lo comprendas.
2. Les escriben a Uds que coloquen su dinero en el banco.

E. Mettre le verbe principal au conditionnel

1. Será mejor que tú escribas la carta.
2. Le pido a Ud que llame al mecánico.

F. Traduire

1. Nous vous demandons de signer ce reçu.
2. Je regretterais beaucoup que vous aimiez ce jeu.
3. Nous lui écrirons de ne pas s'inquiéter.
4. Je me réjouis que tu ne t'ennuies pas.
5. Il serait mieux que vous travailliez dans cette entreprise.

C 2   INFORMATIONS PRATIQUES

• ¿ Cómo es este hombre ?

alto o bajo	joven o viejo
gordo o delgado (flaco)	fuerte o débil
guapo o feo	vivo o pesado

¿ Es rubio, castaño, moreno o pelirrojo ?
¿ Tiene el pelo (los cabellos) liso, crespo, rizado, ralo o es calvo ?

Tiene ojos azules y dientes muy sanos.
Antes era barbudo y llevaba gafas.
Es muy feliz porque lleva una vida muy activa.

C 3   CORRIGÉ

A.

    1. Le escribiré a Ud que no se preocupe.
    2. Te pediremos que llegues a las cinco.

B.

    1. Me alegro de que no te aburras.
    2. Le pedimos a Ud que no pague.

C.

    1. Quería que te lavaras las manos.
    2. Sentía mucho que te aburrieras.

D.

    1. Me alegré de que lo comprendieras.
    2. Les escribieron a Uds que colocaran su dinero en el banco.

E.

    1. Sería mejor que tú escribieras la carta.
    2. Le pediría a Ud que llamara al mecánico.

F.

    1. Le pedimos a Ud que firme este recibo.
    2. Sentiría mucho que le gustara a Ud este juego.
    3. Le escribiremos que no se preocupe.
    4. Me alegro de que no te aburras.
    5. Sería mejor que Ud trabajara en esta empresa.

C 4   TRADUCTION

● *Comment est cet homme ?*

    grand ou petit   *jeune ou vieux*
    gros ou mince (maigre)   *fort ou faible*
    beau ou laid   *vif ou lourd*

    Est-il blond, châtain, brun ou roux ?
    A-t-il les cheveux lisses, crépus, frisés, clairsemés ou est-il chauve ?

    Il a des yeux bleus et des dents très saines.
    Auparavant, il était barbu et portait des lunettes.
    Il est très heureux parce qu'il mène une vie très active.

A 1   PRÉSENTATION

- Passé simple et imparfaits du subjonctif irréguliers (I)

haber (auxiliaire) → *avoir* ← tener

hube	*j'ai eu*	tuve
hubiste	*tu as eu*	tuviste
hubo	*il a eu*	tuvo
hubimos	*nous avons eu*	tuvimos
hubisteis	*vous avez eu*	tuvisteis
hubieron	*ils ont eu*	tuvieron

hubiera	hubiese	*que j'aie eu*	tuviera	tuviese
hubieras	hubieses	...	tuvieras	tuvieses
...	...		...	...

la discusión	*la discussion*	el trabajo	*le travail*
la oportunidad	*l'occasion*	el valor	*le courage*
la llamada	*l'appel*	imaginarse	*s'imaginer*
la suerte	*la chance*	nadie	*personne*
el sitio	*la place*	tanto/a	*tant de*
el tío	*l'oncle*	en cuanto	*dès que*

A 2   APPLICATION

1. Cuando ellas hubieron llegado, se sentaron.
2. En cuanto él hubo llegado, se sentó.
3. Hubo mucha gente y no hubo bastante sitio.
4. Sentí mucho que no hubiera sitio para todos.
5. ¡ Hubo tantas discusiones ! No tuve tiempo de salir.
6. Tuviste mucha suerte, porque eras la primera.
7. ¿ Tuvieron Uds la oportunidad de encontrarle ?
8. No, no tuvimos esta oportunidad y lo sentimos.
9. ¿ Tuviste tiempo de escribir a tu tío ?
10. No, no lo tuve. ¡ Qué le vamos a hacer !
11. ¡ Era inevitable que no hubiera nadie !
12. Ella no aceptaba que tuviésemos tanto trabajo.
13. Yo no me imaginaba que tuvieses tanto valor.

A 3   REMARQUES

■ **haber** est le **seul auxiliaire** utilisé en espagnol pour la formation des temps composés (voir leçon 14).

■ **haber** au passé simple suivi d'un participe passé constitue le passé antérieur : **hube comido**, *j'eus mangé*.
Attention à la forme impersonnelle de **haber** : **hubo mucha gente**, *il y a eu (il y eut) beaucoup de monde*.

■ **tener** signifie *avoir*, au sens de *posséder*, *détenir*.

■ Les passés simples de ces deux verbes **haber** et **tener** sont irréguliers :
— il y a modification de la voyelle du radical ; aux première et troisième personnes du singulier, la terminaison ne correspond pas à celle des passés réguliers.
— il n'y a pas d'accent écrit aux 1re et 3e personnes du singulier.

■ Les deux subjonctifs imparfaits, comme pour les verbes réguliers, proviennent de la 3e personne du pluriel du passé simple.
On emploie indifféremment l'un ou l'autre des deux subjonctifs imparfaits.

■ **¡ Qué le vamos a hacer !** *On n'y peut rien !, tant pis ! que veux-tu qu'on y fasse !*

A 4   TRADUCTION

1. Quand elles furent arrivées, elles se sont assises.
2. Dès qu'il fut arrivé, il s'est assis.
3. Il y eut beaucoup de monde et il n'y eut pas assez de place.
4. J'ai beaucoup regretté qu'il n'y ait pas eu de place pour tous.
5. Il y eut tant de discussions ! Je n'ai pas eu le temps de sortir.
6. Tu as eu beaucoup de chance, parce que tu étais la première.
7. Avez-vous eu (V.P.) l'occasion de le rencontrer ?
8. Non, nous n'avons pas eu cette occasion et nous le regrettons.
9. As-tu eu le temps d'écrire à ton oncle ?
10. Non, je ne l'ai pas eu. Que veux-tu qu'on y fasse !
11. Il était inévitable qu'il n'y ait personne !
12. Elle n'acceptait pas que nous ayons autant de travail.
13. Je ne m'imaginais pas que tu aies autant de courage.

B 1 PRÉSENTATION

- Passé simple et imparfaits du subjonctif irréguliers (II)

ser	→	être	←	estar

fui	j'ai été		estuve
fuiste	tu as été		estuviste
fue	il a été		estuvo
fuimos	nous avons été		estuvimos
fuisteis	vous avez été		estuvisteis
fueron	ils ont été		estuvieron
fuera	fuese	que j'aie été	estuviera	estuviese
fueras	fueses	...	estuvieras	estuvieses
...	...		...	...

el alumno	l'élève	fuera	dehors
el pánico	la panique	estar a punto de	être sur le point de
primero/a	premier (ère)	estar de acuerdo	être d'accord
tremendo	terrible	irse	s'en aller, partir
último/a	dernier (ère)		

B 2 APPLICATION

1. ¿ Fuiste un buen alumno ? — Sí, lo fui.
2. Y él, ¿ lo fue ? — Sí, creo que lo fue también.
3. ¿ Fuisteis buenos con ella ? — Sí, fuimos muy buenos.
4. ¿ Fueron ellos los primeros ? — No, fueron los últimos.
5. Fue un pánico tremendo, ¿ no ? — Sí, fue tremendo.
6. ¿ Cuánto tiempo estuvo él fuera ? — Más de una hora.
7. ¿ Estuvo Ud de acuerdo ? — Sí, sí, estuve de acuerdo.
8. Estuvieron Uds a punto de irse, ¿ verdad ?
9. Sí, estuvimos a punto de irnos.
10. ¿ Fue útil que estuvieseis con él ?
11. Yo quería que ella fuese la primera.
12. Yo no podía aceptar que Uds estuvieran aquí sin hacer nada.

B 3 REMARQUES

■ **fuera :** c'est un adverbe qui signifie *dehors, hors de* et qui, bien sûr, n'a rien à voir avec l'imparfait du subjonctif des verbes **ser** ou **ir**.

■ Les passés simples des verbes **ser** et **estar** sont irréguliers. Ils doivent donc être appris par cœur.
Les subjonctifs imparfaits, comme pour les verbes réguliers, proviennent de la troisième personne du pluriel du passé simple.

■ **bueno :** adjectif qui subit l'apocope, c'est-à-dire qui perd la voyelle finale devant un nom masculin singulier :

un buen hombre, *un brave homme*
un hombre bueno, *un homme généreux*

■ Rappel. Attention aux emplois des verbes **ser** et **estar** (voir gram. p. 262 et leçons 15 et 16).

B 4 TRADUCTION

1. As-tu été un bon élève ? — Oui, je l'ai été.
2. Et lui, l'a-t-il été ? — Oui, je crois qu'il l'a été aussi.
3. Avez-vous été (T.P.) bons avec elle ? — Oui, nous avons été très bons.
4. Ont-ils été les premiers ? — Non, ils ont été les derniers.
5. Cela a été une panique terrible, non ? — Oui, cela a été terrible.
6. Combien de temps est-il resté dehors ? — Plus d'une heure.
7. Avez-vous été d'accord ? — Oui, oui, j'ai été d'accord.
8. Vous avez été (V.P.) sur le point de partir, n'est-ce pas ?
9. Oui, nous avons été sur le point de partir.
10. A-t-il été utile que vous soyez (T.P.) avec lui ?
11. Je voulais qu'elle soit la première.
12. Je ne pouvais pas accepter que vous soyez (V.P.) ici sans rien faire.

C 1 EXERCICES

A. Traduire (*assez de* = **bastante**)

1. Avant-hier soir, il y a eu beaucoup de monde.
2. Hier, vous avez eu de la chance.
3. La semaine dernière, il a été ici tout le temps.
4. Elles ont été des élèves très agréables.
5. Nous avons eu l'occasion de pouvoir l'écouter.
6. Dès qu'ils eurent gagné assez d'argent, ils partirent.

B. Traduire

Il était normal ...

1. Ils ont été contents.
2. Tu as eu confiance.
3. Nous avons été fatigués.
4. Il a été un bon mari.
5. Vous avez été méchante.
6. Elle a été la dernière.
7. Il n'y a rien eu.
8. Il y a eu quelque chose.

9. qu'ils aient été contents.
10. que tu aies eu confiance.
11. que nous ayons été fatigués.
12. qu'il ait été un bon mari.
13. que vous ayez été méchante.
14. qu'elle ait été la dernière.
15. qu'il n'y ait rien eu.
16. qu'il y ait eu quelque chose.

C 2 INFORMATIONS PRATIQUES

- La familia

los abuelos	= el abuelo	+ la abuela	
los padres	= el padre	+ la madre	
	el marido	+ la esposa (la mujer)	
los hijos	= el hijo	+ la hija	
	el hermano	+ la hermana	
los parientes :	el tío	+ la tía	= los tíos
	el primo	+ la prima	= los primos
	el suegro	+ la suegra	= los suegros
	el yerno	+ la nuera	
	el cuñado	+ la cuñada	
	el nieto	+ la nieta	= los nietos
	el sobrino	+ la sobrina	= los sobrinos

C 3 CORRIGÉ

A.

1. Anteanoche, hubo mucha gente.
2. Ayer Ud tuvo suerte.
3. La semana pasada, él estuvo aquí todo el tiempo.
4. Ellas fueron alumnas muy agradables.
5. Tuvimos la oportunidad de poder escucharle a él.
6. En cuanto hubieron ganado bastante dinero, se marcharon.

B.

Era normal ...

1. Ellos estuvieron contentos.
2. Tuviste confianza.
3. Estuvimos cansados.
4. Él fue un buen marido.
5. Ud fue mala.
6. Ella fue la última.
7. No hubo nada.
8. Hubo algo.

9. que estuvieran contentos.
10. que tuvieses confianza.
11. que estuviéramos cansados.
12. que fuese un buen marido.
13. que Ud fuera mala.
14. que ella fuese la última.
15. que no hubiera nada.
16. que hubiese algo.

C 4 TRADUCTION

- *La famille*

  les grands-parents = *le grand-père* + *la grand-mère*

  les parents = *le père* + *la mère*
             le mari + *l'épouse (la femme)*

  les enfants = *le fils* + *la fille*
             le frère + *la sœur*

  la parenté : *l'oncle* + *la tante* = *les oncle et tante*
           le cousin + *la cousine* = *les cousins*
           le beau-père + *la belle-mère* = *les beaux-parents*
           le gendre + *la belle-fille*
           le beau-frère + *la belle-sœur*
           le petit-fils + *la petite-fille* = *les petits-enfants*
           le neveu + *la nièce* = *les neveu et nièce*

A 1 PRÉSENTATION

- Passé simple et imparfaits du subjonctif irréguliers (III)

venir	*venir*	decir	*dire*
vine	*je suis venu*	dije	*j'ai dit*
viniste	...	dijiste	...
vino		dijo	
vinimos		dijimos	
vinisteis		dijisteis	
vinieron		dijeron	

viniera viniese	*que je sois venu*	dijera dijese	*que j'aie dit*
vinieras vinieses	...	dijeras dijeses	...
... ...		... ...	

una vez	*une fois*	así que	*ainsi, de telle sorte que*
oponerse	*s'opposer*	cómo	*comment*
helar	*geler*	hasta luego	*à bientôt*
llover	*pleuvoir*	sin que	*sans que*
adiós	*au revoir*	ya	*déjà*

A 2 APPLICATION

1. Ya vine dos veces. — ¡ Cómo ! ¿ viniste aquí ?
2. Sí, claro que vine. Dos veces, te dije.
3. ¿ Vinieron Uds a verme ? — Sí, señor, vinimos a verle.
4. Pero, yo no quería que Uds vinieran a verme.
5. ¡ Cómo ! ¿ Ud no quería que viniéramos ?
6. Así que Ud se oponía a que viniésemos a verle.
7. ¿ Dijo Ud que llovía ? — No, dije que helaba.
8. ¿ Dijeron ellos algo ? — No, no dijeron nada.
9. ¿ Os dijisteis adiós ? — Sólo nos dijimos hasta luego.
10. ¿ Querías que yo se lo dijera a ella ?
11. Sí, yo quería que tú se lo dijeras.
12. Vino y me dijo que nos esperaba a las ocho.

A 3 REMARQUES

■ Les passés simples des verbes **venir** et **decir** sont irréguliers :
— la voyelle du radical n'est pas la même. (Notez que la même modification intervient en français pour le verbe *venir* : *Je vins, tu vins*, etc.)
— il n'y a pas d'accent écrit aux 1re et 3e personnes du singulier.

■ Attention à la 3e personne du pluriel de **decir** où **j** (jota) est suivi de **e** et non de **ie**.
Les subjonctifs imparfaits, provenant de la 3e personne du pluriel du passé simple, présenteront donc les mêmes irrégularités.

■ Attention : le verbe **decir**, *dire* est suivi de l'indicatif quand il a le sens de *communiquer, faire savoir* et du subjonctif quand il a le sens d'*ordonner* :
> **le dije que aceptabas**, *je lui ai dit que tu acceptais*
> **me dijo que aceptara**, *il m'a dit d'accepter*

■ **como**, sans accent écrit, se traduit par *comme* ; **cómo**, avec accent écrit, se traduit par **comment**.

A 4 TRADUCTION

1. Je suis déjà venu deux fois. — Comment ! tu es venu ici ?
2. Oui, bien sûr que je suis venu. Deux fois, je t'ai dit.
3. Êtes-vous venus (V.P.) me voir ? — Oui, monsieur, nous sommes venus vous voir.
4. Mais, moi je ne voulais pas que vous veniez (V.P.) me voir.
5. Comment ! Vous ne vouliez pas que nous venions ?
6. Ainsi, vous vous opposiez à ce que nous venions vous voir.
7. Avez-vous dit qu'il pleuvait ? — Non, j'ai dit qu'il gelait.
8. Ont-ils dit quelque chose ? — Non, ils n'ont rien dit.
9. Vous êtes-vous dit (T.P.) au revoir ? — Nous nous sommes seulement dit à bientôt.
10. Tu voulais que moi je le lui dise à elle ?
11. Oui, moi je voulais que tu le lui dises.
12. Il est venu et il m'a dit qu'il nous attendait à huit heures.

B 1   PRÉSENTATION

• Passé simple et imparfaits du subjonctif irréguliers (IV)

hacer	*faire*	**querer**	*vouloir, aimer*
hice	j'ai fait	quise	j'ai voulu
hiciste	...	quisiste	...
hizo		quiso	
hicimos		quisimos	
hicisteis		quisisteis	
hicieron		quisieron	

hiciera	hiciese	quisiera	quisiese
hicieras	hicieses	quisieras	quisieses
...	...	...	...
que j'aie fait		*que j'aie voulu*	

concebir	*concevoir*	**me da igual**	*cela m'est égal*
hacer lo posible	*faire son possible*	**entonces**	*alors, dans ces conditions*
gracias	*merci*	**muchísimo**	*beaucoup énormément*

B 2   APPLICATION

1. ¿ Qué hizo él entonces ? — Él no hizo nada.
2. Y tú, ¿ qué hiciste ? — ¿ Qué querías que hiciese ?
3. ¿ Hicieron Uds lo posible ? — Sí, hicimos todo lo posible.
4. ¿ Cuándo lo hicieron ellos ? — Lo hicieron cuando quisieron.
5. ¿ Hicisteis lo que queríais ? — Sí, gracias, lo hicimos.
6. Quisiste a esta chica, ¿ no ? — Sí, la quise muchísimo.
7. No se podía concebir que la quisieras.
8. No quiso Ud venir, ¿ verdad ? — No, no quise venir.
9. ¿ Quería él que lo hiciéramos ? — Sí, quería que lo hicierais.
10. Yo quisiera que lo hicieseis juntos.
11. Que tú lo quisieses o no, me daba igual.
12. Quisiéramos que Uds no le dijeran nada.

B 3 REMARQUES

■ Les passés simples des verbes **hacer** et **querer** sont irréguliers :
— la voyelle du radical n'est pas la même. (Pensez aux verbes *faire* et *requérir* qui, au passé simple également, ont aussi un **i** : *je fis, je requis*)
— il n'y a pas d'accent écrit aux 1re et 3e personnes du singulier.

■ Attention à la modification orthographique que connaît **hacer** à la 3e personne du singulier : le **c** devient **z** devant le **o** pour conserver le son [z], voir p. 15, sinon **co** se prononcerait [ko].
Les subjonctifs imparfaits proviennent de la 3e personne du pluriel du passé simple.

■ **querer** signifie *vouloir* mais suivi de la préposition **a** et d'un nom, il signifie *aimer*.
Le premier des deux imparfaits du subjonctif est très souvent utilisé à la place du conditionnel **querría** :

quisiera este libro, *je voudrais ce livre*

B 4 TRADUCTION

1. Qu'a-t-il fait alors ? — Il n'a rien fait.

2. Et toi, qu'as-tu fait ? — Que voulais-tu que je fasse ?

3. Avez-vous fait (V.P.) votre possible ? — Oui, nous avons fait tout notre possible.

4. Quand l'ont-ils fait, eux ? — Ils l'ont fait quand ils l'ont voulu.

5. Avez-vous fait (T.P.) ce que vous vouliez ? — Oui, merci, nous l'avons fait.

6. Tu as aimé cette fille, non ? — Oui, je l'ai beaucoup aimée.

7. On ne pouvait pas concevoir que tu l'aimes.

8. Vous n'avez pas voulu venir, n'est-ce pas ? — Non, je n'ai pas voulu venir.

9. Voulait-il que nous le fassions ? — Oui, il voulait que vous le fassiez (T.P.).

10. Je voudrais que vous le fassiez (T.P.) ensemble.

11. Que tu le veuilles ou non, cela m'était égal.

12. Nous voudrions que vous (V.P.) ne lui disiez rien.

C 1 EXERCICES

A. Traduire en mettant le verbe principal au passé simple

1. J'ai tout fait.
2. Elle a aimé ce garçon.
3. Il est venu chaque jour.
4. Il a fait ce qu'il a voulu.
5. Il t'a dit de le faire.
6. Il a dit qu'il venait.
7. Ils ont fait ce qu'elles ont dit.
8. Tu es venu et tu l'as dit.
9. Vous l'avez voulu (T.P.).

B. Traduire en mettant au passé simple les passés composés français (*à ce moment-là* = **en aquel momento**)

1. J'ai voulu que vous le disiez et que vous le fassiez (V.P.).
2. Pourquoi ne lui as-tu pas dit de venir ?
3. Que vouliez-vous (T.P.) qu'il fasse ?
4. Je lui ai écrit de le faire le plus tôt possible.
5. Tu l'as voulu, tu l'as dit, tu l'as fait !
6. Que voulais-tu que je lui dise à ce moment-là ?
7. Il ne voulait jamais que je vienne le voir.
8. Il a voulu que je le fasse, je l'ai fait !

C 2 INFORMATIONS PRATIQUES

● Cómo llamar por teléfono

llamadas urbanas :

Deposite una moneda de 25 pesetas.
Descuelgue y espere tono de marcar.
Marque el número deseado.

llamadas interurbanas :

Deposite monedas.
Descuelgue y espere tono de marcar.
Marque el prefijo (el indicativo) y a continuación el número del abonado.
Cuando oiga un tono de aviso, dispondrá de diez segundos para introducir más monedas si desea prolongar la conversación.
Utilice monedas de 25, 50 y 100 pesetas.

C 3 CORRIGÉ

A.

1. Lo hice todo.
2. Quiso a este chico.
3. Vino cada día
4. Hizo él lo que quiso.
5. Te dijo que lo hicieras.
6. Dijo que venía.
7. Ellos hicieron lo que ellas dijeron.
8. Viniste y lo dijiste
9. Lo quisisteis.

B.

1. Quise que Uds lo dijesen y lo hiciesen.
2. ¿ Por qué no le dijiste que viniera ?
3. ¿ Qué queríais que hiciera él ?
4. Le escribí que lo hiciese él cuanto antes.
5. ¡ Lo quisiste, lo dijiste, lo hiciste !
6. ¿ Qué querías que le dijese en aquel momento ?
7. Él no quería nunca que yo viniera a verle.
8. Él quiso que yo lo hiciese, ¡ lo hice !

C 4 TRADUCTION

- *Comment téléphoner*

  communications urbaines :

  Introduisez une pièce de 25 pesetas.
  Décrochez et attendez la tonalité.
  Composez le numéro souhaité.

  communications interurbaines :

  Introduisez des pièces.
  Décrochez et attendez la tonalité.
  Composez l'indicatif et, ensuite, le numéro de l'abonné.
  Quand vous entendrez un signal d'avertissement, vous disposerez de 10 secondes pour introduire de nouvelles pièces si vous désirez prolonger la conversation.
  Utilisez des pièces de 25, 50 et 100 pesetas.

A 1   PRÉSENTATION

- Passé simple et imparfaits du subjonctif irréguliers (V)

poner	*mettre*	caber	*tenir dans*
puse	*j'ai mis*	cupe	*j'ai tenu*
pusiste	...	cupiste	...
puso		cupo	
pusimos		cupimos	
pusisteis		cupisteis	
pusieron		cupieron	

pusiera	pusiese	cupiera	cupiese
pusieras	pusieses	cupieras	cupieses
...	...	...	...
que j'aie mis		*que j'aie tenu*	

la ayuda	*l'aide*	exponer	*exposer*
el concierto	*le concert*	gritar	*crier*
la duda	*le doute*	ponerse a	*se mettre à*
la idea	*l'idée*	proponer	*proposer*
componer	*composer*	al corriente	*au courant*

A 2   APPLICATION

1. ¿ Te puso él al corriente ? — Sí, me puso al corriente.
2. Se opusieron Uds, ¿ no ? — No, no nos opusimos.
3. ¿ Propusieron Uds su ayuda ? — No, no propusimos nada.
4. ¿ Cuándo se puso él a gritar ? — Hace una hora, creo.
5. ¿ No se opusieron ellas a que lo propusiéramos ?
6. ¿ No te opusiste a que expusiésemos nuestras ideas ?
7. ¿ Cupieron Uds en este coche ? — No, no cupimos.
8. No cabe duda alguna : no quisieron venir.
9. ¿ Expusisteis algo ? — No, no expusimos nada.
10. ¿ Quién compuso este concierto ? — No sé. Creo que Albéniz.
11. Haría falta que alguien lo supiera y nos lo dijera.
12. Lo compuso Rodrigo. Es el concierto de Aranjuez.

A 3   REMARQUES

■ Les passés simples des verbes **poner** et **caber** sont irréguliers :
— la voyelle du radical de l'infinitif (**o** ou **a**) devient **u**.
— il n'y a pas d'accent écrit aux 1re et 3e personnes du singulier.
Les subjonctifs imparfaits prennent l'irrégularité de la 3e personne
du pluriel du passé simple.

■ Tous les verbes de la même famille que **poner** se conjuguent, bien
sûr, comme le verbe **poner** lui-même : **oponerse**, *s'opposer* ;
proponer, *proposer* ; **suponer**, *supposer*, etc.

■ Attention au sens de **caber** : *contenir, tenir dans, trouver place*.
Le verbe **caber** se trouve également dans différentes tournures :
   no cabe duda, *il n'y a pas de doute*
   no cabe duda alguna, *il n'y a aucun doute*
   no cabe la menor duda, *il n'y a pas le moindre doute*
   cabe pensar que, *il y a lieu de penser que*

A 4   TRADUCTION

1. T'a-t-il mis au courant ? — Oui, il m'a mis au courant.
2. Vous vous êtes opposés (V.P.), non ? — Non, nous ne nous
   sommes pas opposés.
3. Avez-vous proposé (V.P.) votre aide ? — Non, nous n'avons rien
   proposé.
4. Quand s'est-il mis à crier ? — Il y a une heure, je crois.
5. Ne se sont-elles pas opposées à ce que nous le proposions ?
6. Tu ne t'es pas opposé à ce que nous exposions nos idées ?
7. Avez-vous tenu dans cette voiture ? — Non, nous n'avons pas
   tenu.
8. Il n'y a aucun doute : ils n'ont pas voulu venir.
9. Avez-vous exposé (T.P.) quelque chose ? — Non, nous n'avons
   rien exposé.
10. Qui a composé ce concerto ? — Je ne sais pas. Je crois que c'est
    Albéniz.
11. Il faudrait que quelqu'un le sache et nous le dise.
12. C'est Rodrigo qui l'a composé. C'est le concerto d'Aranjuez.

B 1   PRÉSENTATION

- Passé simple et imparfaits du subjonctif irréguliers (VI)

saber	*savoir*	poder	*pouvoir*
supe	*j'ai su*	**pude**	*j'ai pu*
supiste	...	**pudiste**	...
supo		**pudo**	
supimos		**pudimos**	
supisteis		**pudisteis**	
supieron		**pudieron**	

supiera	supiese	pudiera	pudiese
supieras	supieses	pudieras	pudieses
...	...	...	...
que j'aie su		*que j'aie pu*	

el asunto	*l'affaire*
poder con	*pouvoir, venir à bout*
sacar de	*sortir* (quelque chose)
en seguida	*tout de suite*
eso es	*c'est cela, d'accord*
qué	*que, quoi*

B 2   APPLICATION

1. ¿ Lo supiste en seguida ? — Sí, lo supe en seguida.
2. ¿ Cuándo lo supieron Uds ? — Lo supimos cuando él lo dijo.
3. ¿ No supisteis qué contestar ? — Eso es, no supimos.
4. ¿ Supo Ud algo del asunto ? — No, no supe nada.
5. Lo supo él y era útil que lo supiera.
6. ¿ No pudo Ud con este chico ? — Es verdad. No pude con él.
7. ¿ Pudieron Uds verla ? — Sí, pudimos verla.
8. ¿ Pudisteis sacarle algo ? — No pudimos sacarle nada.
9. Él no quiso que lo supiera yo. Pero lo supe.
10. No era posible que no lo pudiese ella.
11. Él no se oponía a que lo supieras tú.
12. No pudimos aceptar que él se pusiera a fumar.

B 3 REMARQUES

■ Les passés simples des verbes **saber** et **poder** sont irréguliers :
— la voyelle du radical n'est plus la même (pensez qu'en français les mêmes verbes *savoir* et *pouvoir* ont aussi un *u* au radical du passé simple : *je sus, je pus*).
— il n'y a pas d'accent écrit aux 1er et 3e personnes du singulier. Les deux subjonctifs imparfaits proviennent de la 3e personne du pluriel du passé simple.

■ Attention au passé simple de **poder**, *pouvoir* : ne le confondez pas avec celui de **poner**, *mettre, poser* :

      poner : **puse**, etc.   **poder** : **pude**, etc.

■ Ne confondez pas **sacar** et **salir** :

sacar de, *sortir de, retirer de*
sacar un pañuelo del bolsillo, *sortir un mouchoir de sa poche*

salir, *sortir (s'en aller)*
salir de casa, *sortir de chez soi*
salir a la calle, *sortir dans la rue*

B 4 TRADUCTION

1. L'as-tu su tout de suite ? — Oui, je l'ai su tout de suite.
2. Quand l'avez-vous (V.P.) su ? — Nous l'avons su quand il l'a dit.
3. Vous n'avez pas su (T.P.) quoi répondre ? — C'est cela. Nous n'avons pas su.
4. Avez-vous su quelque chose de l'affaire ? — Non, je n'ai rien su.
5. Lui, il l'a su et c'était utile qu'il le sache.
6. Vous n'avez pas pu venir à bout de ce garçon ? — C'est vrai. Je n'ai pas pu en venir à bout.
7. Avez-vous pu (V.P.) la voir ? — Oui, nous avons pu la voir.
8. Avez-vous pu (T.P.) en tirer quelque chose ? — Nous n'avons rien pu en tirer.
9. Il n'a pas voulu que je le sache. Mais je l'ai su.
10. Il n'était pas possible qu'elle ne le puisse pas.
11. Il ne s'opposait pas à ce que tu le saches.
12. Nous n'avons pas pu accepter qu'il se mette à fumer.

C 1   EXERCICES

A. Traduire en utilisant le passé simple

1. Quand s'est-il mis à travailler ?
2. Il l'a su tout de suite.
3. Vous n'avez pas pu.
4. Tu as mis la table ?
5. Il s'est opposé à cela.
6. Qu'avez-vous proposé (T.P.) ?
7. Vous n'avez pas pu (T.P.).
8. Pourquoi l'ont-ils supposé ?
9. Elles ont pu le faire.
10. Tu n'as pas pu le dire.

B. Traduire   (*la veste* = **la americana** ; *l'intention* = **la intención**)

1. Il était inévitable qu'elle te mette au courant.
2. Je lui ai déjà dit de venir et de mettre cette veste.
3. Je ne voulais pas que vous le sachiez (V.P.) maintenant.
4. Il n'était pas possible que vous teniez (T.P.) tous dans la voiture.
5. Il était souhaitable que vous puissiez le lui dire.
6. Je n'étais pas sûre que tu te mettes immédiatement à travailler.
7. Nous voulions qu'il n'y ait aucun doute sur nos intentions.
8. Il faudrait qu'il vienne demain et qu'il le fasse.

C 2   INFORMATIONS PRATIQUES

• Para circular mejor ...

Ceda el paso
Peligro. Obras
Cañada

El semáforo : luz verde
               luz amarilla
               luz roja

Las luces de un coche : las luces de posición
                      las luces de cruce
                      las luces de carretera

Sólo bus
Carril para vehículos lentos
Prohibido girar a la izquierda
Prohibido girar a la derecha

Es obligatoria, en todos los casos, la utilización del cinturón de seguridad.

C 3 CORRIGÉ

A.

1. ¿ Cuándo se puso él a trabajar ?
2. Él lo supo en seguida.
3. Ud no pudo.
4. ¿ Pusiste la mesa ?
5. Él se opuso a esto.
6. ¿ Qué propusisteis ?
7. No pudisteis.
8. ¿ Por qué ellos lo supusieron ?
9. Ellas pudieron hacerlo.
10. No pudiste decirlo.

B.

1. Era inevitable que ella te pusiera al corriente.
2. Ya le dije que viniera y que pusiese esta americana.
3. Yo no quería que Uds lo supiesen ahora.
4. No era posible que cupierais todos en este coche.
5. Era deseable que Ud pudiera decírselo.
6. Yo no estaba segura de que te pusieses inmediatamente a trabajar.
7. Queríamos que no cupiera duda alguna sobre nuestras intenciones.
8. Haría falta que él viniera mañana y que lo hiciera.

C 4 TRADUCTION

● *Pour mieux circuler ...*

Vous n'avez pas la priorité
Danger. Travaux
Passage de bétail

Feux de signalisation : feu vert
feu orange (jaune en espagnol)
feu rouge

Les lumières d'une voiture : les veilleuses
feux de croisement
feux de route

Voie réservée aux autobus
Voie pour les véhicules lents.
Interdit de tourner à gauche.
Interdit de tourner à droite.

Il est obligatoire, dans tous les cas, d'attacher les ceintures de sécurité.

Le traje flores

A 1 PRÉSENTATION

- Passé simple et imparfaits du subjonctif irréguliers (VII)

andar	*marcher*	**traer**	*apporter, amener*
anduve	*j'ai marché*	**traje**	*j'ai amené*
anduviste	...	**trajiste**	...
anduvo		**trajo**	
anduvimos		**trajimos**	
anduvisteis		**trajisteis**	
anduvieron		**trajeron**	
anduviera	**anduviese**	**trajera**	**trajese**
anduvieras	**anduvieses**	**trajeras**	**trajeses**
...	...	...	...
que j'aie marché		*que j'aie amené*	

la lluvia	*la pluie*	**algo**	*quelque chose*
atraer	*attirer*	**bastante**	*assez*
distraerse	*se distraire*	**tanto**	*autant*

A 2 APPLICATION

1. ¿ Cuánto tiempo anduvo Ud ? — Anduve unas tres horas.
2. ¿ También él anduvo tres horas ? — No, él anduvo menos.
3. ¿ Cómo anduvieron ellos ? — Anduvieron bastante bien.
4. ¿ Qué le trajiste ? — Le traje flores.
5. ¿ Qué trajisteis ? — No trajimos nada.
6. ¿ Qué te atrajo en esa chica ? — No sé, pero me atrajo algo.
7. Se distrajeron Uds, ¿ verdad ? — Sí, nos distrajimos mucho.
8. ¿ Por qué anduviste tanto ayer ?
9. No era agradable que anduviésemos tanto, con esta lluvia.
10. ¿ Por qué querías que anduviera yo tanto ?
11. ¿ Qué quería ella que le trajéramos ?
12. Quería que le trajerais caramelos.

A 3 REMARQUES

■ Les passés simples des verbes **andar** et **traer** sont irréguliers et n'ont pas d'accent écrit aux 1re et 3e personnes du singulier. Les subjonctifs imparfaits proviennent de la 3e personne du pluriel du passé simple.

■ Attention à la 3e personne du pluriel du verbe **traer** : **j** (jota) est suivi de **e** et non de **ie** : trajeron.

■ Il est bien évident que les verbes appartenant à la même famille que **andar** ou **traer** auront les mêmes irrégularités :

> **Ella atrajo todas las miradas.**
> *Elle attira tous les regards.*

■ **unos**, **unas** indique une quantité approximative :

> **unas cinco horas**, *environ cinq heures*
> **unas personas**, *quelques personnes*
> **unos caramelos**, *des bonbons*

A 4 TRADUCTION

1. Combien de temps avez-vous marché ? — J'ai marché environ trois heures.
2. Lui aussi a marché trois heures ? — Non, il a marché moins.
3. Comment ont-ils marché ? — Ils ont assez bien marché.
4. Que lui as-tu apporté ? — Je lui ai apporté des fleurs.
5. Qu'avez-vous apporté (T.P.) ? — Nous n'avons rien apporté.
6. Qu'est-ce qui t'a attiré chez cette fille ? — Je ne sais pas, mais quelque chose m'a attiré.
7. Vous vous êtes amusés (V.P.), n'est-ce pas ? — Oui, nous nous sommes beaucoup amusés.
8. Pourquoi as-tu tant marché hier ?
9. Il n'était pas agréable que nous marchions tant, avec cette pluie.
10. Pourquoi voulais-tu que je marche tant ?
11. Que voulait-elle que nous lui apportions ?
12. Elle voulait que vous (T.P.) lui apportiez des bonbons.

B 1 PRÉSENTATION

- Passé simple et imparfaits du subjonctif irréguliers (VIII)

ir	*aller*	dar	*donner*

fui	*je suis allé*	**di**	*j'ai donné*
fuiste	...	**diste**	...
fue		**dio**	
fuimos		**dimos**	
fuisteis		**disteis**	
fueron		**dieron**	
fuera	**fuese**	**diera**	**diese**
fueras	**fueses**	**dieras**	**dieses**
...	...	...	...
que je sois allé		*que j'aie donné*	

el cine	*le cinéma*	**dar de**	*donner à*
un desconocido	*un inconnu*	**dar las gracias**	*remercier*
la propina	*le pourboire*	**dar pena**	*faire de la peine*
cenar	*dîner*	**ir de compras**	*aller faire les courses*

B 2 APPLICATION

1. ¿ Fuiste al cine ? — No, fui al teatro.

2. ¿ Fue Ud de compras ? — Sí, fui de compras.

3. ¿ Fueron Uds a Méjico ? — No, fuimos a Caracas.

4. ¿ Fueron Uds de vacaciones ? — Sí, fuimos a España.

5. ¿ Fuisteis a Segovia ? — No, fuimos a Sevilla.

6. ¿ Qué le dio Ud ? — Le di una propina.

7. Y me dio las gracias.

8. ¿ Le disteis de comer ? — Sí, le dimos algo de comer.

9. Pero no quiso. Esto nos dio pena.

10. ¿ Quién le dio estas flores ? — Se las dio un desconocido.

11. Me dio pena que fueseis a cenar con él.

12. ¡ Cómo ! ¿ Le dio pena ? ¿ No sabía Ud que éramos amigos ?

B 3 REMARQUES

■ Les passés simples des verbes **ir** et **dar** sont irréguliers. Faites attention aux voyelles de terminaison du passé simple de **dar**.
Attention également au passé simple de **ir** puisque dans la forme il est identique à celui de **ser** (p. 200).
Les deux subjonctifs imparfaits proviennent de la 3ᵉ personne du pluriel du passé simple.

■ Attention au verbe **dar** qui sert à constituer certaines tournures. Parmi les plus fréquentes :

> **dar asco**, *dégoûter*
> **dar gusto**, *faire plaisir*
> **dar pena**, *faire de la peine*
> **dar de comer**, *donner à manger*

■ **voy a Madrid**, *je vais à Madrid* : après un verbe de mouvement, la préposition **a** exprime le terme du mouvement ; s'il n'y a pas mouvement, on emploie la préposition **en** : **estoy en Madrid**, *je suis à Madrid*.

B 4 TRADUCTION

1. Es-tu allé au cinéma ? — Non, je suis allé au théâtre.
2. Êtes-vous allé faire les courses ? — Oui, je suis allé faire les courses.
3. Êtes-vous allés (V.P.) à Mexico ? — Non, nous sommes allés à Caracas.
4. Êtes-vous allés (V.P.) en vacances ? — Oui, nous sommes allés en Espagne.
5. Êtes-vous allés (T.P.) à Ségovie ? — Non, nous sommes allés à Séville.
6. Que lui avez-vous donné ? — Je lui ai donné un pourboire.
7. Et il m'a remercié.
8. Lui avez-vous donné (T.P.) à manger ? — Oui, nous lui avons donné quelque chose à manger.
9. Mais il n'a pas voulu. Et cela nous a fait de la peine.
10. Qui lui a donné ces fleurs ? — C'est un inconnu qui les lui a données.
11. Cela m'a fait de la peine que vous alliez (T.P.) dîner avec lui.
12. Comment ! Cela vous a fait de la peine ? Ne saviez-vous pas que nous étions amis ?

C 1 EXERCICES

A. Traduire en mettant au passé simple (*là-bas, là* = **allí**)

1. Tu le lui as donné.
2. Je le leur ai apporté.
3. Vous avez marché.
4. Ils sont allés là-bas.
5. Qu'avons-nous donné?
6. Pourquoi n'as-tu rien apporté?
7. Elle a marché des heures.
8. Elles lui ont tout donné.
9. Pourquoi es-tu allé là-bas?
10. Vous êtes allées (T.P.) avec lui?

B. Traduire (*encore* = **todavía**)

1. Il n'était pas indispensable que vous (T.P.) alliez là-bas.
2. Elle ne voulait pas que vous lui apportiez des fleurs.
3. Que nous le lui donnions ou pas, ça lui était égal.
4. Je ne souhaitais pas qu'ils aillent avec elle.
5. Il était normal que tu ailles en vacances.
6. Il ne s'opposait pas à ce que vous lui donniez un pourboire.
7. Je ne croyais pas que vous vous amusiez encore à cela.
8. Il ne pouvait pas croire que nous marchions autant.
9. Il fallait que vous lui donniez (V.P.) quelque chose.

C 2 INFORMATIONS PRATIQUES

- Lugares importantes de una ciudad

la catedral	el ayuntamiento
el claustro	la plaza mayor
el convento	el casco antiguo
el museo	el Rastro
la exposición	el bar
el cine	el restaurante
el teatro	la discoteca
el campo de deporte	el pabellón deportivo
la plaza de toros	el estadio
la piscina	el gimnasio
correos	la Telefónica
el mercado	la tienda
el supermercado	el almacén
el hipermercado	los grandes almacenes

C 3   CORRIGÉ

A.

1. Se lo diste.
2. Se lo traje.
3. Ud anduvo.
4. Ellos fueron allí.
5. ¿ Qué dimos ?

6. ¿ Por qué no trajiste nada ?
7. Ella anduvo durante horas.
8. Ellas se lo dieron todo.
9. ¿ Por qué fuiste allí ?
10. ¿ Fuisteis con él ?

B.

1. No era indispensable que fuerais allí.
2. Ella no quería que Ud le trajera flores.
3. Que se lo diéramos o no le daba igual.
4. Yo no deseaba que ellos fueran con ella.
5. Era normal que fueras de vacaciones.
6. Él no se oponía a que Ud le diera una propina.
7. Yo no creía que Ud se distrajera todavía con esto.
8. Él no podía creer que anduviéramos tanto.
9. Hacía falta que Uds le dieran algo.

C 4   TRADUCTION

• *Lieux importants d'une ville*

la cathédrale	*la mairie*
le cloître	*la grand-place*
le couvent	*la vieille ville*
le musée	*le Marché aux puces* (à Madrid)
l'exposition	*le bar*
le cinéma	*le restaurant*
le théâtre	*la discothèque*
le terrain de sports	*la salle de sports*
les arènes	*le stade*
la piscine	*le gymnase*
la poste	*la Compagnie des téléphones*
le marché	*la boutique*
le supermarché	*le magasin*
l'hypermarché	*les grands magasins*

A 1   PRÉSENTATION

• Changements vocaliques au passé simple

sentir : e/i   *sentir, regretter*   **dormir : o/u**   *dormir*

sentí	*j'ai senti*	**dormí**	*j'ai dormi*
sentiste	...	**dormiste**	...
sintió		**durmió**	
sentimos		**dormimos**	
sentisteis		**dormisteis**	
sintieron		**durmieron**	

la cerveza	*la bière*	**divertirse**	*se divertir*
el folleto	*la brochure*	**herir**	*blesser*
la risa	*le rire*	**hervir**	*bouillir*
el té	*le thé*	**morir**	*mourir*
advertir	*prévenir, remarquer*	**mentir**	*mentir*
arrepentirse	*se repentir*	**preferir**	*préférer*
consentir	*consentir*	**referirse**	*se référer*
convertir	*convertir*	**pronto**	*vite*

A 2   APPLICATION

1. Me divertí mucho. Se divirtió mucho.
2. No mentimos nunca. No mintieron nunca.
3. Me dormí pronto. Se durmió pronto.
4. Nos morimos de risa. Se murieron de risa.
5. Lo sentí mucho. Lo sintió mucho.
6. Nos referimos al folleto. Se refirieron al folleto.
7. Bebí agua pero él prefirió cerveza.
8. Te advierto que miente. Quisiera que no mintiera.
9. Lo que dijo me hirió mucho.
10. Hervía el agua del té. No hacía falta que hirviera.
11. Lo consintió. Me alegré de que se convirtiera a nuestras ideas.
12. No se arrepienten. Sentí que no se arrepintieran.
13. Duermen cada día más. Les prohibí que durmieran tanto.

Ils l'ont beaucoup regretté

A 3   REMARQUES

■ Verbes du type **sentir**, *sentir, regretter* (p. 274). Au passé simple le **e** du radical se change en **i** lorsqu'il n'y a pas de **i** accentué dans la terminaison. On obtient donc le changement vocalique suivant dans le radical : **e**, **e**, **i**, **e**, **e**, **i**.
Pour **dormir** et **morir**, le **o** du radical devient **u** dans les mêmes conditions et l'on obtient le changement vocalique **o**, **o**, **u**, **o**, **o**, **u**.

■ La formation de l'imparfait du subjonctif est identique à celle des autres verbes (p. 176) :

> **sintieron** → **sintiera** ou **sintiese**
> **durmieron** → **durmiera** ou **durmiese**

■ Revoir les présents de **sentir** et **dormir** (p. 133).

■ *de plus en plus* se traduit en espagnol **cada día más**, **cada vez más** ou parfois **más y más**.

A 4   TRADUCTION

1. Je me suis beaucoup amusé. Il s'est beaucoup amusé.
2. Nous n'avons jamais menti. Ils n'ont jamais menti.
3. Je me suis vite endormi. Il s'est vite endormi.
4. Nous sommes morts de rire. Ils sont morts de rire.
5. Je l'ai beaucoup regretté. Il l'a beaucoup regretté.
6. Nous nous sommes référés à la brochure. Ils se sont référés à la brochure.
7. J'ai bu de l'eau, mais lui a préféré de la bière.
8. Je te fais remarquer qu'il ment. Je voudrais qu'il ne mente pas.
9. Ce qu'il a dit m'a beaucoup blessé.
10. L'eau du thé bouillait. Il ne fallait pas qu'elle bouille.
11. Il y a consenti. Je me suis réjoui qu'il se soit converti à nos idées.
12. Ils ne se repentent pas. J'ai regretté qu'ils ne se repentent pas.
13. Ils dorment de plus en plus. Je leur ai interdit de dormir autant.

B 1 PRÉSENTATION

● Changements vocaliques au passé simple

pedir : e/i	*demander, commander*
pedí	*j'ai demandé*
pediste	...
pidió	
pedimos	
pedisteis	
pidieron	

Imparfaits du subjonctif : I. **pidiera**, ... II. **pidiese**, ...

el consejo	*le conseil*	**elegir**	*choisir*
la distancia	*la distance*	**expedir**	*expédier*
el ejercicio	*l'exercice*	**impedir**	*empêcher*
la falta	*la faute*	**medir**	*mesurer*
de prisa	*vite, en hâte*	**perseguir**	*poursuivre*
corregir	*corriger*	**reír**	*rire*
despedir	*renvoyer*	**repetir**	*recommencer*
despedirse	*prendre congé*	**seguir**	*suivre*
servir	*servir*	**vestir**	*vêtir*

B 2 APPLICATION

1. Me despedí de ellos. Se despidió de ellos.
2. Sonreí al verlos. Sonrió al verlos.
3. Corregimos las faltas. Corrigieron las faltas.
4. Repetí el ejercicio. Repitió el ejercicio.
5. Los perseguimos. Los persiguieron.
6. Medimos la distancia. Midieron la distancia.
7. Expide los paquetes. Le pedí que los expidiera.
8. Impide eso. Le dije que lo impidiera.
9. Se visten de prisa. Hacía falta que se vistieran de prisa.
10. La despide. Fue necesario que la despidiera.
11. Se ríe al oír eso. Le aconsejé que no se riera.
12. Sigue los consejos. Se los daba para que los siguiera.
13. Eligen los platos. Les dio el menú para que los eligieran.
14. Sirven la comida. Les pedimos que la sirvieran.

B 3 REMARQUES

■ Le passé simple de l'indicatif et les imparfaits du subjonctif des verbes du type **pedir** se forment avec **les mêmes changements vocaliques** que ceux des verbes du type **sentir**.

■ Revoir les présents de **pedir** (p. 138).

■ Attention à la traduction de :

reír	*rire*	et	**reírse**	*se moquer*
despedir	*renvoyer*	et	**despedirse**	*prendre congé*

■ L'infinitif espagnol précédé de **al** se traduit par :
— *quand* + un verbe à un mode personnel
   sonreí al verlos, *j'ai souri quand je les ai vus*
— ou par *en* + participe présent
   sonreí al verlos, *j'ai souri en les voyant*

■ Attention **en** + **gérondif espagnol** se traduit par *dès que, aussitôt que* :
   en llegando a casa, *dès qu'il est arrivé à la maison*

B 4 TRADUCTION

1. J'ai pris congé d'eux. Il a pris congé d'eux.
2. J'ai souri en les voyant. Il a souri en les voyant.
3. Nous avons corrigé les fautes. Ils ont corrigé les fautes.
4. J'ai recommencé l'exercice. Il a recommencé l'exercice.
5. Nous les avons poursuivis. Ils les ont poursuivis.
6. Nous avons mesuré la distance. Ils ont mesuré la distance.
7. Il expédie les paquets. Je lui ai demandé de les expédier.
8. Il empêche cela. Je lui ai dit de l'empêcher.
9. Ils s'habillent en hâte. Il fallait qu'ils s'habillent en hâte.
10. Il la renvoie. Il a été nécessaire qu'il la renvoie.
11. Il se moque en entendant cela. Je lui ai conseillé de ne pas se moquer.
12. Il suit les conseils. Je les lui donnais pour qu'il les suive.
13. Ils choisissent les plats. Il leur a donné le menu pour qu'ils les choisissent.
14. Ils servent le repas. Nous leur avons demandé de le servir.

C 1 EXERCICES

A. Mettre au passé simple

1. Se divierten mucho.
2. Duerme demasiado.
3. Prefieren salir.
4. Miente siempre.
5. Se despide de ella.
6. Miden la distancia.
7. Expide la carta.
8. Sirven la cerveza.

B. Répondre affirmativement

1. Te moriste de risa. ¿ Y ellos ?
2. Me referí al folleto. ¿ Y él ?
3. Os vestisteis de prisa. ¿ Y ellas ?
4. Se rió demasiado. ¿ Y Ud ?
5. Dormiste mucho. ¿ Y ella ?
6. Repetí el ejercicio. ¿ Y Uds ?

C. Traduire en employant le passé simple

1. Nous avons pris congé de nos amis.
2. Il s'est moqué d'eux en les entendant.
3. Il l'a beaucoup regretté.
4. Elle s'est repentie en les voyant.
5. Ils se sont amusés de plus en plus.
6. Je lui ai dit de la renvoyer.
7. Je n'ai jamais cru qu'il corrige ses fautes.
8. Il était nécessaire que l'eau bouille.
9. Il fallait qu'il dorme.
10. Je ne voulais pas qu'il se blesse.

C 2 INFORMATIONS PRATIQUES

- En la playa

la arena	nadar
el bañador	las olas
la barca	playa vigilada
la boya	prohibido bañarse
broncear	la quemadura
el buceo	el quitasol
colchón neumático	el sol
corriente peligrosa	la tumbona
esquí acuático	el velero
el flotador	el vigilante
marea alta/baja	zambullirse

C 3 CORRIGÉ

A.

1. Se divirtieron mucho.	5. Se despidió de ella.
2. Durmió demasiado.	6. Midieron la distancia.
3. Prefirieron salir.	7. Expidió la carta.
4. Mintió siempre.	8. Sirvieron la cerveza.

B.

1. Se murieron de risa.
2. Se refirió al folleto.
3. Se vistieron de prisa.
4. Me reí demasiado.
5. Durmió mucho.
6. Repetimos el ejercicio.

C.

1. Nos despedimos de nuestros amigos.
2. Se rió de ellos al oírlos.
3. Lo sintió mucho.
4. Se arrepintió al verlos.
5. Se divirtieron cada vez más.
6. Le dije que la despidiera.
7. No creí nunca (o nunca creí) que corrigiera sus faltas.
8. Era necesario que el agua hirviera.
9. Hacía falta que durmiera.
10. No quería que se hiriera.

C 4 TRADUCTION

- *Sur la plage*

	le sable	nager
	le maillot de bain	les vagues
	la barque	plage surveillée
	la balise	baignade interdite
	bronzer	le coup de soleil
	la plongée	le parasol
	matelas pneumatique	le soleil
	courant dangereux	le transat
	ski nautique	le voilier
	la bouée	le surveillant
	marée haute/basse	plonger

A 1 PRÉSENTATION

- Impératif et pronoms enclitiques

presentarse	V.S.	preséntese	no se presente
volverse (ue)	V.P.	vuélvanse	no se vuelvan
sentarse (ie)	1 p.	sentémonos	no nos sentemos
defenderse (ie)	T.S.	defiéndete	no te defiendas
decidirse	T.P.	decidíos	no os decidáis

la camisa	la chemise	meterse	se mêler
el mueble	le meuble	mover (ue)	remuer
acostarse (ue)	se coucher	recomendar (ie)	recommander
defender (ie)	défendre	sentarse (ie)	s'asseoir
devolver (ue)	rendre	volverse (ue)	se retourner
entrenarse	s'entraîner	allí	là
levantarse	se lever	demasiado	trop
llevarse	emporter	temprano	tôt

A 2 APPLICATION

1. Levántese temprano. No se levante tan tarde.
2. Entrénense. No se entrenen demasiado.
3. Quedémonos en esta ciudad. No nos quedemos aquí.
4. Acuéstate temprano. No te acuestes demasiado tarde.
5. Sentaos allí. No os sentéis allí.
6. No se decidan Uds tan pronto. Decídanse pronto.
7. No nos divirtamos. Divirtámonos.
8. No te metas en mis cosas. Métete en tus cosas.
9. No os durmáis tan pronto. Dormíos pronto.
10. Tiene Ud que devolverme el libro. Devuélvamelo.
11. Tienen Uds que llevarse esas camisas. Llévenselas.
12. Tenemos que mover estos muebles. Movámoslos.
13. Tienes que despedirte ahora. Despídete.
14. Tenéis que recomendarle un hotel. Recomendádselo.

A 3 REMARQUES

■ Revoir la formation de l'impératif (p. 284).

■ Les pronoms réfléchis : **me**, **te**, **se**, **nos**, **os**, **se**.

■ **L'enclise**, c'est-à-dire le rejet du (ou des) pronom(s) personnel(s) complément(s) après le verbe pour ne plus former qu'un seul mot avec lui, se fait en espagnol **à l'infinitif**, **au gérondif et à l'impératif forme affirmative**. Dans la phrase impérative négative, le (ou les) pronom(s) reste(nt) avant le verbe.

preséntemela, *présentez-la moi*
no me la presente, *ne me la présentez pas*

Attention : pour maintenir l'accentuation du verbe après enclise, il faut écrire l'accent tonique sur la voyelle qui était accentuée avant l'enclise.

■ Le **~d final** des formes **presentad**, **defended** et **decidid** et le **~s final** des formes **presentemos**, **defendamos** et **decidamos** disparaissent respectivement devant les pronoms **os** et **nos** : **presentaos**, **presentémonos** ; **defendeos**, **defendámonos** ; **decidíos**, **decidámonos**.

A 4 TRADUCTION

1. Levez-vous tôt. Ne vous levez pas si tard.
2. Entraînez-vous. Ne vous entraînez pas trop (V.P.).
3. Restons dans cette ville. Ne restons pas ici.
4. Couche-toi tôt. Ne te couche pas trop tard.
5. Asseyez-vous là. Ne vous asseyez pas là (T.P.).
6. Ne vous décidez pas si vite. Décidez-vous vite (V.P.).
7. Ne nous amusons pas. Amusons-nous.
8. Ne te mêle pas de mes affaires. Mêle-toi de tes affaires.
9. Ne vous endormez pas si vite. Endormez-vous vite (T.P.).
10. Vous devez me rendre le livre. Rendez-le-moi.
11. Vous devez emporter ces chemises. Emportez-les (V.P.).
12. Nous devons déplacer ces meubles. Déplaçons-les.
13. Tu dois prendre congé maintenant. Prends congé.
14. Vous devez lui recommander un hôtel. Recommandez-le-lui (T.P.).

B 1 PRÉSENTATION

• Impératifs irréguliers

irse	s'en aller	V.S.	**váyase**	no se vaya
		V.P.	**váyanse**	no se vayan
		1 p.	**vámonos**	no nos vayamos
		T.S.	**vete**	no te vayas
		T.P.	**idos**	no os vayáis

la bufanda	*le foulard*	**prudente**	*prudent*
la cuchara	*la cuiller*	**África**	*l'Afrique*
las gafas	*les lunettes*	**Argelia**	*l'Algérie*
los negocios	*les affaires*	**Bélgica**	*la Belgique*
el puerto	*le port, le col*	**El Canadá**	*le Canada*
el sitio	*l'endroit*	**Luxemburgo**	*Luxembourg*
el tenedor	*la fourchette*	**Marruecos**	*le Maroc*
antes de	*avant de*	**Suiza**	*la Suisse*

B 2 APPLICATION

1. Tienes que hacer este negocio. Hazlo.
2. Tienes que decirnos la verdad. Dínosla.
3. Tienes que ponerte las gafas. Póntelas.
4. Tienes que salir antes de las tres. Sal antes.
5. Tienes que venir conmigo a África. Ven conmigo.
6. Tienes que irte con él a Haití. Vete con él.
7. No seas tan prudente. Sé más prudente.
8. No te valgas de este tenedor. Valte de esta cuchara.
9. No te detengas aquí. Detente más lejos.
10. No nos vayamos de este sitio. Vámonos de aquí.
11. No me lo digas. Dímelo.
12. Váyase a Bélgica. Váyanse a Luxemburgo.
13. Vete a Suiza. Idos a Marruecos y a Argelia.
14. Vámonos al Canadá. No nos vayamos sin decir adiós.

B 3   REMARQUES

■ En dehors de la 1re personne du pluriel du verbe **ir**, **vamos** au lieu de **vayamos**, les seules irrégularités dans la formation de l'impératif ne concernent que **le tutoiement singulier affirmatif** des verbes suivants :

			ser	*être*	→ **sé**
decir	*dire*	→ **di**	**tener**	*avoir*	→ **ten**
hacer	*faire*	→ **haz**	**venir**	*venir*	→ **ven**
ir	*aller*	→ **ve**	**valerse**	*se servir*	→ **valte**
poner	*mettre*	→ **pon**	**salir**	*sortir*	→ **sal**

L'impératif négatif est rendu par les personnes correspondantes du subjonctif présent.

■ **idos** : maintien exceptionnel du ~**d** final devant ~**os** (p. 229).

■ **conmigo**, *avec moi* ; **contigo**, *avec toi* ; **consigo**, *avec lui (soi)*.

■ **ponerse las gafas**, *mettre ses lunettes*.

■ Les noms de pays sont employés sans article défini sauf quelques exceptions (**El Canadá**, etc.), voir p. 254.

B 4   TRADUCTION

1. Tu dois faire cette affaire. Fais-la.
2. Tu dois nous dire la vérité. Dis-la-nous.
3. Tu dois mettre tes lunettes. Mets-les.
4. Tu dois partir avant trois heures. Pars avant.
5. Tu dois venir avec moi en Afrique. Viens avec moi.
6. Tu dois t'en aller avec lui à Haïti. Va-t'en avec lui.
7. Ne sois pas aussi prudent. Sois plus prudent.
8. Ne te sers pas de cette fourchette. Sers-toi de cette cuiller.
9. Ne t'arrête pas ici. Arrête-toi plus loin.
10. Ne partons pas de cet endroit. Partons d'ici.
11. Ne me le dis pas. Dis-le moi.
12. Partez en Belgique. Partez (V.P.) au Luxembourg.
13. Pars en Suisse. Partez (T.P.) au Maroc et en Algérie.
14. Partons au Canada. Ne partons pas sans dire au revoir.

C 1 EXERCICES

A. Mettre à la forme affirmative

1. No nos los llevemos.
2. No se acuesten ahora.
3. No se siente aquí.
4. No te decidas.
5. No os quedéis allí

6. No nos vayamos de aquí.
7. No se detengan allí.
8. No se ponga estas gafas.
9. No te vayas allí.
10. No os vayáis ahora.

B. Mettre à la forme négative

1. Duérmase.
2. Muévanlos.
3. Llevémonosla.
4. Métete en tus cosas.
5. Devolvédnosla.

6. Házmelo.
7. Idos.
8. Díselo.
9. Póntelas.
10. Vámonos.

C. Traduire

1. Prenons congé maintenant et partons.
2. Couche-toi et lève-toi plus tôt.
3. Restez ici et asseyez-vous (V.P.).
4. Emportez ce livre et rendez-le moi vite.
5. Mêlez-vous de vos affaires (T.P.).
6. Décidons-nous et arrêtons-nous ici.
7. Sers-toi de ce couteau (cuchillo) et fais attention.

C 2 INFORMATIONS PRATIQUES

- ¡ Qué aproveche !

  ¿ Cómo le gusta a Ud el bistec (o el filete) ?
  — Apenas pasado (poco hecho, medio crudo).
  — Regular (en su punto).
  — Bien pasado (muy hecho).

  ¿ Qué vino prefiere ?
  ¿ Tinto, rosado (clarete) o blanco ?
  ¿ Dulce o seco ?

  ¿ Quiere Ud agua mineral con gas o sin gas ?
  — Quisiéramos una gaseosa, una limonada y una caña de cerveza.

  No tengo mucha hambre. Me conformaré con unas tapas y un chato de tinto.

  ¿ Me da Ud mostaza, por favor ?
  ¿ Hay mayonesa ?

C 3   CORRIGÉ

A.

1. Llevémonoslos.
2. Acuéstense ahora.
3. Siéntese aquí.
4. Decídete.
5. Quedaos allí.

6. Vámonos de aquí.
7. Deténganse allí.
8. Póngase estas gafas.
9. Vete allí.
10. Idos ahora.

B.

1. No se duerma.
2. No los muevan.
3. No nos la llevemos.
4. No te metas en tus cosas.
5. No nos la devolváis.

6. No me lo hagas.
7. No os vayáis.
8. No se lo digas.
9. No te las pongas.
10. No nos vayamos.

C.

1. Despidámonos ahora y vámonos.
2. Acuéstate y levántate más temprano.
3. Quédense aquí y siéntense.
4. Llévese este libro y devuélvamelo pronto.
5. Meteos en vuestras cosas.
6. Decidámonos y detengámonos aquí.
7. Valte de este cuchillo y ten cuidado.

C 4   TRADUCTION

• *Bon appétit*

Comment aimez-vous le bifteck (ou le filet) ?
— Saignant.
— À point.
— Bien cuit.

Quel vin préférez-vous ?
Rouge, rosé ou blanc ?
Doux ou sec ?

Voulez-vous de l'eau minérale gazeuse ou non gazeuse ?
— Nous voudrions une limonade, une citronnade et un demi (de bière).

Je n'ai pas grand-faim. Je me contenterai de quelques amuse-gueule et d'un petite verre de vin rouge.

Vous me donnez de la moutarde, s'il vous plaît ?
Y a-t-il de la mayonnaise ?

A 1 PRÉSENTATION

- | *quand* + futur = **cuando** + **presente de subjuntivo**
  (sauf après ¿ **cuándo** ? interrogatif)

¿ **Cuándo vendrá Paco ? — Vendrá cuando pueda.**
Quand Paco viendra-t-il ? Il viendra quand il pourra.

| *si* (condition ou hypothèse) = **si**
+ l'imparfait de l'indicatif   + **imperfecto de subjuntivo**

Si Paco pudiera, vendría.
Si Paco pouvait, il viendrait.

la carrera	*les études*	**bañarse**	*se baigner*
el empleo	*l'emploi*	**buscar**	*chercher*
la flor	*la fleur*	**llamar por teléfono**	*téléphoner*
el sol	*le soleil*	**llover (ue)**	*pleuvoir*
en cuanto	*dès que*	**regar**	*arroser*
mientras	*tant que*	**terminar**	*terminer*
tan pronto como	*aussitôt que*		

A 2 APPLICATION

1. Termino la carrera y busco un empleo.
2. Cuando termine la carrera, buscaré un empleo.
3. Si terminara la carrera, buscaría un empleo.
4. Sé el español y voy a Argentina.
5. Cuando sepa el español, iré a Argentina.
6. Si supiera el español, iría a Argentina.
7. Hace sol y podemos ir a bañarnos.
8. En cuanto haga sol, podremos ir a bañarnos.
9. Si hiciera sol, podríamos ir a bañarnos.
10. No llueve y tiene Ud que regar las flores.
11. Mientras no llueva, Ud tendrá que regar las flores.
12. Si lloviera, Ud no tendría que regar las flores.
13. La veo y le llamo por teléfono.
14. Tan pronto como la vea, le llamaré por teléfono.
15. Si la viera, le llamaría por teléfono.

A 3 REMARQUES

■ Après **cuando**, *quand*, **mientras**, *tant que*, **en cuanto**, *dès que*, **tan pronto como**, *aussitôt que*, et toutes les expressions de temps, le futur français est remplacé par **le présent du subjonctif en espagnol**. Dans la proposition principale, le verbe reste au futur, comme en français. **¿ Cuándo ?** interrogatif est suivi du futur de l'indicatif.

■ Après **si**, marquant **une condition ou une hypothèse**, l'imparfait de l'indicatif français est remplacé par **l'imparfait du subjonctif en espagnol**. Dans ce cas la proposition principale comporte un conditionnel exprimé ou sous-entendu :

Si tuviera dinero iría al Perú.
Si j'avais de l'argent, j'irais au Pérou.

■ Attention aux différents sens du mot **carrera** : *course* (sport), *carrière*, *profession* et *études* :

hacer la carrera de derecho
faire des études de droit

A 4 TRADUCTION

1. Je termine mes études et je cherche un emploi.
2. Quand je terminerai mes études, je chercherai un emploi.
3. Si je terminais mes études, je chercherais un emploi.
4. Je sais l'espagnol et je vais en Argentine.
5. Quand je saurai l'espagnol, j'irai en Argentine.
6. Si je savais l'espagnol, j'irais en Argentine.
7. Il y a du soleil et nous pouvons aller nous baigner.
8. Dès qu'il y aura du soleil, nous pourrons aller nous baigner.
9. S'il y avait du soleil, nous pourrions aller nous baigner.
10. Il ne pleut pas et vous devez arroser les fleurs.
11. Tant qu'il ne pleuvra pas, vous devrez arroser les fleurs.
12. S'il pleuvait, vous n'auriez pas à arroser les fleurs.
13. Je la vois et je vous téléphone.
14. Aussitôt que je la verrai, je vous téléphonerai.
15. Si je la voyais, je vous téléphonerais.

B 1   PRÉSENTATION

aunque + indicatif	*bien que* (certitude)
aunque + subjonctif	*même si* (supposition)
aunque hace mal tiempo...	*bien qu'il fasse ...*
aunque haga mal tiempo...	*même s'il fait ...*
siempre que + indicatif	*toutes les fois que ...*
siempre que + subjonctif	*pourvu que ...*

el extranjero	*l'étranger*	pasearse	*se promener*
la llave	*la clef*	pintar	*peindre*
la rebaja	*le rabais*	viajar	*voyager*
bonito	*joli*	acaso	
al contado	*au comptant*	a lo mejor	
casarse	*se marier*	quizá(s)	*peut-être*
enfadarse	*se fâcher*	tal vez	
pagar	*payer*	con tal que	*pourvu que*

B 2   APPLICATION

1. Aunque les digo la verdad, se enfadan.
2. Aunque les diga la verdad, se enfadan.
3. Aunque tenía un pasaporte, no viajaba al extranjero.
4. Aunque tuviera un pasaporte, no viajaría al extranjero.
5. Le hacen una rebaja siempre que paga al contado.
6. Le hacen una rebaja siempre que pague al contado.
7. Salía a pasearse siempre que podía.
8. Saldría a pasearse siempre que pudiera.
9. Esta mesa será bonita con tal que la pintes.
10. Esta mesa sería bonita con tal que la pintaras.
11. ¿ Acaso tienes la llave ?
12. — No, quizá la tenga el portero.
13. Tal vez se case este año.
14. A lo mejor se casará este año.

B 3 REMARQUES

■ **aunque** + **indicatif** se traduit en français par *bien que* + subjonctif.
aunque + **subjonctif** se traduit en français par *même si* + indicatif.
Remarquez que l'emploi de l'indicatif et du subjonctif est dans ce cas, en espagnol, à l'inverse du français.

■ **siempre que** + **indicatif** se traduit par *chaque fois que, toutes les fois que* et **siempre que** + **subjonctif** se traduit par *pourvu que, si toutefois, à condition que* ; **con tal que**, *pourvu que, à condition que* est également suivi du subjonctif.

■ **tal vez**, **quizá** (**quizás**), **acaso**, *peut-être*, sont généralement placés après un verbe à l'indicatif. L'aspect de doute peut être renforcé en les plaçant devant un verbe au subjonctif :

quizá tengas razón, *peut-être as-tu raison*

a lo mejor ne s'emploie qu'avec l'indicatif ou le conditionnel. Dans une phrase interrogative, **acaso** peut avoir le sens de *par hasard* :

¿ acaso lo sabes ?, *le sais-tu par hasard ?*

B 4 TRADUCTION

1. Bien que je leur dise la vérité, ils se fâchent.
2. Même si je leur dis la vérité, ils se fâchent.
3. Bien qu'il ait un passeport, il ne voyageait pas à l'étranger.
4. Même s'il avait un passeport, il ne voyagerait pas à l'étranger.
5. On lui fait un rabais chaque fois qu'il paie au comptant.
6. On lui fait un rabais à condition qu'il paie au comptant.
7. Il sortait se promener à chaque fois qu'il le pouvait.
8. Il sortirait se promener pourvu qu'il le puisse.
9. Cette table sera jolie si toutefois tu la peins.
10. Cette table serait jolie à condition que tu la peignes.
11. As-tu la clef par hasard ?
12. — Non, peut-être que le portier l'aura.
13. Peut-être se mariera-t-il cette année.
14. Il se mariera peut-être cette année.

C 1 EXERCICES

A. Faire une seule phrase en la commençant avec *cuando*

1. Terminaré la carrera. Iré à Bolivia.
2. Lloverá. No iremos a la playa.
3. Hará buen tiempo. Te llamaré por teléfono.
4. Tendré mi pasaporte. Viajaré.

B. Faire une seule phrase en la commençant avec *si*

1. Les diría la verdad. Se enfadarían.
2. Haría sol. Saldría a pasearme.
3. Pagarían al contado. Tendrían una rebaja.
4. Llovería. No iría al campo.

C. Traduire

1. Bien qu'il ne sache pas l'espagnol, il va en Argentine.
2. Même si je ne le savais pas, j'irais aussi.
3. Il partira dès qu'il aura son passeport.
4. Si tu le lui disais, elle ne serait pas contente.
5. Vous devrez arroser tant qu'il ne pleuvra pas.
6. S'il venait, nous irions nous baigner.
7. Aussitôt qu'ils le pourront, ils se marieront.
8. Peut-être sortirons-nous nous promener.
9. Ils nous feront peut-être un rabais.

C 2 INFORMATIONS PRATIQUES

- Los espectáculos

  Quisiera ver la cartelera de espectáculos por favor.
  ¿ Dónde ponen esta película (del oeste) ?
  ¿ Hay sesión continua en este cine ?
  ¿ Qué ponen en el teatro esta noche ?
  ¿ A qué hora empieza la función ?
  Quisiera reservar tres localidades para el concierto.
  ¿ Quedan butacas de platea ?
  Déme un programa, por favor.
  ¿ Puede Ud recomendarme una discoteca o una buena sala de fiestas ?
  Hemos reservado una mesa en un « tablao ».
  ¿ Les gustaría ir a los toros mañana ?
  Haga el favor de decirme a qué hora empieza la corrida.

C 3 CORRIGÉ

A.

1. Cuando termine la carrera, iré a Bolivia.
2. Cuando llueva, no iremos a la playa.
3. Cuando haga buen tiempo, te llamaré por teléfono.
4. Cuando tenga mi pasaporte, viajaré.

B.

1. Si les dijera la verdad, se enfadarían.
2. Si hiciera sol, saldría a pasearme.
3. Si pagaran al contado, tendrían una rebaja.
4. Si lloviera, no iría al campo.

C.

1. Aunque no sabe el español, va a Argentina.
2. Aunque yo no lo supiera, iría también.
3. Se marchará en cuanto tenga su pasaporte.
4. Si se lo dijeras, ella no estaría contenta.
5. Ud tendrá que regar mientras no llueva.
6. Si él viniera, iríamos a bañarnos.
7. Tan pronto como puedan, se casarán.
8. Quizás (acaso, tal vez) salgamos a pasearnos.
9. Nos harán una rebaja a lo mejor (quizás, acaso, tal vez).

C 4 TRADUCTION

- *Les spectacles*

  Je voudrais voir le guide des spectacles, s'il vous plaît.
  Où joue-t-on ce film (western) ?
  Est-ce un cinéma permanent ?
  Que donne-t-on au théâtre ce soir ?
  À quelle heure commence la séance ?
  Je voudrais réserver trois places pour le concert.
  Reste-t-il des fauteuils d'orchestre ?
  Donnez-moi un programme, s'il vous plaît.
  Pouvez-vous me recommander une discothèque ou un bon cabaret ?
  Nous avons réservé une table dans un cabaret de folklore « flamenco ».
  Aimeriez-vous (V.P.) voir une course de taureaux demain ?
  Soyez aimable de me dire à quelle heure commence la corrida.

A 1 PRÉSENTATION

- Passé simple irrégulier : verbes en ~**ducir**

conducir *conduire*	**conduje**
	condujiste
	condujo
	condujimos
	condujisteis
	condujeron

- Imparfaits du subjonctif   I. **condujera**, ..., II. **condujese**, ...

- Comparatifs : | **más ... que** | *plus ... que* |
  |---|---|
  | **menos ... que** | *moins ... que* |
  | **tan ... como** | *aussi ... que* |

la fábrica	*l'usine*	**despacio**	*lentement*
los gastos	*frais, dépenses*	**rápidamente**	*rapidement*
el horario	*l'horaire*	**tampoco**	*non plus*
los negocios	*les affaires*	**introducir**	*introduire*
la producción	*la production*	**producir**	*produire*
el texto	*le texte*	**reducir**	*réduire*
próximo	*prochain*	**traducir**	*traduire*

A 2 APPLICATION

1. Conduce el coche. Lo conduje también.
2. Traduzco el texto. Ud lo tradujo también.
3. No reducimos los gastos. No los redujeron tampoco.
4. No reducen el horario. No lo redujimos tampoco.
5. Hizo falta que introdujeran cambios.
6. No conduzca Ud tan rápidamente, por favor.
7. — Ya reduje la velocidad.
8. Conduzco más despacio que antes.
9. — Ayer condujo Ud menos rápidamente que hoy.
10. — Sí, pero hoy conduzco tan prudentemente como ayer.
11. ¿ Qué sabe Ud de la producción de la fábrica ?
12. — Era necesario que la fábrica produjera más y produce más. Es posible que produzca más el año próximo.

A 3   REMARQUES

■ Irrégularités des présents des verbes en ~**ducir** (p. 274).
Présent indicatif : **conduzco, conduces, conduce**, etc.
Présent subjonctif : **conduzca, conduzcas, conduzca**, etc.
Ces verbes comportent aussi une irrégularité au passé simple, **conduje**, et aux deux imparfaits du subjonctifs **condujera** et **condujese**.

■ Les comparatifs des adjectifs et des adverbes
Supériorité :   **más** (alto) **que**   =   *plus (grand) que*
Infériorité :   **menos** (alto) **que**   =   *moins (grand) que*
Égalité   :   **tan** (bajo) **como**   =   *aussi (petit) que.*

■ Formation des adverbes avec le suffixe ~**mente**.
Forme féminine ou unique de l'adjectif + ~**mente** :

lento, *lent*   →   **lentamente**, *lentement*
prudente, *prudent*   →   **prudentemente**, *prudemment*

■ Dans une série d'adverbes consécutifs, seul le dernier se termine par ~**mente** :

lenta y prudentemente, *lentement et prudemment*

A 4   TRADUCTION

1. Il conduit la voiture. Je l'ai conduite aussi.
2. Je traduis le texte. Vous l'avez traduit aussi.
3. Nous ne réduisons pas les frais. Ils ne les ont pas réduits non plus.
4. Ils ne réduisent pas l'horaire. Nous ne l'avons pas réduit non plus.
5. Il a fallu qu'ils introduisent des changements.
6. Ne conduisez pas aussi rapidement, s'il vous plaît.
7. — J'ai déjà réduit la vitesse.
8. Je conduis plus lentement qu'auparavant.
9. — Hier vous avez conduit moins rapidement qu'aujourd'hui.
10. — Oui, mais aujourd'hui je conduis aussi prudemment qu'hier.
11. Que savez-vous de la production de l'usine ?
12. — Il était nécessaire que l'usine produise plus et elle produit plus. Il est possible qu'elle produise plus l'année prochaine.

B 1   PRÉSENTATION

- Verbes en ~**uir** : **construir**, *construire*

Présent indicatif	**construyo**	Passé simple	**construí**
	construyes		**construiste**
	construye		**construyó**
	construimos		**construimos**
	construís		**construisteis**
	construyen		**construyeron**
Présent subjonctif	**construya**, ...	Imparfaits subjonctif	I. **construyera**, ...
			II. **construyese**, ...

el país	*le pays*	**constituir**	*constituer*
el precio	*le prix*	**contribuir**	*contribuer*
el ruido	*le bruit*	**destruir**	*détruire*
la seguridad	*la sécurité*	**disminuir**	*diminuer*
la sociedad	*la société*	**excluir**	*exclure*
el socio	*l'associé*	**huir**	*fuir*
así	*ainsi*	**incluir**	*inclure*

B 2   APPLICATION

1. El año pasado constituyeron una nueva sociedad.
2. No incluyeron mi nombre en la lista de los socios.
3. Este año constituyen otra sociedad.
4. Ya no me excluyen de la lista de los socios.
5. Conduzca más despacio. Disminuya la velocidad.
6. Hace falta que Ud conduzca más despacio y así contribuya a la seguridad de todos.
7. Construyen tantas casas nuevas como en otros países.
8. Construyeron más casas nuevas que el año pasado.
9. Destruyeron menos casas antiguas que antes.
10. Haría falta que disminuyeran los precios.
11. Huyo de los ruidos de la gran ciudad.
12. — ¡ Ojalá los huya yo también un día !
13. Huyó de los ruidos de la capital.
14. — ¡ Ojalá los huyéramos también un día !

B 3 REMARQUES

■ Les verbes en ~**uir** (type **construir**) intercalent un **y** entre le radical et la terminaison lorsque celle-ci ne commence pas par un **i** accentué.

Cette modification se présente aux présents de l'indicatif et du subjonctif, au passé simple, et aux imparfaits du subjonctif.

■ Accompagnant un nom, *autant... que* se traduit **tanto**, ~**a**, ~**os**, ~**as ... como** : **... tantas casas como ...**, *... autant de maisons que ...*

■ Traduction de *ne ... plus* : **ya no** + verbe.

ya no juega, *il ne joue plus*

■ **Apocope :** perte d'une ou plusieurs lettres à la fin d'un mot ; **grande** devient **gran** devant un nom masculin ou féminin. (Autres apocopes p. 256).

■ **ojalá** + **présent du subjonctif** : *pourvu que, plaise à Dieu* : **ojalá venga**, *pourvu qu'il vienne* ; **ojalá** + **imparfait du subjonctif** : *si seulement* : **ojalá viniera**, *si seulement il venait*.

B 4 TRADUCTION

1. L'année dernière ils ont constitué une nouvelle société.
2. Ils n'ont pas inclus mon nom sur la liste des associés.
3. Cette année, ils constituent une autre société.
4. Ils ne m'excluent plus de la liste des associés.
5. Conduisez plus lentement. Diminuez la vitesse.
6. Il faut que vous conduisiez plus lentement et qu'ainsi vous contribuiez à la sécurité de tous.
7. Ils construisent autant de maisons nouvelles que dans d'autres pays.
8. Ils ont construit plus de maisons nouvelles que l'année dernière.
9. Ils ont détruit moins de maisons anciennes qu'auparavant.
10. Il faudrait qu'ils diminuent les prix.
11. Je fuis les bruits de la grande ville.
12. — Pourvu que je les fuie aussi un jour. (Plaise au ciel ...).
13. Il a fui les bruits de la capitale.
14. — Si seulement nous les fuyions aussi un jour.

C 1   EXERCICES

A. Mettre au passé simple

1. Traduzco esta novela con el diccionario.
2. Reducimos los gastos de la sociedad.
3. Producen menos que el año anterior.
4. Conduces más despacio que antes.
5. Contribuyen a la construcción de esas casas.
6. Disminuimos los gastos de la fábrica.
7. Constituyo una colección de libros de arte.
8. Lo incluyen todo en el precio.

B. Traduire

1. Je conduis plus lentement qu'auparavant.
2. J'ai déjà conduit plus rapidement (más de prisa).
3. Il fallait que je réduise ma vitesse.
4. Il est nécessaire de contribuer à la sécurité de tous.
5. Nous constituons une nouvelle société.
6. Il faudrait que nous construisions autant de maisons qu'avant.
7. Il faut aussi que nous réduisions nos frais.
8. Cette usine n'a pas produit autant que l'année dernière.
9. Nous n'avons pas réduit les frais non plus.
10. Il a fui la cohue (el barullo) de la grande ville.
11. Si seulement je fuyais aussi tous ces ennuis (dificultades) !

C 2   INFORMATIONS PRATIQUES

● Los deportes

¿ Hay algún partido hoy ?

de balonmano	de fútbol (de balompié)
de baloncesto	de rugby
de balonvolea	de tenis

¿ Quiénes juegan ? ¿ A qué hora empieza ?

¿ Podemos alquilar raquetas ? Tengo las pelotas.
¿ Dónde está la cancha ? Prefiero jugar al ping pong.

Otros deportes : atletismo, boxeo, ciclismo, esgrima, esquí, golf, hipismo, hockey, montañismo, motorismo, natación, pelota, carreras de automóviles, etc.

C 3   CORRIGÉ

A.

1. Traduje esta novela con el diccionario.
2. Redujimos los gastos de la sociedad.
3. Produjeron menos que el año anterior.
4. Condujiste más despacio que antes.
5. Contribuyeron a la construcción de esas casas.
6. Disminuimos los gastos de la fábrica.
7. Constituí una colección de libros de arte.
8. Lo incluyeron todo en el precio.

B.

1. Conduzco más despacio (lentamente) que antes.
2. Ya conduje más de prisa.
3. Hacía falta que redujera mi velocidad.
4. Es necesario contribuir a la seguridad de todos.
5. Constituimos una nueva sociedad.
6. Haría falta que construyéramos tantas casas como antes.
7. Hace falta también que reduzcamos nuestros gastos.
8. Esta fábrica no produjo tanto como el año pasado.
9. No redujimos los gastos tampoco.
10. Huyó del barullo de la gran ciudad.
11. ¡ Ojalá huyera yo también de todas estas dificultades !

C 4   TRADUCTION

- *Les sports*

  Y a-t-il un match aujourd'hui ?

de hand-ball	*de football*
de basket-ball	*de rugby*
de volley-ball	*de tennis*

  Qui joue ? À quelle heure commence-t-il ?

  Pouvons-nous louer des raquettes ? J'ai les balles.
  Où est le court ? Je préfère jouer au ping-pong.

  *Autres sports : athlétisme, boxe, cyclisme, escrime, ski, golf,
  équitation, hockey, alpinisme, motocyclisme, natation, pelote,
  courses automobiles, etc.*

A 1   PRÉSENTATION

- Les pronoms relatifs (I)

que, sujet ou complément	*que, qui* (personne, chose)
el hombre que habla **la casa que ves**	*l'homme qui parle* *la maison que tu vois*

el (la, los, las) que, quien(es), sujet ou compl.	*qui* (pers.)
quien más tiene, más quiere **el señor a quien hablas** **el señor con quien hablas**	*qui plus a, plus veut avoir* *le monsieur à qui tu parles* *le monsieur avec qui tu ...*

el disco	*le disque*	**conocer**	*connaître*
la maestra	*l'institutrice*	**encontrar (ue)**	*trouver, rencontrer*
el sobrino	*le neveu*	**esperar**	*attendre*
delante de	*devant*	**jugar**	*jouer*
lejos	*loin*	**llamar**	*appeler*
ayudar	*aider*	**llegar**	*arriver*
callar	*se taire*	**pensar en**	*penser à*

A 2   APPLICATION

1. La semana que viene nos vamos de vacaciones.
2. Ha pagado la factura que no pude pagar.
3. He comprado un disco que vamos a escuchar.
4. Los trabajadores que vienen de lejos llegan tarde.
5. La señora a la que hablaste no es de aquí.
6. Tengo amigos en los que pienso mucho.
7. El chico a quien acompaño es mi sobrino.
8. Hablé con una señora a quien no conozco.
9. Son las personas a quienes ayudamos ayer.
10. Quien no sabe callar, no sabe hablar.
11. Los amigos a quienes llamo salen para Mallorca.
12. Él es quien debe esperarnos delante de la fábrica.
13. Jugaba la maestra con Perico, el cual nos estaba esperando.

A 3   REMARQUES

■ **que**, *que* ou *qui*, est invariable et peut être indifféremment **sujet ou complément**. Si **que** est **complément indirect**, il est précédé de l'article **el**, **la**, **las**, **los** et d'une préposition :

la casa de la que saldrá, *la maison d'où il sortira.*

■ **el**, **la**, **las**, **los cual(es)** : *lequel, laquelle, lesquels, lesquelles.*

■ **quien**, ou **quienes** au pluriel, ne s'emploie que pour les personnes et ne porte jamais l'accent écrit, au contraire du pronom interrogatif. Lorsque **quien** est complément direct, il suit la règle concernant tous les compléments directs désignant des personnes et doit être précédé de la préposition **a** : **el chico a quien ves**, *le garçon que tu vois.*

■ **quien(es)**, sujet ou complément, peut être remplacé par **el** (**la**, **los**, **las**) **que** : **quien** (ou **el que**) **no sabe callar ...**, *qui ne sait pas se taire ...* ; **la persona a quien** (ou **a la que**) **hablaste ...**, *la personne a qui tu as parlé ...*

■ Attention : **la señora que mira** peut se traduire par *la dame qui regarde* ou par *la dame qu'il regarde*. Pour éviter toute confusion, on traduit le second cas par **la señora a quien mira**.

A 4   TRADUCTION

1. La semaine prochaine, nous partons en vacances.
2. Il a payé la facture que je n'ai pas pu payer.
3. J'ai acheté un disque que nous allons écouter.
4. Les travailleurs qui viennent de loin arrivent tard.
5. La dame à qui tu as parlé n'est pas d'ici.
6. J'ai des amis auxquels je pense beaucoup.
7. Le garçon que j'accompagne est mon neveu.
8. J'ai parlé avec une dame que je ne connais pas.
9. Ce sont les personnes que nous avons aidées hier.
10. Qui ne sait pas se taire, ne sait pas parler.
11. Les amis que j'appelle partent pour Mallorque.
12. C'est lui qui doit nous attendre devant l'usine.
13. L'institutrice jouait avec Pierrot qui nous attendait.

B 1   PRÉSENTATION

- Les pronoms relatifs (II)

préposition + **que** (choses)	*dont* (compl. de verbe)
la casa de que hablo	*la maison dont je parle*

prép. + **quien(es)** (pers.)	*dont* (compl. de verbe)
el señor de quien hablo	*l'homme dont je parle*

cuyo/a/os/as + nom	*dont* (compl. de nom)
la señora cuya hija ...	*la dame dont la fille ...*
la señora cuyos hijos ...	*la dame dont les fils ...*

el actor	*l'acteur*	**el jefe**	*le chef*
la ayuda	*l'aide*	**la obra**	*l'œuvre*
el almacén	*le magasin*	**el terreno**	*le terrain*
el arroz	*le riz*	**el vecino**	*le voisin*
el asunto	*l'affaire*	**atender a**	*s'occuper de*
la avería	*la panne*	**importar**	*importer*
la cocina	*la cuisine*	**ocurrir**	*arriver*
el éxito	*le succès*	**quejarse**	*se plaindre*

B 2   APPLICATION

1. El almacén de que hablábamos está cerrado.
2. Pienso en el asunto de que nos hablaron anteayer.
3. El terreno que necesito es demasiado caro.
4. Se importa el arroz con que se alimentan.
5. Son los muchachos de quienes se habló tanto.
6. Aquí viene el vecino de quien se quejaban.
7. La avería de la cual (de que) se queja ocurrió ayer.
8. Es un amigo cuyo hermano es actor.
9. Este escritor cuyas obras tienen mucho éxito es peruano.
10. Te presento al señor López cuyos hijos estudian aquí.
11. La casa cuya puerta está abierta es mía.
12. Luis, de cuyos padres hablabas, es mi vecino.
13. Cándido, el jefe por cuya cocina fuimos a Segovia, nos atendió muy bien.
14. Don Felipe, gracias a cuya amabilidad pudimos terminar, es muy simpático.

B 3 REMARQUES

■ *dont*, **complément d'un verbe**, se traduit par un pronom relatif, **que**, **quien(es)** ou **el/la/los/las cuales**, précédé de la préposition régie par le verbe (le plus souvent **de**), s'il y en a une. Attention aux prépositions espagnoles qui ne correspondent pas aux françaises : **alimentarse con**, *se nourrir de* ; **inspirarse en**, *s'inspirer de* ; **contentarse con**, *se contenter de* ; **necesitar** (sans prép.), *avoir besoin de* ; **agradecer** (sans prép.), *remercier de* (p. 260).

■ *dont*, complément d'un nom précédé de l'article défini se traduit par **cuyo/a/os/as** qui précèdent le nom (sans article) et s'accordent en genre et en nombre avec lui : **cuyo hijo**, *dont le fils* ; **cuyas hijas**, *dont les filles*.

■ Lorsqu'ils sont précédés d'une préposition, **cuyo/a/os/as** se traduisent par *duquel, de laquelle, desquels, desquelles* : **el vecino por cuyo hijo ...**, *le voisin par le fils duquel ...*

■ Traduction de *on*, voir p. 260.

B 4 TRADUCTION

1. Le magasin dont nous parlions est fermé.
2. Je pense à l'affaire dont ils nous ont parlé avant-hier.
3. Le terrain dont j'ai besoin est trop cher.
4. On importe le riz dont ils s'alimentent.
5. Ce sont les jeunes gens dont on a tant parlé.
6. Voici le voisin dont ils se plaignaient.
7. La panne dont il se plaint s'est produite hier.
8. C'est un ami dont le frère est acteur.
9. Cet écrivain dont les œuvres ont beaucoup de succès est péruvien.
10. Je te présente monsieur Lopez dont les fils étudient ici.
11. La maison dont la porte est ouverte est à moi.
12. Louis, des parents duquel tu parlais, est mon voisin.
13. Candido, le chef pour la cuisine duquel nous sommes allés à Ségovie, nous a très bien accueillis.
14. Monsieur Philippe, grâce à l'amabilité duquel nous avons pu terminer est très sympathique.

C 1   EXERCICES

A. Réunir les deux phrases avec *que* ou *quien*

1. He hablado con un chico. No le conozco.
2. Es mi vecino. Te quejas de él.
3. He comprado discos. Vamos a escucharlos.
4. Pagaron la factura. No pudimos pagarla.
5. Conoces a estas personas. Las ayudamos.

B. Réunir les deux phrases avec *cuyo*

1. Ves la casa. Sus ventanas están cerradas.
2. Es mi amigo. Su hermano es actor.
3. Es mi hermana. Su novio está en Guatemala.
4. Te presento a Don Luis. Sus hijos estudian aquí.
5. Es un escritor. Sus libros se venden muy bien.

C. Traduire   (*la cousine* = **la prima** ; *meilleur* = **mejor**)

1. Le magasin dont nous parlons est ouvert.
2. Louis, avec qui tu parles, est mon meilleur ami.
3. Nous avons lu ce livre dont on parle tant.
4. C'est le garçon dont les parents vivent en Espagne.
5. La jeune fille que j'accompagne est ma cousine.
6. Charles avec le frère duquel tu parlais est mon voisin.
7. Je pense à l'affaire dont nous avons parlé hier.
8. Ils importent le riz dont ils ont besoin.

C 2   INFORMATIONS PRATIQUES

- Faux amis

el caramelo	el bombón
la carta	la tarjeta postal
el cigarro (cigarrillo)	el puro
el constipado (la constipación)	el estreñimiento
el gato	el pastel
el paisano	el campesino
la tabla	la mesa
largo	ancho
gustar	probar
quitar	dejar
repasar	planchar
sentir	oler
subir	sufrir

C 3 CORRIGÉ

A.

1. He hablado con un chico que (a quien) no conozco.
2. Es mi vecino de quien (del que) te quejas.
3. He comprado discos que vamos a escuchar.
4. Pagaron la factura que no pudimos pagar.
5. Conoces a estas personas a quienes (a las que) ayudamos.

B.

1. Ves la casa cuyas ventanas están cerradas.
2. Es mi amigo cuyo hermano es actor.
3. Es mi hermana cuyo novio está en Guatemala.
4. Te presento a Don Luis cuyos hijos estudian aquí.
5. Es un escritor cuyos libros se venden muy bien.

C.

1. El almacén de que (del que) hablamos está abierto.
2. Luis, con quien hablas, es mi mejor amigo.
3. Leímos este libro de que (del que) se habla tanto.
4. Es el chico cuyos padres viven en España.
5. La chica que (a quien) acompaño es mi prima.
6. Carlos con cuyo hermano hablabas es mi vecino.
7. Pienso en el asunto de que (del que) hablamos ayer.
8. Importan el arroz que necesitan.

C 4 TRADUCTION

• *Faux amis*

le bonbon	*le chocolat (bouchée)*
la lettre	*la carte postale*
la cigarette	*le cigare*
le rhume	*la constipation*
le chat	*le gâteau*
le compatriote	*le paysan*
la planche	*la table*
long	*large*
aimer, plaire	*goûter*
enlever	*quitter, laisser*
réviser	*repasser*
ressentir	*sentir (odeur)*
monter	*subir*

SOMMAIRE
DU PRÉCIS GRAMMATICAL

PRÉCIS GRAMMATICAL

---

1 - LA PRONONCIATION DES LETTRES ESPAGNOLES

---

1. Les voyelles :

- **a**, **o**, et **i** se prononcent comme en français.
- **e** se prononce comme le *é* français dans *café*.
- **u** se prononce comme le mot français *ou*.

Le son nasal français (voyelle + **n** ou **m**) n'existe pas en espagnol. La voyelle précédant le **n** ou le **m** doit être clairement perçue : **in** [i-n], **im** [i-m], etc.

2. Les consonnes :

- **c** devant **a**, **o**, **u**, ou devant une consonne se prononce comme le français [k] dans le mot *cacao*.
- **c** devant **e** et **i** et le **z** devant **a**, **o** et **u** se prononcent en mettant le bout de la langue entre les dents légèrement écartées (son proche du [th] anglais dans *the*).
- **ch** se prononce [tch] comme dans *Tchécoslovaquie*.
- **d** se prononce comme en français sauf le **d final** qui se prononce comme un **z** très affaibli (prononciation madrilène : **Madrid** [madriz]) ou pas du tout.
- **g** devant **a**, **o**, **u**, et devant une consonne se prononce comme en français. Devant **e** et **i**, il a le son du **j** espagnol, **la jota**, (p. 15).
- **h** est toujours muet en espagnol.
- **j**, **la jota** se prononce un peu comme le [ch] allemand (voir p. 15)
- **ll** peut avoir le son mouillé des mots français *lieu* (**l** initial) ou *fille* (entre deux voyelles).
- **ñ** (**n tilde**) se prononce comme le son [gne] français dans *Espagne*. Mais **digno** [dig-no], en deux syllabes.
- **q** est toujours accompagné d'un **u** et se prononce [k].
- **r** est toujours **roulé** (p. 15) ; le **r initial** et **rr** comportent plusieurs vibrations.
- **s** se prononce toujours comme le double **s** français du mot *cassé*.
- **v** se prononce presque **b**, surtout en début de mot.
- **x** se prononce généralement comme en français entre deux voyelles et **s** devant une consonne. Dans les noms propres mexicains, placé entre deux voyelles, il se prononce comme **la jota** : **México** [méjiko].

Les autres consonnes se prononcent comme en français.

2 - LE RÔLE DE L'ACCENT ÉCRIT EN ESPAGNOL

Revoir l'accentuation (p. 13).

- L'accent écrit marque un accent tonique en position anormale : **el lápiz** [la piz], *le crayon* ; **el fútbol** [foutbol], etc.
- Il distingue des mots de même son mais à la fonction grammaticale différente : **él** (*il, lui*) **el** (l'article *le*) ; **sé** (*je sais*) **se** (pronom *se*) ; **cómo** (*comment*) **como** (*comme*), etc.
- Il évite que deux voyelles se prononcent en une seule syllabe (diphtongue) : **el río** [ri-o] *le fleuve* ; **un policía** [polizi-a] *un policier* ou *un agent*, etc.
- On le trouve encore sur les mots interrogatifs : **¿ Quién ?** [kié-n] *qui ?* **¿ Dónde ?** [do-ndé] *où ?*, etc.
- Lorsqu'il y a **enclise**, c'est-à-dire déplacement du (ou des) pronom(s) après le verbe à l'infinitif, au gérondif et à l'impératif affirmatif, l'accentuation du verbe ne change pas et si cela est devenu nécessaire, il faut écrire l'accent sur la voyelle tonique : **dígame**, *dites-moi* ; **¿ quiere Ud traérmelo ?** *voulez-vous me l'apporter ?*

3 - L'ARTICLE

1. L'article défini :

| masculin | **el** (singulier) | **los** (pluriel) |
| féminin | **la** (singulier) | **las** (pluriel) |

Contractions au masculin singulier :

$$a + el = al \ (au) \qquad de + el = del \ (du)$$

lo, employé comme article, transforme un adjectif ou un participe en véritable nom : **lo mismo**, *la même chose* ; **lo contrario**, *le contraire*, etc. ou se traduit par *ce que* : **lo cierto** *ce qui est certain* ; etc.

lo + adjectif + **que** se traduit par *comme* ou *combien* : **lo simpático que es**, *comme il est sympathique*.

L'article défini est généralement omis devant les noms de pays et de provinces : **Francia**, *la France*.
Principales exceptions : **el Perú, el Ecuador, la URSS, el Canadá, el País Vasco**, *le Pays basque* ; etc.

2. L'article indéfini :

| masculin | **un** (singulier) | — (pluriel) |
| féminin | **una** (singulier) | — (pluriel) |

Le pluriel indéfini se présente généralement sans article en espagnol : **¿ tienes libros ?** *as-tu des livres ?*

Cependant **unos** (ou **unas**) est utilisé au début d'une phrase (**unos amigos me invitaron**, *des amis m'ont invité*), devant les mots pluriel qui désignent un seul objet (**unas tijeras**, *des ciseaux*) ou les deux objets d'une paire (**unos guantes**, *des gants*) et devant un pluriel qui désigne un groupe restreint (**tengo unos amigos muy simpáticos**, *j'ai des amis très sympathiques*). Il est aussi l'équivalent du français *quelque* dans l'approximation numérique (**vale unas doscientas pesetas**, *cela vaut quelque 200 pesetas*).

L'article indéfini est omis devant **otro**, *un autre* ; **medio**, *un demi* ; **cierto**, *un certain* ; etc.

Attention : Les articles **el** et **un** s'emploient aussi devant un nom féminin commençant par **a ~** (ou **ha ~**) accentué : **el agua**, *l'eau* ; **el hambre**, *la faim* ; **un ave**, *un oiseau*.

3. L'article partitif n'est pas utilisé en espagnol : **bebo agua**, *je bois de l'eau* ; **come pan**, *il mange du pain*.

---

4 - LE MASCULIN ET LE FÉMININ

---

1. Les noms **masculins** sont généralement terminés par **~o** et les mots **féminins** par **~a**. Le genre des mots terminés par d'autres voyelles ou des consonnes est indiqué par l'article : **la leche**, *le lait* ; **el papel**, *le papier*.

Principales exceptions : **la foto** ; **la radio** ; **la mano**, *la main* ; **el día**, *le jour* ; **el problema** ; **el artista** ; **el turista** ; **el colega** ; **el cura**, *le prêtre* ; **el Sena**, *la Seine* ; **el belga**, *le Belge*.

2. Formation du féminin des adjectifs :

o/a	guapo/guapa	*beau/belle*
e/e	amable/amable	*aimable*
a/a	agrícola/agrícola	*agricole*
í/í	baladí/baladí	*futile*
consonne	capaz/capaz	*capable*

Les adjectifs terminés par une consonne sont invariables sauf pour les nationalités : **español/española** ; **francés/francesa** et ceux terminés par **~dor**, **~tor**, **~sor**, **~ón**, **~án**, **~ín** (sauf **ruín**, *mesquin*), **~ote**, **~ete** : **trabajador/trabajadora** (*travailleur/travailleuse*) ; **parlanchín/a** (*bavard/e*) ; **regordete/a** (*grassouillet/te*).

5 - LE PLURIEL

~s   mots terminés par une **voyelle (sauf í)** :
   casa/casas ; **libro/libros**.

~es   mots terminés par **une consonne**, **y** ou **i accentué** :
   el camión/los camiones ; **la ley/las leyes** (*les lois*) ;
   el jabalí/los jabalíes (*les sangliers*) ; **el rubí/los rubíes**

Les mots terminés par ~s restent invariables si la dernière syllabe n'est pas accentuée :
   la crisis/las crisis (*les crises*)
   el paraguas/los paraguas (*les parapluies*)

mais : **el interés/los intereses** (*les intérêts*)

Les mots terminés par ~**z** font leur pluriel en ~**ces** :
   el lápiz/los lápices (*les crayons*)

6 - L'APOCOPE

On appelle ainsi la chute de la voyelle ou de la syllabe finale de certains adjectifs placés devant un nom.

1. Perte du ~o final devant un nom masculin singulier :
uno → un ; **bueno → buen** ; **malo → mal** ; **alguno → algún**, *quelque* ; **ninguno → ningún**, *aucun* ; **primero → primer**, *premier* ; **tercero → tercer**, *troisième* ; **postrero → postrer**, *dernier*.

2. grande devient **gran** et **cualquiera** devient **cualquier**, *n'importe quel*, devant un nom masculin ou féminin : **la Gran Vía**, nom d'une grande avenue madrilène ; **cualquier ciudad**, *n'importe quelle ville*.

3. ciento devient **cien** devant un nom ou devant **mil** et **millón** : **cien pesetas** ; **cien mil pesetas** ; mais on dit **ciento** devant un autre chiffre : **ciento cincuenta pesetas**.

4. Santo se réduit à **San** devant le nom d'un saint : **San Juan**, *saint Jean* ; **San Pedro**, *saint Pierre*.

Exceptions : **Santo Domingo**, *saint Dominique* ; **Santo Tomás**, *saint Thomas*; **Santo Toribio**, *saint Turibe*.

5. Autres apocopes : **recientemente** devient **recién** devant un participe passé : **recién nacido**, *nouveau né* ; **tanto** et **cùanto** deviennent **tan** et **cuan** devant un adjectif ou un adverbe.

7 - LES POSSESSIFS

1. Les adjectifs :

avant le nom		après le nom
mi	*mon*, *ma*	mío
tu	*ton*, *ta*	tuyo
su	*son*, *sa*, *votre* (V.S.)	suyo
nuestro/a	*notre*	nuestro/a
vuestro/a	*votre* (T.P.)	vuestro/a
su	*leur*, *votre* (V.P.)	suyo

Le pluriel se forme en ajoutant un ~**s** à ces formes :
> **son mis libros**, *ce sont mes livres*
> **son cosas mías**, *ce sont mes affaires*

Après **ser**, le possessif **mío**, **tuyo**, etc. correspond au français *à moi*, *à toi*, etc. :
> **no son tuyos**, *ils ne sont pas à toi*

Lorsque le possessif correspond à **Ud** ou **Uds**, il convient d'ajouter la forme **de Ud** ou **de Uds** pour éviter toute confusion :
> **su casa de Ud**, *votre maison*

2. Les pronoms sont formés par l'adjonction de l'article défini, **el**, **la**, **los**, **las**, aux formes **mío**, **tuyo**, **suyo**, etc.
> **el mío**, *le mien* ; **las tuyas**, *les tiennes*, etc.

8 - LES DÉMONSTRATIFS

1. Les adjectifs :

Il y a trois démonstratifs en espagnol qui correspondent à différents degrés d'éloignement dans l'espace ou le temps :

este	esta	estos	estas
ese	esa	esos	esas
aquel	aquella	aquellos	aquellas

aquí : este libro	*ici : ce livre-ci*
ahí : ese libro	*là* (près) : *ce livre-là*
allí : aquel libro	*là* (loin) : *ce livre-là*
en aquella época	*à cette époque-là* (plus éloignée)

2. Les pronoms démonstratifs se distinguent des adjectifs parce qu'ils portent un accent écrit sur la voyelle tonique : **éste**, *celui-ci* ; **ésa**, *celle-là* ; **aquéllos**, *ceux-là* ; etc.

Il existe aussi des pronoms neutres qui ne portent pas d'accent écrit puisqu'il n'y a pas d'adjectifs correspondants :

esto, *ceci* ; **eso**, *cela* ; **aquello**, *cela* (éloigné)

3. Les pronoms démonstratifs français suivis de *de* ou de *qui* ou *que* sont traduits généralement en espagnol par les articles définis correspondants :

el que habla, *celui qui parle*
la que canta, *celle qui chante*
los de ayer, *ceux d'hier*
las que vemos, *celles que nous voyons*

---

9 - COMPARATIFS ET SUPERLATIFS

1. Les comparatifs :

más	(alto)	**que**	*plus*	*(grand)*	*que*
menos	(bajo)	**que**	*moins*	*(petit)*	*que*
tan	(fuerte)	**como**	*aussi*	*(fort)*	*que*

Irrégularités : **mayor**, *plus grand* ; **menor**, *plus petit* ; **mejor**, *meilleur* ; **peor**, *pire* ou *pis*.

Attention au comparatif d'égalité qui est **tan** (apocope) devant un adjectif ou un adverbe et **tanto/a/os/as** devant un nom :

no soy tan gordo como él, *je ne suis pas aussi gros que lui*
tiene tantos libros como tú, *il a autant de livres que toi*

2. Les superlatifs absolus se forment avec l'adverbe **muy**, *très*, ou avec le suffixe **~ísimo/a** :

muy elegante = **elegantísimo o elegantísima**
muy fácil = **facilísimo**

Irrégularités : **muy rico** = **riquísimo**, *très riche*
muy amable = **amabilísimo**
muy antiguo = **antiquísimo**, *très ancien*, etc.

- Les superlatifs relatifs se forment comme en français avec un article défini suivi de **más** ou **menos** :

la más delgada, *la plus mince*   **las más ...**, *les plus ...*
el menos gordo, *le moins gros* . **los menos ...**, *les moins ...*

- Attention : le superlatif relatif placé après le nom s'emploie sans article :

el chico más inteligente, *le garçon le plus intelligent*

---

10 - LES PRONOMS PERSONNELS

Nous ne présentons ici qu'une récapitulation. Veuillez vous reporter aux leçons correspondantes pour des explications plus complètes.

Pronoms sing.	1re personne	2e personne	3e personne
sujets :	**yo**	**tú**	**él, ella, Ud**
compl. ind. :	**me**	**te**	**le**
compl. dir. :	**me**	**te**	**le, lo, la**
réfléchis :	**me**	**te**	**se**
après prép. :	**mí**	**ti**	**él, ella, Ud, sí**
Pronoms plur.	1re personne	2e personne	3e personne
sujets :	**nosotros/as**	**vosotros/as**	**ellos/as, Uds**
compl. ind. :	**nos**	**os**	**les**
compl. dir. :	**nos**	**os**	**los, las**
réfléchis :	**nos**	**os**	**se**
après prép. :	**nosotros/as**	**vosotros/as**	**ellos/as, Uds, sí**

- **sí** après préposition est utilisé lorsque le pronom complément désigne la même personne que le sujet :

    Luis habla siempre de sí (mismo).
    Louis parle toujours de lui (même).

    Sinon : **Luis habla siempre de él (Pedro).**
    Louis parle toujours de lui (Paul).

- Avec la préposition **con**, **mí**, **ti**, **sí** deviennent **conmigo**, *avec moi* ; **contigo**, *avec toi*, **consigo**, *avec lui (soi)*.

- Il existe en espagnol un pronom neutre **ello** qui est l'équivalent du français **cela** : **pienso en ello**, *je pense à cela* ou *j'y pense*.

- Rappel de l'emploi de **deux pronoms consécutifs** :
    a - le pronom indirect précède toujours le pronom direct ;
    b - **le**, *lui* ou *vous* (V.S.), **les**, *leur* ou *vous* (V.P.) se traduisent uniformément par **se** devant un pronom direct de la troisième personne. Une précision peut être donnée en faisant suivre le verbe d'un autre pronom précédé d'une préposition : **se lo digo a él**, *je le lui dis* ; **se lo digo a Ud**, *je vous le dis*.

- **L'enclise** consiste à ajouter le ou les pronoms personnels complémentaires à la fin du verbe, sans trait d'union. Elle se fait à l'infinitif, voir p. 61, au gérondif, voir p. 127, et à l'impératif affirmatif, p. 229.

---

11 - TRADUCTION DE *EN* ET DE *Y*

Ces deux mots n'existent pas en espagnol. On ne cherche à les traduire par des équivalents que s'ils sont indispensables.

S'ils indiquent un lieu, on utilisera un adverbe de lieu comme **aquí**, *ici*, ou **allí**, *là* : **salgo de aquí**, *j'en sors.*

S'ils remplacent un nom, on les traduira par **de eso**, *de cela*, **de él**, *de lui*, **de ella**, *d'elle*, etc. : **me acuerdo de ellos**, *je m'en souviens*.

Le **en** de *il y en a* se traduit par un pronom complément direct :

    ¿ Hay clientes ? — Los hay. *Y a-t-il des clients ? — Il y en a.*

12 - TRADUCTION DE *ON*

1. On emploie le plus souvent une tournure réfléchie **se + verbe à la 3ᵉ personne (singulier ou pluriel)**.
On l'utilise toujours pour présenter des faits habituels :

aquí se habla español, *ici on parle espagnol*

Le complément français devient le sujet en espagnol et, s'il est au pluriel, le verbe se met aussi au pluriel :

se venden manzanas, *on vend des pommes*

Exception : le verbe reste au singulier si le complément représente des personnes déterminées :

se oía a los jugadores, *on entendait les joueurs*

2. On emploie la **3ᵉ personne du pluriel** lorsque *on* signifie *quelqu'un* ou *les gens* ou encore pour présenter un fait accidentel :

llaman, *on appelle*

3. uno, **una** s'emploient surtout avec les verbes pronominaux pour éviter la répétition de **se** ou pour atténuer une expression personnelle :

Los domingos uno se levanta más tarde.
Le dimanche, on se lève plus tard.

13 - LES PRONOMS RELATIFS

- **que** est invariable et est utilisé pour les personnes, les animaux et les choses, soit comme sujet, soit comme complément, avec le sens de *que* ou de *qui* :

    la persona que habla, *la personne qui parle*
    la casa que ves, *la maison que tu vois*

- **quien** (**quienes** au pluriel) ne s'emploie qu'en parlant des personnes. Il est surtout utilisé comme complément et est alors précédé d'une préposition :

    la señora a quien hablas, *la dame à qui tu parles*

- **Traduction de *dont***

    1. Complément de verbe : **de que** (choses), **de quien** ou **quienes** (personnes) ou encore **del, de la/los/las que** ou **cual(es)** :

    el actor de quien se habla, *l'acteur dont on parle*

    Attention : quelques verbes peuvent régir une autre préposition que **de** ou ne pas en avoir :

    la casa con la que sueño, *la maison dont je rêve*
    el libro que necesito, *le livre dont j'ai besoin*

    2. Complément d'un nom précédé de l'article défini en français, il se traduit par **cuyo (a, os, as)**, qui précède ce nom (sans article) et s'accorde avec lui en genre et en nombre :

    el señor cuyos hijos ..., *le monsieur dont les fils ...*
    la ciudad cuyas calles ..., *la ville dont les rues ...*

Si **cuyo** est précédé d'une préposition, il se traduit par *duquel, de laquelle*, etc. :

> **el pueblo en cuyas calles...**
> *le village dans les rues duquel...*

- ### Traduction de *où*

1. S'il y a mouvement vers un lieu, il se traduit par **adonde**, **a que** ou **al cual** :

> **la ciudad adonde vamos ahora...**
> *la ville où nous allons maintenant...*

2. S'il n'y a pas mouvement, il se traduit par **donde**, **en donde**, **en que** :

> **este ciudad donde vivimos...**
> *cette ville où nous vivons...*

3. S'il y a une idée de temps, il peut être rendu par **que** ou mieux encore par **en que** : **el día que nació** ou **el día en que nació**
> *le jour où il est né*

---

14 - EMPLOI DES PRÉPOSITIONS

- **a** après un verbe de mouvement et avant un complément de lieu :
  voy a Madrid, *je vais à Madrid*

  a devant le complément direct lorsque celui-ci est un nom ou un pronom qui désigne une personne déterminée :
  ayudo a mis amigos, *j'aide mes amis*

- **de** pour indiquer la provenance : **viene de Málaga**
  la matière et la propriété :
  > **esta pulsera es de plata**, *ce bracelet est en argent*
  > **es de María**, *il est à Marie*

- **en** indique le lieu sans mouvement : **está en Segovia**.

- **por** et **para** :

  par se traduit toujours **por**, **por aquí**, *par ici*.
  pour se traduit **por** lorsqu'il indique une idée de cause :
  > **lo hago por ti**, *je le fais pour (à cause de) toi*
  ou la durée : **salgo por una semana**, *je pars pour une semaine*.
  pour se traduit **para** lorsqu'il indique une idée de destination :
  > **este libro es para ti**, *ce livre est pour toi*

Autres prépositions importantes : **ante**, *devant* ; **bajo**, *sous* ; **con**, *avec* ; **contra**, *contre* ; **desde**, *depuis* ; **durante**, *pendant* ; **entre**, *entre*, *parmi* ; **hacia**, *vers* ; **hasta**, *jusqu'à* ; **sobre**, *sur* ; **según**, *selon* ; **salvo**, *sauf* ; **sin**, *sans* ; **tras**, *derrière*, etc.

Prépositions composées : **delante de**, *devant* ; **detrás de**, *derrière* ; **dentro de**, *dans* ; **fuera de**, *hors de* ; **encima de**, *au-dessus de*, *sur* ; **debajo de**, *au-dessous de*, *sous* ; **lejos de**, *loin de* ; **junto a**, *près de* ; **cerca de**, *près de* ; **antes de**, *avant de* ; **después de**, *après* ; **al lado de**, *à côté de* ; **al cabo de**, *au bout de* ; **en frente de**, *en face de* ; **frente a**, *face à* ; **en caso de**, *en cas de* ; **en (a) casa de**, *chez*.

15 - PRINCIPALES CONJONCTIONS

- **y** (ou **e** devant un mot commençant par **i** ou **hi**) : *et*.

- **o** (ou **u** devant un mot commençant par **o** ou **ho**) : *ou*.

- **sea ... sea, ya ... ya, ora ... ora**, *soit ... soit ...* ; **pues**, *car, donc, pardi, eh bien !* ; **luego**, *ensuite, donc* ; **ni**, *ni* ; **pero**, *mais* ; **sino**, *mais* ; **si no**, *sinon* ; **que**, *que* ; **como**, *comme* ; **cuando**, *quand* ; **mientras**, *pendant que* ; **si**, *si* ; **ya que**, *puisque* ; **porque**, *parce que* ; **en cuanto**, *dès que* ; **tan pronto como**, *aussitôt que* ; **aunque + subj.**, *même si* ; **aunque + ind.**, *bien que, quoique*.

16 - TRADUCTION DU VERBE *ÊTRE*

A. *être* se traduit par **ser** :

1. Devant un nom, un pronom, un infinitif ou un numéral.
> **Lima es la capital del Perú.** *Lima est la capitale du Pérou.*
> **¿ Quién es ? — Soy yo.** *Qui est-ce ? — C'est moi.*
> **Lo mejor es entrar.** *Le mieux, c'est d'entrer.*

Ainsi, on emploie toujours **ser** pour exprimer :
— la profession : **es ingeniero**, *il est ingénieur* ;
— l'origine : **es de Salamanca**, *il est de Salamanque* ;
— la matière : **este reloj es de oro**, *cette montre est en or* ;
— l'appartenance : **es de mi padre**, *elle est à mon père* ;
— la quantité : **son once**, *ils sont onze* ;
                 son numerosos, *ils sont nombreux.*

2. Devant un adjectif ou un participe passé employé comme adjectif qui expriment une caractéristique essentielle à l'existence du sujet, une définition.
> **Es cubana, joven, morena y guapa.**
> *Elle est cubaine, jeune, brune et jolie.*
> **Esta playa es amplia, muy hermosa y muy blanca.**
> *Cette plage est vaste, très belle et très blanche.*

3. Avec un participe passé, comme auxiliaire pour exprimer une action à la voix passive.
> **El gol fue marcado por mi equipo.**
> *Le but fut marqué par mon équipe.*

B. *être* se traduit par **estar** :

1. Pour exprimer une localisation dans l'espace ou dans le temps.
> **Están en Colombia.** *Ils sont en Colombie.*
> **Estamos a primero de abril.** *Nous sommes le premier avril.*

2. Devant un adjectif ou un participe passé employé comme adjectif pour exprimer un état ou une situation accidentelle, un résultat.

El café está demasiado caliente. *Le café est trop chaud.*
Tu vaso está vacío. *Ton verre est vide.*

3. Devant un participe passé pour exprimer un état ou le résultat d'une action.

Ahora la casa está vendida. *Maintenant la maison est vendue.*
Están cerrados. *Ils sont fermés.*

4. Avec un gérondif pour exprimer l'action qui est en train de s'accomplir (forme progressive).

Están aprendiendo. *Ils sont en train d'apprendre.*
Ud está estudiando. *Vous êtes en train d'étudier.*

C. Certains adjectifs s'emploient toujours avec **ser** ou toujours avec **estar** :

ser : **feliz** (*heureux*), **infeliz** (*malheureux*), **posible** (*possible*), **imposible** (*impossible*), **cierto** (*certain*), **necesario** (*nécessaire*), **obligatorio** (*obligatoire*).

estar : **contento** (*content*), **descontento** (*mécontent*), **enfermo** (*malade*), **solo** (*seul*), **satisfecho** (*satisfait*).

D. L'emploi de **ser** ou de **estar** peut modifier le sens de certains adjectifs ou participes passés :

ser		estar	
bueno	*bon*	**bueno**	*en bonne santé*
malo	*méchant*	**malo**	*malade*
cansado	*fatigant*	**cansado**	*fatigué*
rico	*riche*	**rico**	*délicieux*
listo	*vif d'esprit*	**listo**	*prêt*
delicado	*délicat*	**delicado**	*souffrant*

E. L'emploi de **ser** ou de **estar** nuance le sens de certains adjectifs :

ser		estar	
nervioso	*nerveux*	**nervioso**	*énervé*
nuevo	*neuf (récent)*	**nuevo**	*neuf d'aspect*
mudo	*muet*	**mudo**	*ne rien dire*
verde	*vert*	**verde**	*pas mûr*
loco	*fou*	**loco**	*toqué, cinglé*
atento	*attentionné*	**atento**	*attentif*

F. Expressions diverses :

¿ Qué ha sido de él ? *Qu'est-il advenu de lui ?*
Está de vacaciones. *Il est en vacances.*
Está para salir. *Il est sur le point de sortir.*
Está para cantar. *Il est d'humeur à chanter.*
Está por salir. *Il est tenté de sortir.*

17 - LES VERBES ESPAGNOLS

- Le verbe espagnol, régulier ou non, ne peut se terminer à l'infinitif que par ~**ar**, ~**er** ou ~**ir**.

- Ces terminaisons différentes entraînent des conjugaisons différentes.

- Chaque personne d'un verbe conjugué a **une terminaison caractéristique** ; aussi le pronom personnel sujet (*je, tu, il, elle, nous, vous, ils, elles*, en français) devient-il inutile, sauf aux 1re et 3e personnes du singulier de l'imparfait de l'indicatif
  - du présent du subjonctif
  - des deux imparfaits du subjonctif
  - du conditionnel
  où les terminaisons sont semblables.

- Le pronom personnel sujet ne sera donc utilisé que pour éviter une confusion entre deux personnes ou pour marquer l'insistance sur la personne qui fait l'action :

  moi, je ... — lui, il ...

- Comparée à la conjugaison française, la conjugaison espagnole présente une particularité : l'imparfait du subjonctif a deux formes qui ont la même signification et qui peuvent être utilisées indifféremment.

- Le tableau de conjugaison ci-dessous présente entre les traits verticaux, les temps qui dépendent les uns des autres en espagnol. Cette disposition a été adoptée de la page 272 à la page 283 pour la récapitulation de l'ensemble des verbes espagnols.

Présent → Indicatif	Présent Subjonctif	Futur →	Conditionnel
j'unis	que j'unisse	j'unirai	j'unirais
tu unis	que tu unisses	tu uniras	tu unirais
il unit	qu'il unisse	il unira	il unirait
nous unissons	que nous unissions	nous unirons	nous unirions
vous unissez	que vous unissiez	vous unirez	vous uniriez
ils unissent	qu'ils unissent	ils uniront	ils uniraient

■ Les verbes espagnols (suite)

- Il y a, en espagnol, dans la conjugaison des temps simples, **trois temps-clés** :
  — le **présent de l'indicatif** d'où découle le **présent du subjonctif**, sauf pour six verbes, voir p. 271 ;
  — le **futur de l'indicatif** d'où découle le **conditionnel présent** ;
  — le **passé simple** d'où découle, par l'intermédiaire de la 3e personne du pluriel, **les deux imparfaits du subjonctif**.

  L'imparfait de l'indicatif, sauf pour trois verbes, est **toujours régulier**.

- Les verbes espagnols seront étudiés dans l'ordre suivant :
  — les verbes réguliers
  — les verbes à diphtongue
  — les verbes **sentir** et **pedir**
  — les verbes en ~**acer**, ~**ecer**, ~**ocer** et ~**ucir**
  — les verbes en ~**uir** et ~**iar**
  — les verbes irréguliers indépendants.

- Le verbe français qui est conjugué ici n'est là qu'à titre de référence ou de souvenir éventuellement.

Indicatif imparfait	Présent simple →	Imparfaits du subjonctif	
		1re forme	2e forme
j'unissais	j'unis	que j'unisse	
tu unissais	tu unis	que tu unisses	
il unissait	il unit	qu'il unît	
nous unissions	nous unîmes	que nous unissions	
vous unissiez	vous unîtes	que vous unissiez	
ils unissaient	ils unirent	qu'ils unissent	

18 - LES VERBES RÉGULIERS

tomar, *prendre* **comer**, *manger* **vivir**, *vivre, habiter*

Un radical qu'on retrouve à toutes les personnes.
tom ~ ar **com ~ er** **viv ~ ir**
Une terminaison qui change à toutes les personnes.

• Présent de l'indicatif

À la première personne du singulier, on ajoute la terminaison ~ **o** au radical de tous les verbes réguliers ; aux autres personnes, la terminaison comporte un **a** pour les verbes en ~ **ar**, un **e** pour les verbes en ~ **er** et un **e** ou un **i** pour les verbes en ~ **ir**.

tom ~ ar	**com ~ er**	**viv ~ ir**
tom **o**	com **o**	viv **o**
tom **as**	com **es**	viv **es**
tom **a**	com **e**	viv **e**
tom **amos**	com **emos**	viv **imos**
tom **áis**	com **éis**	viv **ís**
tom **an**	com **en**	viv **en**

• Présent du subjonctif

tom ~ ar	**com ~ er**	**viv ~ ir**
tom **e**	com **a**	viv **a**
tom **es**	com **as**	viv **as**
tom **e**	com **a**	viv **a**
tom **emos**	com **amos**	viv **amos**
tom **éis**	com **áis**	viv **áis**
tom **en**	com **an**	viv **an**

Si l'infinitif est en ~ **ar**, le subjonctif est en ~ **e**.
S'il est en ~ **er** ou ~ **ir**, le subjonctif est en ~ **a**.

• Futur de l'indicatif et conditionnel

futur : infinitif +		condit. : infinitif +	
	~ **é**		~ **ía**
tomar	~ **ás**	**tomar**	~ **ías**
comer	~ **á**	**comer**	~ **ía**
vivir	~ **emos**	**vivir**	~ **íamos**
	~ **éis**		~ **íais**
	~ **án**		~ **ían**

Imparfait de l'indicatif

tomar : radical + ~**aba**   **comer** : radical + ~**ía**
                 ~**abas**   **vivir**   ~**ías**
                 ~**aba**   ~**ía**
                 ~**ábamos**   ~**íamos**
                 ~**abais**   ~**íais**
                 ~**aban**   ~**ían**

Il n'y a que 3 exceptions : **ser** = **era**   **ver** = **veía**   **ir** = **iba**
(voir tableaux de ces 3 verbes p. 278 à 283.)

● Passé simple et imparfaits du subjonctif

	tomé	comí	viví
	tomaste	comiste	viviste
	tomó	comió	vivió
	tomamos	comimos	vivimos
	tomasteis	comisteis	vivisteis
	tomaron	comieron	vivieron
tomara	tomase	comiera (iese)	viviese (iera)
tomaras	tomases	comieras	vivieses
tomara	tomase	comiera	viviese
tomáramos	tomásemos	comiéramos	viviésemos
tomarais	tomaseis	comierais	vivieseis
tomaran	tomasen	comieran	viviesen

Notez que ce qui différencie essentiellement les passés simples, ce sont les voyelles sous l'accent :

~é	~a	~ó	~a	~a	~a
~í	~i	~ió	~i	~i	~ie

Les imparfaits du subjonctif proviennent toujours de la troisième personne du pluriel du passé simple :

~**aron** → ~**ara** ou ~**ase**   et   ~**ieron** → ~**iera** ou ~**iese**

● Gérondif

tom~**ar**	:	tom~**ando**	*en prenant*
com~**er**	:	com~**iendo**	*en mangeant*
viv~**ir**	:	viv~**iendo**	*en habitant*

● Participe passé

tom~**ar**	:	tom~**ado**	*pris*
com~**er**	:	com~**ido**	*mangé*
viv~**ir**	:	viv~**ido**	*habité*

19 - LES VERBES À DIPHTONGUE

- Une diphtongue est la transformation d'une **voyelle** en **deux voyelles** :

    v**e**nir = *je v**ie**ns*

- En espagnol, deux voyelles peuvent diphtonguer :

    le **o** devient **ue**

    le **e** devient **ie**

- La diphtongaison ne se produit normalement que sous l'influence de l'accent.

- Dans la conjugaison espagnole, ce phénomène ne peut se produire qu'aux trois premières personnes du singulier et à la 3e personne du pluriel des présents de l'indicatif et du subjonctif.

- Ayez en mémoire :

je v**ie**ns	que je v**ie**nne
tu v**ie**ns	que tu v**ie**nnes
il v**ie**nt	qu'il v**ie**nne
nous venons	que nous venions
vous venez	que vous veniez
ils v**ie**nnent	qu'ils v**ie**nnent

- Le même phénomène, aux mêmes endroits, se produit en espagnol.

c**o**ntar, *compter* :	**ue**	**ue**	**ue**	**o**	**o**	**ue**
p**e**rder, *perdre* :	**ie**	**ie**	**ie**	**e**	**e**	**ie**

- Aux autres personnes et aux autres temps, ces verbes ne présentent jamais de diphtongue.

- Voir tableaux récapitulatifs de **empezar** (**ie**) *commencer* et **volver** (**ue**) *revenir*, pages 272 et 273.

- Difficulté : il n'y a pas de moyen, a priori, de savoir si un verbe diphtongue ou non. Aussi, en cas de doute, convient-il de consulter un dictionnaire ou une grammaire.

20 - LES VERBES *SENTIR* ET *PEDIR*

- Ces deux verbes sont les modèles des verbes terminés en ~**ir** qui ont un **e** en dernière syllabe de radical :

  — **e/ir** (ne pas confondre avec un verbe comme, par exemple, **escribir**, *écrire* où le **e** ne se trouve pas en dernière syllabe de radical).

  Les verbes **sentir**, *sentir*, *regretter* et **pedir**, *demander* ont deux types d'irrégularité, la deuxième étant commune aux deux verbes :

-       **sentir** (voir p. 274)   **pedir** (voir p. 274)

  1° ~**e** → **ie** aux 3 premières personnes du singulier et la 3ᵉ du pluriel des présents de l'indicatif et du subjonctif.

  1° ~**e** → **i** aux 3 premières personnes du singulier et à la 3ᵉ du pluriel des présents de l'indicatif et du subjonctif.

  2° ~**e** → **i** aux 1ʳᵉ et 2ᵉ personnes du pluriel du subjonctif prés., aux 3ᵉ personnes du singulier et du pluriel du passé simple, et donc aux 2 subjonctifs imparfaits, au gérondif.

  Aux autres personnes et aux autres temps, ces verbes sont réguliers.

- Vont se conjuguer sur **sentir** les verbes dont le **e** sera suivi de **nt** ou de **r** : **mentir**, *mentir* ; **preferir**, *préférer*, etc.

- Tous les autres verbes en ~**ir** qui on un **e** en dernière syllabe de radical se conjuguent sur **pedir**.

- Exception : **servir** dont le **e** est pourtant suivi d'un **r** se conjugue sur **pedir**.

  erguir, *se dresser* admet les deux conjugaisons : **yergo** ou **irgo**, mais la deuxième est sans doute plus fréquente.

21 - LES VERBES EN ~ACER, ~ECER, ~OCER, ~UCIR

Ces verbes intercalent un **z** entre la voyelle de la dernière syllabe du radical et le **c** à la 1re personne du singulier du présent de l'indicatif, et donc, à tout le subjonctif présent :

obedecer	**obedezco**	**obedezca**
obéir	**obedeces**	**obedezcas**
	etc.	etc.

En plus, les verbes terminés en **~ducir** ont un passé simple irrégulier terminé en **~duje** et donc des imparfaits du subjonctif irréguliers :

conducir	**conduje**	**condujera**	**condujese**
conduire	**condujiste** etc.		e t c .
(voir p. 274)	**condujo**		
	condujimos		
	condujisteis		
	condujeron		

Exceptions : **cocer**, *cuire* = **cuezo** ; **hacer**, *faire*, qui est un verbe irrégulier indépendant ; **mecer**, *bercer* = **mezo**.

22 - LES VERBES EN ~UIR

Ils intercalent un **y** entre le radical et la terminaison lorsque cette dernière ne commence pas par un **i** accentué (voir **construir** p. 274) :

concluir : **concluyo   concluyes** mais **concluimos**
conclure

Attention à **concluyó ... concluyeron → concluyera**, **concluyese**, **concluyendo**

23 - LES VERBES EN ~IAR

Certains verbes, comme **variar**, accentuent le **i** aux 3 personnes du singulier et à la 3e du pluriel des présents de l'indicatif et du subjonctif :

variar :	**varío**	**varías**	**varía**	...	**varían**
varier	**varíe**	**varíes**	**varíe**	...	**varíen**

D'autres, comme **cambiar**, lient le **i** à la voyelle suivante :

cambiar :	**cambio**	**cambias**	**cambia**	...	**cambian**
changer	**cambie**	**cambies**	**cambie**	...	**cambien**

Consultez le dictionnaire.

24 - LES VERBES IRRÉGULIERS INDÉPENDANTS

Ils sont au nombre de **21**. Tous sont des verbes très utilisés et il convient donc de les apprendre très bien (voir tableaux récapitulatifs, p. 274 à 283).

Comme ils sont indépendants, ils ont tous leurs propres irrégularités, mais les règles fondamentales de la conjugaison restent en général vraies :

— le présent de l'indicatif (1re personne du singulier) donne tout le subjonctif présent. Il y a 6 exceptions : **dar**, **estar**, **haber**, **ir**, **saber**, **ser**.

— le futur donne toujours le conditionnel.

— le passé simple donne toujours les imparfaits du subjonctif.

Seuls 3 de ces 21 verbes ont un imparfait de l'indicatif irrégulier :

ir :	**iba**	**ibas**	etc.
ser :	**era**	**eras**	etc.
ver :	**veía**	**veías**	etc.

Remarque : Nous ne donnons pas le tableau du verbe **asir**, *saisir*, qui est peu utilisé en espagnol moderne et dont la seule irrégularité est au présent de l'indicatif :

asir :	**asgo**	**asga**
	ases	**asgas**
	etc.	etc.

25 - PARTICIPES PASSÉS IRRÉGULIERS

abrir	**abierto**	cubrir	**cubierto**	decir	**dicho**
escribir	**escrito**	hacer	**hecho**	imprimir	**impreso**
morir	**muerto**	poner	**puesto**	resolver	**resuelto**
romper	**roto**	ver	**visto**	volver	**vuelto**
etc.					

26 - GÉRONDIF IRRÉGULIER

À proprement parler, seul le verbe **poder** a un gérondif irrégulier :
   pudiendo

Indicatif présent	→	Subjonctif présent	Indicatif futur	→	Conditionnel présent

tomar *prendre* (verbe régulier en ~**ar**)

tomo	→	tome	tomaré	→	tomaría
tomas		tomes	tomarás		tomarías
toma		tome	tomará		tomaría
tomamos		tomemos	tomaremos		tomaríamos
tomáis		toméis	tomaréis		tomaríais
toman		tomen	tomarán		tomarían

comer *manger* (verbe régulier en ~**er**)

como	→	coma	comeré	→	comería
comes		comas	comerás		comerías
come		coma	comerá		comería
comemos		comamos	comeremos		comeríamos
coméis		comáis	comeréis		comeríais
comen		coman	comerán		comerían

vivir *habiter, vivre* (verbe régulier en ~**ir**)

vivo	→	viva	viviré	→	viviría
vives		vivas	vivirás		vivirías
vive		viva	vivirá		viviría
vivimos		vivamos	viviremos		viviríamos
vivís		viváis	viviréis		viviríais
viven		vivan	vivirán		vivirían

volver *revenir* (verbe à diphtongue **o** → **ue**)

vuelvo	→	vuelva	volveré	→	volvería
vuelves		vuelvas	volverás		volverías
vuelve		vuelva	volverá		volvería
volvemos		volvamos	volveremos		volveríamos
volvéis		volváis	volveréis		volveríais
vuelven		vuelvan	volverán		volverían

empezar *commencer* (diphtongue **e** → **ie**)

empiezo	→	empiece	empezaré	→	empezaría
empiezas		empieces	empezarás		empezarías
empieza		empiece	empezará		empezaría
empezamos		empecemos	empezaremos		empezaríamos
empezáis		empecéis	empezaréis		empezaríais
empiezan		empiecen	empezarán		empezarían

Indicatif imparfait	Passé simple	→	Subjonctifs imparfaits 1re forme	2e forme

tomar *prendre* ~a~

Indicatif imparfait	Passé simple	Subjonctifs imparfaits 1re forme	2e forme
tomaba	tomé	tomara	tomase
tomabas	tomaste	tomaras	tomases
tomaba	tomó	tomara	tomase
tomábamos	tomamos	tomáramos	tomásemos
tomabais	tomasteis	tomarais	tomaseis
tomaban	tomaron	tomaran	tomasen

comer *manger* ~ie~

Indicatif imparfait	Passé simple	Subjonctifs imparfaits 1re forme	2e forme
comía	comí	comiera	comiese
comías	comiste	comieras	comieses
comía	comió	comiera	comiese
comíamos	comimos	comiéramos	comiésemos
comíais	comisteis	comierais	comieseis
comían	comieron	comieran	comiesen

vivir *habiter, vivre* ~ie~

Indicatif imparfait	Passé simple	Subjonctifs imparfaits 1re forme	2e forme
vivía	viví	viviera	viviese
vivías	viviste	vivieras	vivieses
vivía	vivió	viviera	viviese
vivíamos	vivimos	viviéramos	viviésemos
vivíais	vivisteis	vivierais	vivieseis
vivían	vivieron	vivieran	viviesen

volver *revenir* ~ie~

Indicatif imparfait	Passé simple	Subjonctifs imparfaits 1re forme	2e forme
volvía	volví	volviera	volviese
volvías	volviste	volvieras	volvieses
volvía	volvió	volviera	volviese
volvíamos	volvimos	volviéramos	volviésemos
volvíais	volvisteis	volvierais	volvieseis
volvían	volvieron	volvieran	volviesen

empezar *commencer* ~a~

Indicatif imparfait	Passé simple	Subjonctifs imparfaits 1re forme	2e forme
empezaba	empecé	empezara	empezase
empezabas	empezaste	empezaras	empezases
empezaba	empezó	empezara	empezase
empezábamos	empezamos	empezáramos	empezásemos
empezabais	empezasteis	empezarais	empezaseis
empezaban	empezaron	empezaran	empezasen

Indicatif présent	→	Subjonctif présent	Indicatif futur	→	Conditionnel présent

sentir *sentir, regretter, entendre*

Indicatif présent	→	Subjonctif présent	Indicatif futur	→	Conditionnel présent
siento	→	sienta	sentiré	→	sentiría
sientes		sientas	sentirás		sentirías
siente		sienta	sentirá		sentiría
sentimos		sintamos	sentiremos		sentiríamos
sentís		sintáis	sentiréis		sentiríais
sienten		sientan	sentirán		sentirían

pedir *demander, exiger*

pido	→	pida	pediré	→	pediría
pides		pidas	pedirás		pedirías
pide		pida	pedirá		pediría
pedimos		pidamos	pediremos		pediríamos
pedís		pidáis	pediréis		pediríais
piden		pidan	pedirán		pedirían

conducir *conduire*

conduzco	→	conduzca	conduciré	→	conduciría
conduces		conduzcas	conducirás		conducirías
conduce		conduzca	conducirá		conduciría
conducimos		conduzcamos	conduciremos		conduciríamos
conducís		conduzcáis	conduciréis		conduciríais
conducen		conduzcan	conducirán		conducirían

construir *construire*

construyo	→	construya	construiré	→	construiría
construyes		construyas	construirás		construirías
construye		construya	construirá		construiría
construimos		construyamos	construiremos		construiríamos
construís		construyáis	construiréis		construiríais
construyen		construyan	construirán		construirían

andar *marcher*

ando	→	ande	andaré	→	andaría
andas		andes	andarás		andarías
anda		ande	andará		andaría
andamos		andemos	andaremos		andaríamos
andáis		andéis	andaréis		andaríais
andan		anden	andarán		andarían

Indicatif imparfait	Passé simple	→	Subjonctifs imparfaits 1re forme	2e forme

sentir *sentir, regretter, entendre*   ~ ie ~

sentía	sentí		sintiera	sintiese
sentías	sentiste		sintieras	sintieses
sentía	sintió		sintiera	sintiese
sentíamos	sentimos		sintiéramos	sintiésemos
sentíais	sentisteis		sintierais	sintieseis
sentían	sintieron		sintieran	sintiesen

pedir *demander, exiger*   ~ ie ~

pedía	pedí		pidiera	pidiese
pedías	pediste		pidieras	pidieses
pedía	pidió		pidiera	pidiese
pedíamos	pedimos		pidiéramos	pidiésemos
pedíais	pedisteis		pidierais	pidieseis
pedían	pidieron		pidieran	pidiesen

conducir *conduire*   ~ e ~

conducía	conduje		condujera	condujese
conducías	condujiste		condujeras	condujeses
conducía	condujo		condujera	condujese
conducíamos	condujimos		condujéramos	condujésemos
conducíais	condujisteis		condujerais	condujeseis
conducían	condujeron		condujeran	condujesen

construir *construire*   ~ e ~

construía	construí		construyera	construyese
construías	construiste		construyeras	construyeses
construía	construyó		construyera	construyese
construíamos	construimos		construyéramos	construyésemos
construíais	construisteis		construyerais	construyeseis
construían	construyeron		construyeran	construyesen

andar *marcher*   ~ ie ~

andaba	anduve		anduviera	anduviese
andabas	anduviste		anduvieras	anduvieses
andaba	anduvo		anduviera	anduviese
andábamos	anduvimos		anduviéramos	anduviésemos
andabais	anduvisteis		anduvierais	anduvieseis
andaban	anduvieron		anduvieran	anduviesen

Indicatif présent	→	Subjonctif présent	Indicatif futur	→	Conditionnel présent

caber *tenir dans, être contenu*

Indicatif présent	→	Subjonctif présent	Indicatif futur	→	Conditionnel présent
quepo	→	quepa	cabré	→	cabría
cabes		quepas	cabrás		cabrías
cabe		quepa	cabrá		cabría
cabemos		quepamos	cabremos		cabríamos
cabéis		quepáis	cabréis		cabríais
caben		quepan	cabrán		cabrían

caer *tomber*

caigo	→	caiga	caeré	→	caería
caes		caigas	caerás		caerías
cae		caiga	caerá		caería
caemos		caigamos	caeremos		caeríamos
caéis		caigáis	caeréis		caeríais
caen		caigan	caerán		caerían

dar *donner*

doy		dé	daré	→	daría
das		des	darás		darías
da		dé	dará		daría
damos		demos	daremos		daríamos
dais		deis	daréis		daríais
dan		den	darán		darían

decir *dire*

digo	→	diga	diré	→	diría
dices		digas	dirás		dirías
dice		diga	dirá		diría
decimos		digamos	diremos		diríamos
decís		digáis	diréis		diríais
dicen		digan	dirán		dirían

estar *être, se trouver*

estoy		esté	estaré	→	estaría
estás		estés	estarás		estarías
está		esté	estará		estaría
estamos		estemos	estaremos		estaríamos
estáis		estéis	estaréis		estaríais
están		estén	estarán		estarían

Indicatif imparfait	Passé simple →	Subjonctifs imparfaits 1re forme	2e forme
cabía	cupe	cupiera	cupiese
cabías	cupiste	cupieras	cupieses
cabía	cupo	cupiera	cupiese
cabíamos	cupimos	cupiéramos	cupiésemos
cabíais	cupisteis	cupierais	cupieseis
cabían	cupieron	cupieran	cupiesen

car *tomber* ~e~

caía	caí	cayera	cayese
caías	caíste	cayeras	cayeses
caía	cayó	cayera	cayese
caíamos	caímos	cayéramos	cayésemos
caíais	caísteis	cayerais	cayeseis
caían	cayeron	cayeran	cayesen

dar *donner* ~ie~

daba	di	diera	diese
dabas	diste	dieras	dieses
daba	dio	diera	diese
dábamos	dimos	diéramos	diésemos
dabais	disteis	dierais	dieseis
daban	dieron	dieran	diesen

decir *dire* ~e~

decía	dije	dijera	dijese
decías	dijiste	dijeras	dijeses
decía	dijo	dijera	dijese
decíamos	dijimos	dijéramos	dijésemos
decíais	dijisteis	dijerais	dijeseis
decían	dijeron	dijeran	dijesen

estar *être, se trouver* ~ie~

estaba	estuve	estuviera	estuviese
estabas	estuviste	estuvieras	estuvieses
estaba	estuvo	estuviera	estuviese
estábamos	estuvimos	estuviéramos	estuviésemos
estabais	estuvisteis	estuvierais	estuvieseis
estaban	estuvieron	estuvieran	estuviesen

Indicatif présent	→	Subjonctif présent	Indicatif futur	→	Conditionnel présent

haber *avoir* (auxiliaire)

he		haya	habré	→	habría
has		hayas	habrás		habrías
ha		haya	habrá		habría
hemos		hayamos	habremos		habríamos
habéis		hayáis	habréis		habríais
han		hayan	habrán		habrían

hacer *faire*

hago	→	haga	haré	→	haría
haces		hagas	harás		harías
hace		haga	hará		haría
hacemos		hagamos	haremos		haríamos
hacéis		hagáis	haréis		haríais
hacen		hagan	harán		harían

ir *aller*

voy		vaya	iré	→	iría
vas		vayas	irás		irías
va		vaya	irá		iría
vamos		vayamos	iremos		iríamos
vais		vayáis	iréis		iríais
van		vayan	irán		irían

oír *entendre*

oigo	→	oiga	oiré	→	oiría
oyes		oigas	oirás		oirías
oye		oiga	oirá		oiría
oímos		oigamos	oiremos		oiríamos
oís		oigáis	oiréis		oiríais
oyen		oigan	oirán		oirían

poder *pouvoir*

puedo	→	pueda	podré	→	podría
puedes		puedas	podrás		podrías
puede		pueda	podrá		podría
podemos		podamos	podremos		podríamos
podéis		podáis	podréis		podríais
pueden		puedan	podrán		podrían

Indicatif imparfait	Passé simple	Subjonctifs imparfaits 1re forme	2e forme

haber *avoir* (auxiliaire) ~ ie ~

Indicatif imparfait	Passé simple	1re forme	2e forme
había	hube	hubiera	hubiese
habías	hubiste	hubieras	hubieses
había	hubo	hubiera	hubiese
habíamos	hubimos	hubiéramos	hubiésemos
habíais	hubisteis	hubierais	hubieseis
habían	hubieron	hubieran	hubiesen

hacer *faire* ~ ie ~

hacía	hice	hiciera	hiciese
hacías	hiciste	hicieras	hicieses
hacía	hizo	hiciera	hiciese
hacíamos	hicimos	hiciéramos	hiciésemos
hacíais	hicisteis	hicierais	hicieseis
hacían	hicieron	hicieran	hiciesen

ir *aller* ~ e ~

iba	fui	fuera	fuese
ibas	fuiste	fueras	fueses
iba	fue	fuera	fuese
íbamos	fuimos	fuéramos	fuésemos
ibais	fuisteis	fuerais	fueseis
iban	fueron	fueran	fuesen

oír *entendre* ~ e ~

oía	oí	oyera	oyese
oías	oíste	oyeras	oyeses
oía	oyó	oyera	oyese
oíamos	oímos	oyéramos	oyésemos
oíais	oísteis	oyerais	oyeseis
oían	oyeron	oyeran	oyesen

poder *pouvoir* ~ ie ~

podía	pude	pudiera	pudiese
podías	pudiste	pudieras	pudieses
podía	pudo	pudiera	pudiese
podíamos	pudimos	pudiéramos	pudiésemos
podíais	pudisteis	pudierais	pudieseis
podían	pudieron	pudieran	pudiesen

Indicatif présent	→	Subjonctif présent	Indicatif futur	→	Conditionnel présent

poner *mettre*

Indicatif présent		Subjonctif présent	Indicatif futur		Conditionnel présent
pongo	→	ponga	pondré	→	pondría
pones		pongas	pondrás		pondrías
pone		ponga	pondrá		pondría
ponemos		pongamos	pondremos		pondríamos
ponéis		pongáis	pondréis		pondríais
ponen		pongan	pondrán		pondrían

querer *vouloir, aimer*

quiero	→	quiera	querré	→	querría
quieres		quieras	querrás		querrías
quiere		quiera	querrá		querría
queremos		queramos	querremos		querríamos
queréis		queráis	querréis		querríais
quieren		quieran	querrán		querrían

saber *savoir*

sé		sepa	sabré	→	sabría
sabes		sepas	sabrás		sabrías
sabe		sepa	sabrá		sabría
sabemos		sepamos	sabremos		sabríamos
sabéis		sepáis	sabréis		sabríais
saben		sepan	sabrán		sabrían

salir *sortir*

salgo	→	salga	saldré	→	saldría
sales		salgas	saldrás		saldrías
sale		salga	saldrá		saldría
salimos		salgamos	saldremos		saldríamos
salís		salgáis	saldréis		saldríais
salen		salgan	saldrán		saldrían

ser *être*

soy		sea	seré	→	sería
eres		seas	serás		serías
es		sea	será		sería
somos		seamos	seremos		seríamos
sois		seáis	seréis		seríais
son		sean	serán		serían

Indicatif imparfait	Passé simple	→	Subjonctifs imparfaits 1re forme	2e forme

poner *mettre* — ~ie~

ponía	puse		pusiera	pusiese
ponías	pusiste		pusieras	pusieses
ponía	puso		pusiera	pusiese
poníamos	pusimos		pusiéramos	pusiésemos
poníais	pusisteis		pusierais	pusieseis
ponían	pusieron		pusieran	pusiesen

querer *vouloir, aimer* — ~ie~

quería	quise		quisiera	quisiese
querías	quisiste		quisieras	quisieses
quería	quiso		quisiera	quisiese
queríamos	quisimos		quisiéramos	quisiésemos
queríais	quisisteis		quisierais	quisieseis
querían	quisieron		quisieran	quisiesen

saber *savoir* — ~ie~

sabía	supe		supiera	supiese
sabías	supiste		supieras	supieses
sabía	supo		supiera	supiese
sabíamos	supimos		supiéramos	supiésemos
sabíais	supisteis		supierais	supieseis
sabían	supieron		supieran	supiesen

salir *sortir* — ~ie~

salía	salí		saliera	saliese
salías	saliste		salieras	salieses
salía	salió		saliera	saliese
salíamos	salimos		saliéramos	saliésemos
salíais	salisteis		salierais	salieseis
salían	salieron		salieran	saliesen

ser *être* — ~e~

era	fui		fuera	fuese
eras	fuiste		fueras	fueses
era	fue		fuera	fuese
éramos	fuimos		fuéramos	fuésemos
erais	fuisteis		fuerais	fueseis
eran	fueron		fueran	fuesen

Indicatif présent →	Subjonctif présent	Indicatif futur →	Conditionnel présent

tener *avoir, posséder*

tengo →	tenga	tendré →	tendría
tienes	tengas	tendrás	tendrías
tiene	tenga	tendrá	tendría
tenemos	tengamos	tendremos	tendríamos
tenéis	tengáis	tendréis	tendríais
tienen	tengan	tendrán	tendrían

traer *apporter, amener*

traigo →	traiga	traeré →	traería
traes	traigas	traerás	traerías
trae	traiga	traerá	traería
traemos	traigamos	traeremos	traeríamos
traéis	traigáis	traeréis	traeríais
traen	traigan	traerán	traerían

valer *valoir*

valgo →	valga	valdré →	valdría
vales	valgas	valdrás	valdrías
vale	valga	valdrá	valdría
valemos	valgamos	valdremos	valdríamos
valéis	valgáis	valdréis	valdríais
valen	valgan	valdrán	valdrían

venir *venir*

vengo →	venga	vendré →	vendría
vienes	vengas	vendrás	vendrías
viene	venga	vendrá	vendría
venimos	vengamos	vendremos	vendríamos
venís	vengáis	vendréis	vendríais
vienen	vengan	vendrán	vendrían

ver *voir*

veo →	vea	veré →	vería
ves	veas	verás	verías
ve	vea	verá	vería
vemos	veamos	veremos	veríamos
veis	veáis	veréis	veríais
ven	vean	verán	verían

Indicatif imparfait	Passé simple	→	Subjonctifs imparfaits 1re forme	2e forme

tener *avoir, posséder*   ~ie~

tenía	tuve	tuviera	tuviese
tenías	tuviste	tuvieras	tuvieses
tenía	tuvo	tuviera	tuviese
teníamos	tuvimos	tuviéramos	tuviésemos
teníais	tuvisteis	tuvierais	tuvieseis
tenían	tuvieron	tuvieran	tuviesen

traer *apporter, amener*   ~e~

traía	traje	trajera	trajese
traías	trajiste	trajeras	trajeses
traía	trajo	trajera	trajese
traíamos	trajimos	trajéramos	trajésemos
traíais	trajisteis	trajerais	trajeseis
traían	trajeron	trajeran	trajesen

valer *valoir*   ~ie~

valía	valí	valiera	valiese
valías	valiste	valieras	valieses
valía	valió	valiera	valiese
valíamos	valimos	valiéramos	valiésemos
valíais	valisteis	valierais	valieseis
valían	valieron	valieran	valiesen

venir *venir*   ~ie~

venía	vine	viniera	viniese
venías	viniste	vinieras	vinieses
venía	vino	viniera	viniese
veníamos	vinimos	viniéramos	viniésemos
veníais	vinisteis	vinierais	vinieseis
venían	vinieron	vinieran	viniesen

ver *voir*   ~ie~

veía	vi	viera	viese
veías	viste	vieras	vieses
veía	vio	viera	viese
veíamos	vimos	viéramos	viésemos
veíais	visteis	vierais	vieseis
veían	vieron	vieran	viesen

28 - L'IMPÉRATIF

- L'impératif espagnol a cinq personnes :

V.S.	**tome Ud**	*prenez*	(vous, vouvoiement singulier)
V.P.	**tomen Uds**	*prenez*	(vous, vouvoiement pluriel)
1 p.	**tomemos**	*prenons*	(première personne du pluriel)
T.S.	**toma**	*prends*	(toi, tutoiement singulier)
T.P.	**tomad**	*prenez*	(toi et toi, tutoiement pluriel)

- À la **forme affirmative**, les personnes du **V.S.**, **V.P.** et **1 p.** sont empruntées au subjonctif présent.

  Les personnes des **T.S.** et **T.P.** ont une autre origine :

  T.S. : c'est la 2ᵉ personne du singulier du présent de l'indicatif moins le **s** : **tomas → toma**.

  T.P. : correspond à l'infinitif moins **r** plus **d** : **tomar → tomad**.

- **L'impératif négatif** est rendu à toutes les personnes par le sub-jonctif présent. Aussi les **V.S.**, **V.P.** et **1 p.** de la forme affirmative ne changent-ils pas. Pour les **T.S.** et **T.P.**, employez bien les termi-naisons des 2ᵉ personnes du singulier et du pluriel : **no tomes**, **no toméis**.

  Attention aux impératifs des verbes pronominaux (**vete**, *va-t'en*) et des verbes conjugués avec un ou deux pronoms personnels compléments : **pídelo**, *demande-le* ; **pídeselo**, *demande-le-lui*. À la forme affirmative, le (ou les) pronom(s) se place(nt) après le verbe et ne forme(nt) avec lui qu'un seul mot : c'est **l'enclise**. Cepen-dant, bien que le mot soit ainsi allongé d'une ou deux syllabes, l'accentuation reste la même et l'accent écrit apparaît sur la voyelle qui était déjà accentuée, d'une façon non écrite, lorsque le verbe était employé seul.

vaya Ud	**váyase Ud**	*allez-vous-en*

- L'enclise du pronom personnel ne se fait pas à la forme négative :

  no se vaya Ud   *ne vous en allez pas*

  Il y a 9 impératifs irréguliers au **T.S.** :

  decir → di ; **hacer → haz** ; **ir → ve** ; **poner → pon** ; **salir → sal** ; **ser → sé** ; **tener → ten** ; **valer → val** ; **venir → ven**.

  Par ailleurs le verbe **ir** est également irrégulier à la 1ʳᵉ personne du pluriel affirmative : **vamos** au lieu de **vayamos**.

prendre		**tomar**	
prenez	ne prenez pas	tome Ud	no tome Ud
prenez	ne prenez pas	tomen Uds	no tomen Uds
prenons	ne prenons pas	tomemos	no tomemos
prends	ne prends pas	toma	no tomes
prenez	ne prenez pas	tomad	no toméis

vivir babiter, vivre		**comer** manger	
viva Ud	no viva Ud	coma Ud	no coma Ud
vivan Uds	no vivan Uds	coman Uds	no coman Uds
vivamos	no vivamos	comamos	no comamos
vive	no vivas	come	no comas
vivid	no viváis	comed	no comáis

contar compter, raconter		**unirse** s'unir	
cuente Ud	no cuente Ud	únase Ud	no se una Ud
cuenten Uds	no cuenten Uds	únanse Uds	no se unan Uds
contemos	no contemos	unámonos	no nos unamos
cuenta	no cuentes	únete	no te unas
contad	no contéis	uníos	no os unáis

sentir sentir, regretter		**volverse** se tourner	
sienta Ud	no sienta Ud	vuélvase	no se vuelva Ud
sientan Uds	no sientan Uds	vuélvanse	no se vuelvan
sintamos	no sintamos	volvámonos	no nos volvamos
siente	no sientas	vuélvete	no te vuelvas
sentid	no sintáis	volveos	no os volváis

irse s'en aller		**pedirlo** le demander	
váyase Ud	no se vaya Ud	pídalo Ud	no lo pida Ud
váyanse Uds	no se vayan Uds	pídanlo Uds	no lo pidan Uds
vámonos	no nos vayamos	pidámoslo	no lo pidamos
vete	no te vayas	pídelo	no lo pidas
idos	no os vayáis	pedidlo	no lo pidáis

INDEX GÉNÉRAL

Les chiffres renvoient aux pages (ceux en **gras** particulièrement à celles du Précis grammatical).

Cet ouvrage a été composé par
TÉLÉ-COMPO - 61290 BIZOU

Achevé d'imprimer
par Maury-Eurolivres S.A.
45300 Manchecourt

Imprimé en France
Dépôt légal : décembre 1991